한 번에 합격,
자격증은 이기적

이렇게
기막힌
적중률

함께 공부하고 특별한 혜택까지!

이기적 스터디 카페　🔍

구독자 13만 명, 전강 무료!

이기적 유튜브　🔍

자격증 독학, 어렵지 않다!
수험생 합격 전담마크

이기적 스터디 카페

- 스터디 만들어 함께 공부
- 전문가와 1:1 질문답변
- 프리미엄 구매인증 자료
- 365일 진행되는 이벤트

이기적 스터디 카페

인증만 하면, **고퀄리티 강의**가 **무료!**

100% 무료 강의

STEP 1

이기적
홈페이지
접속하기

STEP 2

무료동영상
게시판에서
과목 선택하기

STEP 3

ISBN 코드
입력 & 단어
인증하기

STEP 4

이기적이 준비한
명품 강의로
본격 학습하기

영진닷컴 이기적

1년 365일 이기적이 쏜다!

365일 진행되는 이벤트에 참여하고 다양한 혜택을 누리세요.

EVENT ❶
기출문제 복원

- 이기적 독자 수험생 대상
- 응시일로부터 7일 이내 시험만 가능
- 스터디 카페의 링크 클릭하여 제보

이벤트 자세히 보기 ▶

EVENT ❷
합격 후기 작성

- 이기적 스터디 카페의 가이드 준수
- 네이버 카페 또는 개인 SNS에 등록 후
  이기적 스터디 카페에 인증

이벤트 자세히 보기 ▶

EVENT ❸
온라인 서점 리뷰

- 온라인 서점 구매자 대상
- 한줄평 또는 텍스트 & 포토리뷰 작성 후
  이기적 스터디 카페에 인증

이벤트 자세히 보기 ▶

EVENT ❹
정오표 제보

- 이름, 연락처 필수 기재
- 도서명, 페이지, 수정사항 작성
- book2@youngjin.com으로 제보

이벤트 자세히 보기 ▶

- N페이 포인트 5,000~20,000원 지급
- 영진닷컴 쇼핑몰 30,000원 적립
- 30,000원 미만의 영진닷컴 도서 증정

※이벤트별 혜택은 변경될 수 있으므로 자세한 내용은 해당 QR을 참고하세요.

이기적 크루를 찾습니다!

WANTED

저자 · 강사 · 감수자 · 베타테스터 상시 모집

저자 · 강사

분야 수험서 전 분야
수험서 집필 혹은 동영상 강의 촬영

요건 관련 강사, 유튜버, 블로거 우대

혜택 이기적 수험서 저자 · 강사 자격
집필 경력 증명서 발급

감수자

분야 수험서 전 분야

요건 관련 전문 지식 보유자

혜택 소정의 감수료
도서 내 감수자 이름 기재
저자 모집 시 우대(우수 감수자)

베타테스터

분야 수험서 전 분야

요건 관련 수험생, 전공자, 교사/강사

혜택 활동 인증서 & 참여 도서 1권
영진닷컴 쇼핑몰 30,000원 적립
스타벅스 기프티콘(우수 활동자)
백화점 상품권 100,000원(우수 테스터)

◀ 모집 공고 자세히 보기

이메일 문의하기 ✉ book2@youngjin.com

기억나는 문제 제보하고 N페이 포인트 받자!
기출 복원 EVENT

성명	이기적	수험번호	2 0 2 4 1 1 1 3

Q. 응시한 시험 문제를 기억나는 대로 적어주세요!

① 365일 진행되는 이벤트   ② 참여자 100% 당첨   ③ 우수 참여자는 N페이 포인트까지

영진닷컴 쇼핑몰
30,000원

N Pay
네이버페이
포인트 쿠폰   **20,000원**

적중률 100% 도서를 만들어주신 여러분을 위한 감사의 선물을 준비했어요.

신청자격 이기적 수험서로 공부하고 시험에 응시한 모든 독자님

참여방법 이기적 스터디 카페의 이벤트 페이지를 통해 문제를 제보해 주세요.
※ 응시일로부터 7일 이내의 시험 복원만 인정됩니다.

유의사항 중복, 누락, 허위 문제를 제보한 경우 이벤트 대상에서 제외됩니다.

참여혜택 영진닷컴 쇼핑몰 30,000원 적립
정성껏 제보해 주신 분께 N페이 포인트 5,000~20,000원 차등 지급

이벤트 페이지 확인하기 ▶

이기적이
다 드립니다

여러분은 합격만 하세요! 이기적 갓성비세트 BIG 3

초심자라 아무것도 모른다면, NCS, 그것이 알고싶다

NCS 준비가 처음이라 걱정되시나요?
개념부터 예시까지 상세히 알려드려요. 이기적만 믿고 따라오세요.

공공기관 취업자료를 한 번에, 다 퍼주는 채용정보

채용정보도 이기적에서 빠르게 확인하세요.
고졸채용 공공기관 자료를 한눈에 볼 수 있도록 준비했어요.

이기적이 준비한 고퀄리티 자료, 자원관리능력 PDF

의·수·문으로는 아쉽다고요?
출제빈도가 높은 자원관리능력 이론 & 문제 자료도 준비되어 있어요.

※ 〈2025 이기적 NCS직업기초능력평가 의·수·문 단기완성〉을 구매하고 인증한 회원에게만 드리는 자료입니다.

이 모든 혜택 한 번에 보기 ▶

시험 환경 100% 재현!

CBT 온라인 문제집

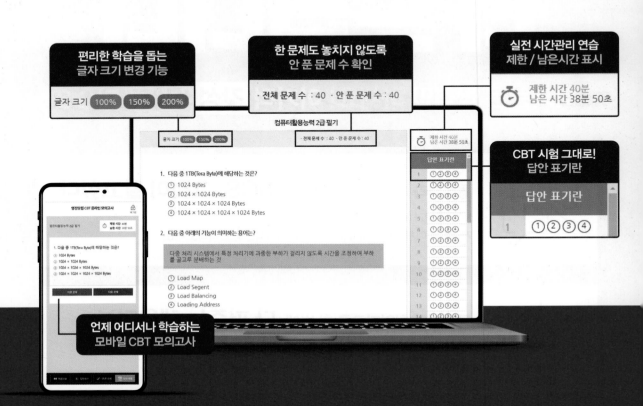

편리한 학습을 돕는
글자 크기 변경 기능

글자 크기 100% 150% 200%

한 문제도 놓치지 않도록
안 푼 문제 수 확인

· 전체 문제 수 : 40 · 안 푼 문제 수 : 40

실전 시간관리 연습
제한 / 남은시간 표시

제한 시간 40분
남은 시간 38분 50초

CBT 시험 그대로!
답안 표기란

답안 표기란

1 ① ② ③ ④

언제 어디서나 학습하는
모바일 CBT 모의고사

이용 방법

STEP 1	STEP 2	STEP 3	STEP 4
이기적 CBT cbt.youngjin.com 접속	과목 선택 후 제한시간 안에 풀이	답안 제출하고 합격 여부 확인	틀린 문제는 꼼꼼한 해설로 복습

이기적 CBT 🔍

이렇게
기막힌
적중률

NCS직업기초능력평가
의·수·문 단기완성

"이" 한 권으로 합격의 "기적"을 경험하세요!

YoungJin.com Y.
영진닷컴

차례

구매 인증 PDF

자원관리능력 PDF
암호 : ncs7539

다 퍼주는 채용정보
이기적 스터디 카페에서 제공

※ **참여 방법** : '이기적 스터디 카페' 검색 → 이기적 스터디
카페(cafe.naver.com/yjbooks) 접속 → '구매인증 PDF
증정' 게시판 → 구매 인증 → 메일로 자료 받기

STEP 01 핵심만 제대로 정리한 이론으로 학습

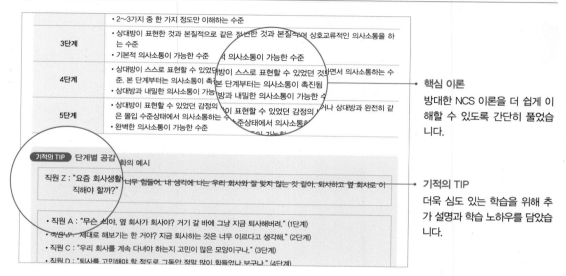

	• 2~3가지 중 한 가지 정도만 이해하는 수준
3단계	• 상대방이 표현한 것과 본질적으로 같은 것과 본질적여 상호교류적인 의사소통을 하는 수준
	• 기본적 의사소통이 가능한 수준　　　어 의사소통이 가능한 수준
4단계	• 상대방이 스스로 표현할 수 있었던방이 스스로 표현할 수 있었던 것면서 의사소통하는 수준. 본 단계부터는 의사소통이 촉본 단계부터는 의사소통이 촉진됨
	• 상대방과 내밀한 의사소통이 가능한방과 내밀한 의사소통이 가능한 수
5단계	• 상대방이 표현할 수 있었던 감정의　이 표현할 수 있었던 감정의　거나 상대방과 완전히 같은 몰입 수준상태에서 의사소통하는 수　준상태에서 의사소통하
	• 완벽한 의사소통이 가능한 수준　　　이 가능한

기적의 TIP 단계별 공감　화의 예시

직원 Z : "요즘 회사생활　너무 힘들어. 내 생각에 나는 우리 회사와 잘 맞지 않는 것 같아. 퇴사하고 옆 회사로 이
직해야 할까?"

• 직원 A : "무슨 소야. 옆 회사가 회사야? 거기 갈 바에 그냥 지금 퇴사해버려." (1단계)
• 직원 B : 제대로 해보기는 한 거야? 지금 퇴사하는 것은 너무 이르다고 생각해." (2단계)
• 직원 C : "우리 회사를 계속 다녀야 하는지 고민이 많은 모양이구나." (3단계)
• 직원 D : "퇴사를 고민해야 할 정도로 그동안 정말 많이 힘들었나 보구나." (4단계)

● **핵심 이론**
방대한 NCS 이론을 더 쉽게 이해할 수 있도록 간단히 풀었습니다.

● **기적의 TIP**
더욱 심도 있는 학습을 위해 추가 설명과 학습 노하우를 담았습니다.

STEP 02 바로 확인문제로 이론 복습, 유형 파악

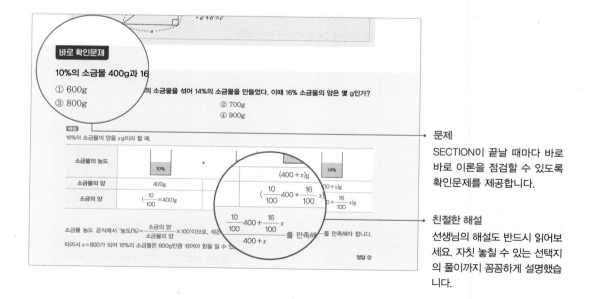

바로 확인문제

10%의 소금물 400g과 16
① 600g
③ 800g
　　　　　의 소금물을 섞어 14%의 소금물을 만들었다. 이때 16% 소금물의 양은 몇 g인가?
② 700g
④ 900g

해설
16%의 소금물의 양을 xg이라 할 때,

소금물의 농도	10%	+		14%
소금물의 양	400g		$(400+x)$g	
소금의 양	$(\frac{10}{100} \times 400)$g		$(\frac{10}{100} \times 400 + \frac{16}{100} x)$g	

소금물 농도 공식에서 '농도(%) = $\frac{소금의 양}{소금물의 양} \times 100$'이므로, 섞어　$\frac{\frac{10}{100} \times 400 + \frac{16}{100} x}{400+x}$ 를 만족해　를 만족해야 합니다.

따라서 $x=800$이 되어 16%의 소금물은 800g만큼 섞어야 함을 알 수 있

정답 ③

● **문제**
SECTION이 끝날 때마다 바로바로 이론을 점검할 수 있도록 확인문제를 제공합니다.

● **친절한 해설**
선생님의 해설도 반드시 읽어보세요. 자칫 놓칠 수 있는 선택지의 풀이까지 꼼꼼하게 설명했습니다.

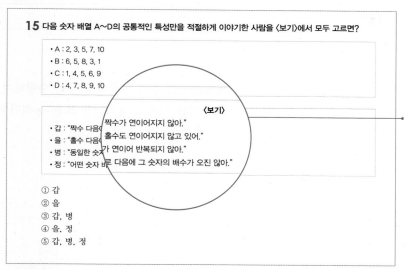

15 다음 숫자 배열 A~D의 공통적인 특성만을 적절하게 이야기한 사람을 〈보기〉에서 모두 고르면?

- A : 2, 3, 5, 7, 10
- B : 6, 5, 8, 3, 1
- C : 1, 4, 5, 6, 9
- D : 4, 7, 8, 9, 10

〈보기〉
- 갑 : "짝수 다음ㅇ   짝수가 연이어지지 않아."
- 을 : "홀수 다음ㅇ   홀수도 연이어지지 않고 있어."
- 병 : "동일한 숫자   가 연이어 반복되지 않아."
- 정 : "어떤 숫자 바   다음에 그 숫자의 배수가 오진 않아."

① 갑
② 을
③ 갑, 병
④ 을, 정
⑤ 갑, 병, 정

문제
실제 시험과 동일한 수준의 난이도로 문제를 준비했습니다. NCS 마스터를 위해 반드시 풀어보세요.

---

11 ②

문제 해결을 위한 기본적인 사고에는 전략적 사고, 분석적 사고, 발상의 전환 등이 있다. 이 중 분석적 사고에는 현상 및 원인 분석 전에 지식과 경험을 바탕으로 일의 과정이나 결과, 결론을 가정한 다음 검증 후 사실일 경우 다음 단계의 일을 수행하는 '가설 지향적 사고'가 있다. 제시된 사례는 자사의 매출 정체가 지속되는 상황에서 해당 문제가 발생한 원인을 가설을 통해 제시하고 이를 검증하고자 하는 대표적인 가설 지향적 사고이다.

오답 피하기
분석적 사고는 다음과 같이 세 가지 사고로 구분된다.
• 성과 지향적 사고 : 기대하는 결과를 명시하고 효과적으로 달성하는 방법을 사전에 구상하고 실행한다.
• 가설 지향적 사고 : 현상 및 원인 분석 전에 지식과 경험을 바탕으로 일의 과정이나 결과, 결론을 가정한 다음 검증 후 사실일 경우 다음 단계의 일을 수행한다.
• 사실 지향적 사고 : 일상 업무에서 일어나는 상식, 편견을 타파하여 객관적 사실로부터 사고와 행동을 출발한다.

12 ①

오답 피하기
② 위협 요소로 일부 신흥국의 정치 불안이 존재한다고 제시되었다. 이를 새로운 시장 구축을 위해 일부 신흥국을 공략한다고 간주하는 것은 적절하지 못한 추론이다.
③ 약점을 보완하여 위협을 극복하는 WT 전략이어야 하나, 약점 보완과 관련된 내용이 제시되지 않았다.
④ 엔화가 약세인 상황에서 단순히 회사 경비 절감을 통해 일본 업체의 모델보다 가격을 낮춘다는 전략은 생산능력의 확대나 신차 연구개발 투자 확대라는 강점을 활용한 전략으로 보기 어렵다.
⑤ 생산능력 확대가 강점 요인이나 오히려 고급화 전략을 위해 생산량

즉, 최종적으로 면접 전형에 진출하는 상위 득점자 2명이 B와 G라는 사실을 알 수 있다.

오답 피하기
먼저 주어진 조건을 정리한 뒤 서로 연결고리가 있는 조건들끼리 다시 한번 정리하여 답을 구할 수 있는지 확인해 본다. 만약 이 단계에서 정확한 답을 알기 어렵다면, 특정 조건을 가정하여(⑩ B가 1등일 때) 나머지 조건들의 성립 유무를 확인함으로써 문제가 요구하는 답을 구할 수 있다.

15 ③

갑~정의 발언은 홀수가 공통 제시된 숫자 배열에서 예외가 존재하는 경우는 없다. 따라서 갑과 병의 발언   A~D 모든 숫자 배열에서   숫자가 연이어 반복되는

오답 피하기
• 을 : A의 3, 5, 7, B의 3, 1에서 예외가 존재
• 정 : C에서 1 다음에 4가 등장하는 것에서   연수는 1의 배수가 될 수 있다.

존재한다(모든 자

16 ④

3개 팀의 진술 중 적어도 하나는 참이고 적어도   으므로 모두 참, 모두 거짓인 경우는 존재해서는   거짓이라고 했위해 다음과 같이 가정해 볼 수 있다.   다. 문제 해결을
• Why팀의 발언이 '거짓'인 경우

구분	Why	What	How
진술	거짓	거짓	거짓
X사업 담당		○	

모든 팀의 진술이 거짓이 되므로 Why팀의 진술은 반드시 참이 되어야 한다.

오답 피하기
해당 문제 유형은 어떻게 접근하는 것이 좋은지, 어떤 선택지가 함정인지 등에 대한 자세한 설명이 담겨 있습니다.

NCS, 그것이 알고싶다

저자와 함께
알아보기

Q NCS가 도대체 뭔데?

NCS의 의미

NCS(국가직무능력표준, National Competency Standards)는 산업 현장의 직무를 수행하기 위해 필요한 능력(지식, 기술, 태도)을 국가적 차원에서 표준화한 것으로 능력단위 또는 능력단위의 집합을 의미합니다.

NCS의 개념도

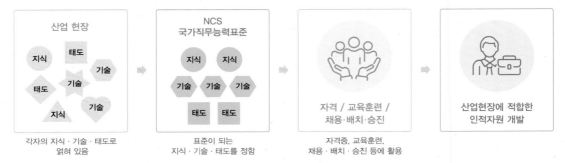

NCS의 구성

NCS는 크게 아래 그림처럼 능력단위 또는 능력단위의 집합으로 구성되어 있습니다.

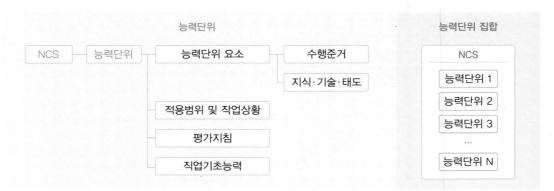

쉽게 보는 NCS의 분류

NCS는 간단히 직무능력과 직업기초능력으로 나눌 수 있습니다. 직무능력은 해당 직종에 필요한 능력, 직업기초능력은 직장인이라면 기본적으로 갖추어야 하는 능력으로 파악하면 편해요!

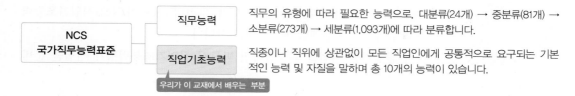

NCS 국가직무능력표준	직무능력	직무의 유형에 따라 필요한 능력으로, 대분류(24개) → 중분류(81개) → 소분류(273개) → 세분류(1,093개)에 따라 분류합니다.
	직업기초능력 우리가 이 교재에서 배우는 부분	직종이나 직위에 상관없이 모든 직업인에게 공통적으로 요구되는 기본적인 능력 및 자질을 말하며 총 10개의 능력이 있습니다.

❶ 직무능력 분류의 예시

위에서 다루었던 것처럼, 직무능력은 대분류, 중분류, 소분류, 세분류에 따라 구체적으로 나뉩니다. 건설-건축시공분야를 예로 보여드릴게요.

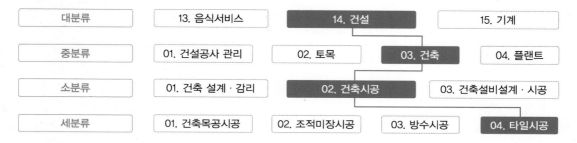

대분류	13. 음식서비스	**14. 건설**	15. 기계
중분류	01. 건설공사 관리	02. 토목 / **03. 건축**	04. 플랜트
소분류	01. 건축 설계 · 감리	**02. 건축시공**	03. 건축설비설계 · 시공
세분류	01. 건축목공시공	02. 조적미장시공 03. 방수시공	**04. 타일시공**

❷ 직업기초능력 영역의 분류도

직업기초능력은 아래처럼 10가지의 능력으로 나뉩니다. 구체적인 하위능력도 확인하세요!

직업기초능력	하위능력
의사소통능력	문서이해능력, 문서작성능력, 경청능력, 의사표현능력, 기초외국어능력
수리능력	기초연산능력, 기초통계능력, 도표분석능력, 도표작성능력
문제해결능력	사고력, 문제처리능력
자기개발능력	자아인식능력, 자기관리능력, 경력개발능력
자원관리능력	시간관리능력, 예산관리능력, 물적자원관리능력, 인적자원관리능력
대인관계능력	팀웍능력, 리더십능력, 갈등관리능력, 협상능력, 고객서비스능력
정보능력	컴퓨터활용능력, 정보처리능력
기술능력	기술이해능력, 기술선택능력, 기술적용능력
조직이해능력	국제감각, 조직체제이해능력, 경영이해능력, 업무이해능력
직업윤리	근로윤리, 공동체윤리

Q 왜 의·수·문 단기완성인데?

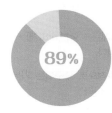

89%

공공기관 채용박람회 홈페이지의 디렉토리북에 따르면, 2024년에 고졸채용을 계획 중인 총 61개의 기관 중 54개의 기관(약 89%)이 NCS직업기초능력 평가로 필기전형을 진행할 예정이라고 합니다.
따라서 공공기관 취업을 희망한다면 반드시 직업기초능력평가 시험을 준비해야 합니다.

의·수·문·자의 중요성

구분 기관명	NCS 직업기초능력 출제영역									
	의사	수리	문제	개발	자원	대인	정보	기술	조직	윤리
국민연금공단	O	O	O		O		O		O	O
근로복지공단	O	O	O		O					
국민건강보험공단	O	O	O							
한국산업은행	O	O	O				O			
신용보증기금	O	O	O							
한국가스기술공사		O	O		O			O	O	
한국원자력연료주식회사	O	O	O		O		O	O	O	
한국가스공사	O	O	O		O		O			
한국수력원자력	O	O	O		O			O		
한국전력공사	O	O	O		O			O		
한국동서발전(주)	O	O	O							
한국석유공사	O	O	O		O			O		
한국지역난방공사	O	O	O				O	O	O	O
한국환경공단	O	O	O						O	
도로교통공단	O	O	O				O			
한국토지주택공사	O	O	O							
한국수자원공사	O	O	O		O					
한국철도공사	O	O	O							

※ 출처 : 공공기관 채용박람회 2024 디렉토리북에서 발췌

그렇다면 모든 기관이 직업기초능력 10가지를 모두 필요로 할까요?
아닙니다! 이번 2024 고졸 채용계획 인원이 10인 이상인 위 공공기관만 살펴보더라도, 총 10개의 능력 중 각 기관이 보다 더 중요하게 생각하는 일부 능력만 출제할 예정임을 확인할 수 있어요. 그래서 우리는 출제가능성이 가장 높은 의·수·문·자 능력을 최우선으로 공부하려고 해요.

의사소통능력

❶ 의사소통능력의 정의

업무를 수행함에 있어 글과 말을 읽고 들음으로써 다른 사람이 뜻한 바를 파악하고 자기가 뜻한 바를 글과 말을 통해 정확하게 쓰거나 말하는 능력을 말합니다.

직업인이 직업 생활에서 우리말로 된 문서를 읽고 이해하거나, 상대방의 말을 듣고 의미를 파악하며, 자신의 의사를 정확하게 표현하는 능력이에요. 또한 국제화 시대에 간단한 외국어 자료를 읽고 이해하며, 외국인의 간단한 의사표시를 이해하는 능력까지 포함합니다.

❷ 의사소통능력의 하위능력

문서이해능력	다양한 문서를 읽고, 그 내용을 이해하여 요점을 파악하는 능력
문서작성능력	업무의 목적과 상황에 적합한 아이디어나 정보를 전달할 수 있도록 문서로 작성할 수 있는 능력
경청능력	의사소통을 위한 기본적인 자세로, 다른 사람의 말을 주의 깊게 들으며 공감하는 능력
의사표현능력	말하는 사람이 자신의 생각과 감정을 듣는 사람에게 효과적으로 전달하는 중요한 기술로, 음성언어나 신체언어로 표현하는 능력
기초외국어능력	외국어로 된 간단한 자료를 이해하거나, 외국인의 의사표현을 이해하는 능력

❸ 의사소통능력평가 문제 예시

의사소통의 중요성에도 불구하고 모든 사람들의 의사소통이 원활하게 이루어지고 있는 것은 아니다. 다음 중 의사소통을 저해하는 요소로 적절하지 <u>않은</u> 것은?

① 전달해야 할 내용의 양과 질을 고려하지 않고, 상반되는 메시지를 한꺼번에 전달한다.
② 의사를 전달하기 전에 의사를 전달받는 사람의 수준을 제대로 고려하지 않고, 자신만이 아는 용어를 활용하여 의사를 전달한다.
③ 일방적으로 말하거나 일방적으로 듣기만 하려는 상호작용의 부족이 소통 오류의 원인이 된다.
④ 직접적인 내용을 전달하지 않고, 눈치를 통해서 자신의 마음을 알아주길 바란다.
⑤ 내 의사를 전달하기 위해 상대방이 이해할 때까지 쉽고 자세히 설명하는 것은 의사소통의 시간을 지연시킨다.

⑤ 상대방이 이해할 수 있도록 쉽고 자세히 설명하는 것은 원활한 의사소통을 위한 노력 중 하나이다.

의사소통능력평가는 다섯 가지의 하위능력에 따라 다양하게 출제되고 있어요. 직장에서는 복잡한 문서를 읽고 핵심을 파악할 줄 알아야 하며, 내가 하고자 하는 이야기도 문서로 작성할 수 있어야 합니다. 효율적인 의사소통을 위해 타인의 말을 잘 듣고 본인의 생각들도 바르게 표현할 줄도 알아야 하죠. 외국인과 간단한 의사소통도 할 수 있어야 합니다.

수리능력

❶ 수리능력의 정의

업무를 수행함에 있어 사칙연산, 통계, 확률의 의미를 정확하게 이해하고, 이를 업무에 적용하는 능력입니다. 업무 상황에서 요구되는 사칙연산과 기초적인 통계를 이해하고, 도표 또는 자료(데이터)의 의미를 파악하거나, 도표 또는 자료(데이터)를 이용하여 합리적이고 객관적인 결과를 효과적으로 제시할 수 있는지 판단하는 능력입니다.

❷ 수리능력의 하위능력

기초연산능력	직장 생활에서 필요한 기초적인 사칙연산과 계산 방법을 이해하고 활용하는 능력
기초통계능력	평균, 합계 빈도와 같은 기초적인 통계기법을 활용하여 자료를 정리하고 요약하는 능력
도표분석능력	도표(그림, 표, 그래프 등)의 의미를 파악하고, 필요한 정보를 해석하여 자료의 특성을 규명하는 능력
도표작성능력	자료(데이터)를 이용하여 도표를 효과적으로 제시하는 능력

❸ 수리능력평가 문제 예시

○○편의점에서 판매하는 아이스크림 A와 아이스크림 B의 판매가는 각각 2,500원 3,000원이다. 이 가격으로 판매를 하면 편의점 점주는 아이스크림 A에 대해 판매가의 10%, 아이스크림 B에 대해 판매가의 20%의 수익이 생긴다고 한다. 어느 날 편의점에서 두 아이스크림 모두 합쳐 32개를 판매하고 15,000원의 수익이 발생했다고 할 때, 아이스크림 A가 팔린 개수는?

① 12개
③ 20개
⑤ 28개
② 16개
④ 24개

① 아이스크림을 각각 1개씩 판매한다고 했을 때 수익은 A가 250원, B가 600원이다. 구해야 하는 값인 아이스크림 A가 팔린 개수를 x개라고 할 때, B는 $(32-x)$개이고 이때의 수익금은 '$250x+600(32-x)$'이다. 즉, $250x+600(32-x)=15,000$을 만족하는 x는 12로, 아이스크림 A가 판매된 개수는 총 12개이다.

문제가 생각보다 엄청 단순하지는 않죠? 실제 시험에서는 예시보다 더 풀이가 복잡한 경우가 많답니다. 우리는 도표의 의미를 빠르게 파악할 줄도 알아야 하고, 적절한 값을 찾아서 계산하거나 추이를 분석할 줄 알아야 합니다. 이러한 연습을 미리 해두지 않으면 실제 시험에서 풀이에 시간을 지나치게 할애해 문제를 풀 시간이 부족해질 수도 있어요.

문제해결능력

❶ 문제해결능력의 정의

업무를 수행함에 있어 문제 상황이 발생하였을 경우, 창조적이고 논리적인 사고를 통하여 이를 올바르게 인식하고 적절히 해결하는 능력입니다.

문제해결능력은 사고력과 문제처리능력으로 이루어집니다. 사고력은 직업 생활에서 발생한 문제를 인식하고 해결하기 위해서 창의적, 논리적, 비판적으로 생각하는 능력으로, 문제처리능력은 문제의 특성을 파악하고 대안을 제시하며 적절한 대안을 선택·적용하고 그 결과를 평가하여 피드백하는 능력으로 볼 수 있겠습니다.

❷ 문제해결능력의 하위능력

사고력	발생한 문제를 인식하고 해결할 수 있는 방법을 찾는 능력. 창의적 사고, 논리적 사고, 비판적 사고로 구성
문제처리능력	해결해야 하는 전체 문제와 그 우선순위, 과제, 원인 및 구조 등을 파악해서 처리하는 능력

❸ 문제해결능력평가 문제 예시

A대리는 팀에서 유튜브 회원을 획기적으로 늘리기 위한 브레인스토밍 회의를 주재하고 있다. 회의 시작 후 30분이 지났지만 아무도 적극적으로 의견을 말하지 않는 상황이다. 다음 중 회의를 이끌고 있는 A대리가 취할 행동으로 적절하지 <u>않</u>은 것은?

① 회의시간을 단축하기 위해 한 명씩 돌아가면서 아이디어를 발표하도록 한다.
② 지금부터는 등장한 아이디어에 대해 어떤 평가도 내리지 않는다.
③ 내용 형식에 구애받지 않고 최대한 많은 아이디어를 얘기하자고 한다.
④ 즐거운 분위기를 연출하기 위해 A대리가 나서서 유머를 구사한다.
⑤ 작은 아이디어라도 함께 모이면 더 큰 새로운 아이디어가 될 수 있음을 강조한다.

---

① 자유로운 상황에서 아이디어가 나오지 않는다고 하여 강제적으로 돌아가면서 아이디어를 발표하라고 하는 해결 방법은 브레인스토밍에서는 적절하지 않은 방법이다.

문제해결능력평가와 관련된 문제에는 예시처럼 창의적, 논리적 사고에 관한 문제도 있지만, 명제나 집합, 배치 등과 관련된 문제들도 자주 출제됩니다. 문제를 보고 바로 어떠한 풀이법으로 접근해야 하는지 파악할 수 있어야 합니다. 명제는 표를 그리거나 대우를 함께 적어두는 방식, 집합은 벤다이어그램을 그리는 방식 등을 활용해서 빠르고 정확하게 풀어낼 수 있어요. 아직 잘 모르시겠다고요? 우리 책에서 자세히 알려드릴게요.

자원관리능력
※ 자원관리능력 이론+문제는 PDF 구매혜택으로 제공됩니다.

❶ 자원관리능력의 정의
업무를 수행하는 데 시간, 자본, 재료 및 시설, 인적자원 등의 자원 가운데 무엇이 얼마나 필요한지를 확인하고, 이용 가능한 자원을 최대한 수집하여 실제 업무에 어떻게 활용할 것인지를 계획하고, 계획대로 업무 수행에 이를 할당하는 능력을 말합니다.

❷ 자원관리능력의 하위능력

시간관리능력	직업 생활에 필요한 시간을 확인하고 확보하여, 업무 수행에 이를 할당하는 능력
예산관리능력	직장 생활에서 이용 가능한 예산을 확인하고, 어떻게 사용할 것인지를 계획하며, 이를 사용하는 능력
물적자원관리능력	직장 생활에서 필요한 물적자원을 확인하고, 이를 활용하는 능력
인적자원관리능력	직장 생활에 있어서 인적자원의 품성, 능력, 지식을 파악하고 관리하며 활용하는 능력

❸ 자원관리능력평가 문제 예시

효과적 시간계획 수립을 위한 4단계 순서 중 명확한 목표 설정 단계에서 실행하게 되는 SMART 법칙에 대한 설명으로 적절하지 않은 것은?
① S는 Specific의 첫 글자로 목표를 구체적으로 작성하는 것을 의미한다.
② M은 Many의 첫 글자로 목표를 최대한 많이 작성하는 것을 의미한다.
③ A는 Action-Oriented의 첫 글자로 목표를 단순 생각에 그치는 것이 아닌 행동 중심의 목표를 수립하는 것을 의미한다.
④ R은 Realistic의 첫 글자로 실현 가능한 목표를 수립하는 것을 의미한다.
⑤ T는 Time Limited의 첫 글자로 목표를 설정함에 있어 제한 시간을 두는 것을 의미한다.

② M은 Measurable의 첫 글자로 '측정 가능성'을 의미하며 목표를 수치화, 객관화시킴으로써 측정 가능한 척도를 세우는 작업이 해당된다.

자원관리능력은 의사소통능력, 수리능력, 문제해결능력 다음으로 자주 출제되는 영역입니다. 비록 세 영역에 비해 출제기관이 많지는 않지만, 실제 업무를 할 때도 반드시 필요한 기본능력입니다. 자원관리능력평가는 현재의 상황을 확인하고 해당 상황에 맞게 계획하고 처리할 수 있는가를 묻는 문제가 자주 출제되고 있어요.

➕ 더 많이 알고싶다면?

구매인증하고
자원관리능력 이론 & 문제 받기

의·수·문·자 말고도
직업기초능력 전 영역 끝장내기

"NCS만큼은 더 쉽게, 더 빠르게"

공공기관 취업을 준비하는 취업 준비생이나 업무 스킬을 높이고자 하는 직장인들이라면 한 번쯤 들어봤을 단어, NCS직업기초능력. 그중에서도 가장 기본이 되는 능력만 세 가지를 꼽으라면 의사소통능력, 수리능력, 문제해결능력일 텐데요.

이 능력들은 채용전형에서 필기시험 문제로 자주 출제되는 파트일 뿐만 아니라 실제 우리가 마주하는 다양한 직장 생활에서의 바람직한 행동 양식에 대한 가이드를 제공하고 있습니다.

직장 내 동료들과의 협업 상황에서 어떤 방식으로 나의 의견을 전달하고, 또 상대의 말을 경청해야 하는지(의사소통능력), 업무 중 제시되는 다양한 수치 데이터와 각종 그래프 내용은 어떻게 해석하고 적용해야 하는지(수리능력), 또 우리가 마주하게 될 문제들은 유형별로 어떤 특성을 가졌으며 효과적 해결 방안은 어떻게 마련할 수 있는지(문제해결능력) 등을 주요 내용으로 다루고 있기 때문이죠.

결과적으로 직장에서 인정받는 동료로 거듭나게 되는 그 출발점은 의사소통능력, 수리능력, 문제해결능력 3가지 핵심 능력에서 제시하고 있는 각종 이론을 정확히 숙지하고 구체적 실천 방법을 이해하려는 노력에서 비롯된다고 볼 수 있습니다.

우리 교재는 국가직무능력표준에서 제시하는 NCS 학습모듈 이론을 바탕으로 독자의 이해를 돕는 다양한 예시와 함께, 이론 기반의 실전 문제들을 다수 담고 있습니다. 이를 통해 자신의 학습 이해도를 객관적으로 점검해볼 수 있음은 물론, 채용 전형에서 맞닥뜨릴 수 있는 각종 유형별 문제들을 직접 풀어보며 필기시험에 대한 대비까지 가능하도록 구성되었습니다.

본 교재와 함께 NCS직업기초능력 핵심 세 가지 능력에 대한 가장 정확하고 확실한 준비를 하시기 바랍니다. 여러분의 꿈을 응원하겠습니다.

저자 마민형 올림

의사소통능력

📍 의사소통능력이란?

직장인은 업무 수행 과정에서 다양한 문서를 읽고 쓰거나 직장 동료, 상사, 고객과 같은 많은 사람들과 의견을 주고 받게 됩니다. 이러한 관점에서 의사소통능력이란 업무와 관련된 글과 말을 읽고 들음으로써 다른 사람이 뜻한 바를 파악하고, 자기가 뜻한 바를 글과 말을 통해 정확하게 쓰거나 말하는 능력을 의미합니다.

차례

의사소통능력 소개

의사소통능력 개요

① 의사소통이란

의사소통이란 두 사람 또는 그 이상의 사람들 사이에서 일어나는 의사의 전달과 상호 교류이며, 각자의 정보, 감정, 사상, 의견 등을 전달하고 그것들을 받아들이는 과정을 의미한다.

② 직장인의 의사소통

- 직장에서의 의사소통이란 공식적인 조직 안에서의 의사소통을 의미한다.
- 직장인은 조직 내 활용되는 다양한 문서 양식을 규격에 맞춰 작성하는 것은 물론, 이미 작성된 문서를 정확히 이해할 수 있어야 한다. 또한, 업무 상황에서 발생하는 다수의 이해관계자와의 소통 상황에서 상대방의 말을 적극적으로 경청하고 자신의 생각을 올바르게 표현할 수 있어야 한다.
- 이처럼 문서적, 언어적으로 원활한 의사소통능력을 갖추는 것은 업무 목표 달성을 위한 출발점으로서 모든 직장인이 갖춰야 할 필수 덕목 중 하나이다.

의사소통능력 구성

의사소통능력은 문서적 의사소통능력과 언어적 의사소통능력으로 구분된다. 또한, 국제화 시대에 맞춰 글로벌 기업과의 업무 협력을 위한 기초외국어능력 역시 갈수록 그 중요성이 커지고 있다.

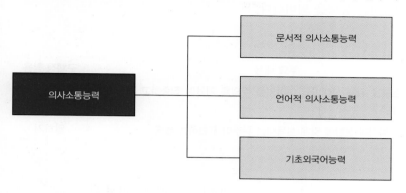

01 문서적 의사소통능력

1) 문서적 의사소통능력 의미

주어진 문서의 내용을 이해하고 요점을 판단하며, 이를 바탕으로 목적과 상황에 적합한 정보를 효과적으로 전달하는 데 필요한 문서를 작성하는 능력을 의미한다.

2) 하위능력 구성

하위능력	주요 내용	구체적 활용
문서이해능력	업무와 관련된 다양한 문서를 읽고 그 핵심을 이해하며, 그 안에서 구체적인 정보를 획득하고, 수집·종합하는 능력	읽기
문서작성능력	업무 관련 상황과 목적에 적합한 문서를 시각적이고 효과적으로 작성하는 능력	쓰기

3) 문서적 의사소통능력의 종류

전화 메모, 고객을 위한 예산서, 주문서, 직장 내에 의견전달을 위한 기획서, 다른 회사와의 협력을 위한 공문 등

02 언어적 의사소통 능력

1) 언어적 의사소통능력 의미

자신의 의사를 목적과 상황에 맞고 설득력 있게 표현하기 위해 원활한 방법으로 상대방의 이야기를 듣고 의미를 파악하여 적절히 반응하는 능력을 의미한다.

2) 하위능력 구성

하위능력	주요 내용	구체적 활용
경청능력	원활한 의사소통을 위해 상대방의 이야기를 주의를 기울여 집중하고 몰입하여 듣는 능력	듣기
의사표현능력	자신의 의사를 목적과 상황에 맞게 설득력을 갖추어 표현하는 능력	말하기

3) 언어적 의사소통능력의 종류

직장동료 및 외부 고객과의 의사소통, 협상 및 설득 상황에서의 대화, 프레젠테이션 등

▼ 문서적 의사소통능력과 언어적 의사소통능력 비교

구분	장점	단점
문서적 의사소통능력	• 공식 문서로서 정확하며 권위감이 있음 • 보존 및 전달이 가능함	혼란과 곡해를 일으킬 가능성이 존재함
언어적 의사소통능력	• 실시간 상대방 반응 확인이 가능함 • 상황에 따른 대처로 유동성이 높음	• 정확성이 떨어짐 • 휘발성이 높음

03 기초외국어능력

1) 기초외국어능력 의미

외국어로 된 간단한 자료를 이해하거나, 외국인의 간단한 의사표현을 이해하고 자신의 의사를 기초외국어로 표현할 수 있는 능력을 의미한다.

2) 하위능력 구성

하위능력	주요 내용	구체적 활용
기초외국어능력	외국어로 메일을 주고받거나 관련 업무를 처리하는 능력, 외국인으로부터 걸려온 전화 응대를 하는 능력, 해외에서 제작된 기계 사용 시 외국어로 된 매뉴얼 등을 읽는 능력	읽기, 쓰기, 말하기, 듣기

3) 기초외국어능력의 종류

미국, 유럽, 아시아 등 주요 국가 및 대륙의 언어적, 비언어적 표현 등

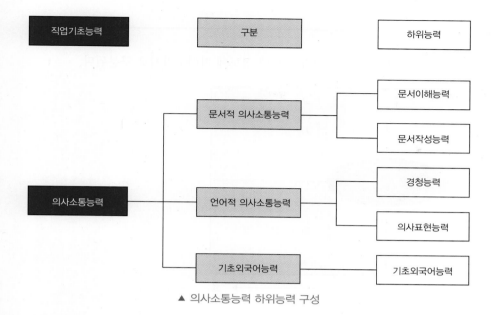

▲ 의사소통능력 하위능력 구성

문서적 및 언어적 의사소통능력의 기능

문서적 의사소통능력		언어적 의사소통능력	
하위능력	기능	하위능력	기능
문서이해능력	문자언어의 수용기능	경청능력	음성언어의 수용기능
문서작성능력	문자언어의 산출기능	의사표현능력	음성언어의 산출기능

의사소통의 유형

의사소통능력에서의 커뮤니케이션 유형은 개방성과 피드백 정도에 따라 5가지로 구분된다.

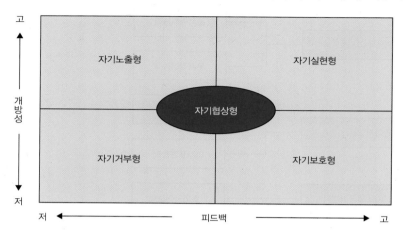

유형	내용
자기노출형	자신의 행태에 대한 반응을 지속적으로 물어봄으로써 자신에게 초점을 두도록 함
자기실현형	• 자신에 대한 적절한 정보를 제공하고 피드백을 구함과 동시에 건설적인 방식으로 피드백을 제공함 • 가장 바람직한 유형
자기보호형	타인에 대한 평가적 논평을 하고자 할 때 사용하는 것으로 타인과 함께 타인에 대한 자신의 의견, 태도와 감정만을 공유함
자기거부형	자기자신을 고립시키고 타인과의 관계를 회피함
자기협상형	타인들이 개방적인 정도까지만 자기자신을 개방함

의사소통의 저해요인

원활한 의사소통을 저해하는 요인에는 무책임한 마음, 불분명한 메시지, 안주하는 마음이 있다.

저해요인	원인	예시	결과
무책임한 마음	일방적으로 말하고 일방적으로 듣는 상호작용 부족	• "일단 시키는 대로 해." • "(무조건적으로) 네."	당사자간의 정보 이해가 엇갈림
불분명한 메시지	너무 복잡하거나 서로 모순된 이미지 전달	"그래서 결국 하고 싶은 말이 뭐야?"	잘못된 의사소통
안주하는 마음	눈치를 중요하게 생각하는 의사소통에 대한 잘못된 선입견	• "말하지 않아도 호흡이 척척 맞네." • "눈치껏 행동해."	정확하지 않은 업무 처리

의사소통 개발방법

의사소통 저해요인을 해결하고 원활한 의사소통을 달성하기 위한 방법으로, 사후 검토와 피드백 주고받기, 언어의 단순화, 적극적 경청, 감정의 억제 등의 방법을 시도할 수 있다.

1) 사후 검토와 피드백 주고받기

① 의미 : 의사소통 후 자신이 말했던 내용을 검토하거나 상대방으로부터 솔직한 피드백을 받으며 자신이 전달하고자 하는 내용이 실제 의사소통 과정에서 어떻게 해석되고 있는지 확인하는 것

② 효과 : 의사소통의 왜곡에서 오는 오해 및 부정확성 감소

③ 피드백 시 주의점 : 솔직한 피드백은 상대방에게 행동 개선 기회를 제공해 줄 수 있으나, 부정적인 피드백만이 계속될 경우 오히려 역효과가 나타날 수 있으므로 주의

2) 언어의 단순화

① 의미 : 듣는 사람의 상황과 수준을 고려해 명확하고 이해 가능한 표현을 선택해 사용하는 것

② 효과 : 원활한 정보 전달 촉진

3) 적극적인 경청

① 의미 : 단순히 상대방의 이야기를 수동적으로 들어주는 것을 넘어 이야기 속에 숨겨진 의미까지 능동적으로 파악하기 위해 노력하는 것

② 효과 : 의사소통 당사자 간의 통일된 주제 공유

4) 감정의 억제

① 의미 : 감정적으로 안정된 상태가 아닐 경우 침착하게 마음을 비우고 어느 정도 이성적인 평정심을 되찾을 때까지 의사소통을 연기하는 것

② 효과 : 보다 명확한 의사 전달을 통하여 메시지의 오해 가능성 감소

기적의 TIP 키슬러의 대인관계방식 8가지 유형

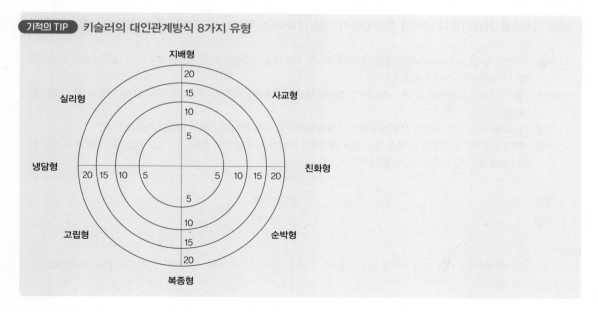

지배형	• 자신감이 있고 자기주장이 강하며 지도력이 있음 • 논쟁적이고 독단이 강하며 대인 갈등을 겪을 수 있음 • 타인의 의견을 경청하고 수용하려는 자세가 필요함
실리형	• 이해관계에 예민하고 성취지향적임 • 경쟁적, 자기중심적이며, 타인에 대한 배려가 부족함 • 타인의 입장을 배려하고 관심을 갖는 자세가 필요함
냉담형	• 이성적인 의지력이 약함 • 타인의 감정에 무관심하고 거리감을 느끼며, 피상적 대인관계 • 타인의 감정에 관심을 가지고 긍정적 감정을 부드럽게 표현하는 기술이 필요함
고립형	• 혼자 있거나 혼자 일하는 것을 선호함 • 사회적 생활을 회피하며 자신의 감정을 지나치게 억제함 • 대인관계의 중요성을 알고 타인에 대한 비현실적 두려움의 근원을 성찰해야 함
복종형	• 타인의 의견을 듣고 잘 따름 • 수동적, 의존적이며, 자신감이 없고 자기 주장성이 떨어짐 • 적극적인 자기표현과 자기주장이 필요함
순박형	• 단순하고 솔직하며, 너그럽고 겸손한 성향 • 자기 주관이 부족함 • 타인의 의도를 헤아려보고 행동하는 신중함, 자기를 주장하는 노력이 필요함
친화형	• 따뜻하고 쾌활하며 자기희생적임 • 타인의 요구를 거절하지 못하며 타인과 즐겁게 지내려고 노력함 • 타인과의 정서적 거리를 유지하려는 노력이 필요함
사교형	• 외향적이고 쾌활하며 대화하기를 선호함 • 타인에 대해 관심이 많아 간섭하는 경향이 있으며 흥분을 잘 하고 충동적임 • 지나친 인정욕구의 근원에 대한 통찰이 필요함

바로 확인문제

다음은 의사소통 개발방법과 관련해 직장인들이 나눈 대화이다. 제시된 발언 내용 중 적절하지 않은 것은?

- A직원 : "자신이 말했던 내용에 대해 상대방으로부터 솔직한 피드백을 받으며 자신이 전달하고자 하는 내용이 제대로 전달되었는지 확인하는 과정이 필요해."
- B직원 : "맞아. 그런데 피드백을 줄 때는 최대한 부정적인 내용들로 주면서 잘못된 점이 무엇인지 알 수 있도록 하는 것이 중요하지."
- C직원 : "말을 할 때는 듣는 사람의 상황과 수준을 고려해 명확하고 이해 가능한 표현과 단어를 사용해야 해."
- D직원 : "만약 감정적으로 안정된 상태가 아닐 경우 침착하게 마음을 비우고 어느 정도 이성적인 평정심을 되찾을 때까지 의사소통을 연기하는 것도 하나의 방법이야."

① A직원   ② B직원
③ C직원   ④ D직원

해설

솔직한 피드백은 상대방에게 행동 개선 기회를 제공해 줄 수 있으나, 부정적인 피드백만 계속된다면 오히려 역효과가 나타날 수 있으므로 주의해야 합니다.

정답 ②

문서이해능력

① **직장 내 문서이해의 의의**

• 사내 문서는 업무와 관련된 타인의 의사를 우리에게 전달하고 필요한 업무를 지시하며, 나아가 어떤 업무가 진행 중인지 기록으로 보존하는 역할을 한다.

• 직장인은 업무 관련 인쇄물부터 기호화된 정보로 간략하게 적힌 메모까지 업무와 관련된 수많은 문서를 접하게 되므로, 효과적인 업무 수행을 위해서는 문서의 내용을 이해하고 요점을 파악하며 통합할 수 있는 능력이 필요하다.

② **직장인의 문서이해능력**

• 직장인에게 있어 문서이해능력은 단순히 문서 내용의 파악에 그치지 않고, 문서에서 전달하는 정보를 바탕으로 업무와 관련하여 요구되는 행동이 무엇인지 적절하게 추론하는 능력, 생산성과 효율성을 높이기 위해 자신이 이해한 업무지시의 적절성을 판단하는 능력까지 포함하고 있다.

• 문서이해능력이 부족하면 직업생활에서 본인의 업무를 이해하고 수행하는 데 막대한 지장을 끼치게 되므로, 양식과 기준에 맞추어 문서를 이해하는 능력은 직장인이라면 반드시 갖춰야 할 필수적 능력이라고 할 수 있다.

문서의 종류

공문서, 기획서, 보고서 등 직장 생활에서 쓰이는 문서는 매우 다양하며 각 문서 양식은 저마다의 작성 목적과 특성을 지니고 있다. 이에 대해 이해하는 것은 올바른 문서 이해의 시작이다.

01 공문서

목적	정부 행정기관에서 대내적, 혹은 대외적 공무를 집행하기 위해 작성하는 문서
종류	• 정부기관이 일반회사 또는 단체로부터 접수하는 문서 • 일반회사에서 정부기관을 상대로 사업을 진행하려고 할 때 작성하는 문서
특징	• 엄격한 규격과 양식에 따라 정당한 권리를 가진 사람이 작성해야 함 • 최종 결재권자의 결재가 있어야 문서로서의 기능이 성립함

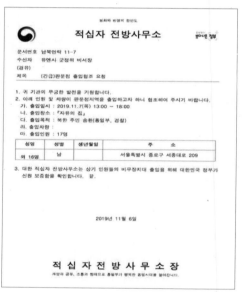

▲ 공문서의 예시

▼ 「행정효율과 협업 촉진에 관한 규정」에 따른 공문서의 종류

법규문서	헌법, 법률, 대통령령, 총리령, 부령, 조례, 규칙 등에 관한 문서
지시문서	훈령, 지시, 예규, 일일명령 등 행정기관이 그 하급기관이나 소속 공무원에 대하여 일정한 사항을 지시하는 문서
공고문서	고시, 공고 등 행정기관이 일정한 사항을 일반에게 알리는 문서
비치문서	행정기관이 일정한 사항을 기록하여 행정기관 내부에 비치하고 업무에 활용하는 대장, 카드 등의 문서
민원문서	민원인이 행정기관에 허가, 인가, 그 밖의 처분 등 특정한 행위를 요구하는 문서와 그에 대한 처리문서

02 기획서

목적	적극적으로 아이디어를 내고 기획한 하나의 프로젝트를 문서형태로 만들어, 상대방에게 그 내용을 전달하여 기획을 시행하도록 설득하는 문서
종류	• 사업제안서 : 신규 프로젝트 수주를 위해 발주기관에 제출하는 기획서 • 사업기획서 : 신규 사업 추진이나 기존 사업 개선을 목적으로 사내 경영진에게 제출하는 기획서 • 연구개발 계획서 : 연구개발 추진을 위해 기업 내부 및 정부에서 연구개발자금을 받기 위한 용도의 기획서
특징	• 왜 기획하게 되었는지, 어떻게 할 것인지와 같은 Why, How to가 중요함 • 물리적 자원 활용, 소요 예산 및 시간 계획, 인력 활용 방안 등과 같은 구체적 실행 계획이 포함되어야 함

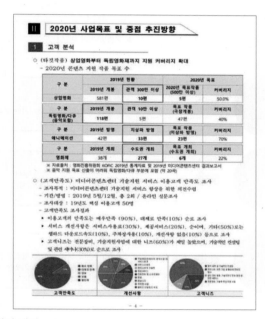

▲ 기획서의 예시

03 기안서

목적	회사의 업무에 대한 협조를 구하거나 의견을 전달할 때 작성하는 문서. 사내 공문서라고도 불림 (※ 기안 : 의사를 결정하기 위해 작성하여 결재를 올리는 문서)
종류	• 자신의 업무를 진행하거나 제안하기 위한 발안 목적의 문서 • 상급자의 지시 사항을 처리하기 위한 문서 • 법령이나 각종 규정 등의 근거에 의하여 작성되는 문서
특징	• 간결 명료하며 알기 쉽게 표현되어 전달하고자 하는 내용을 읽는 사람이 쉽게 이해하도록 작성해야 함 • 작성한 기안서에 대해 상대방이 호감을 가질 수 있도록 표현하는 것이 중요함

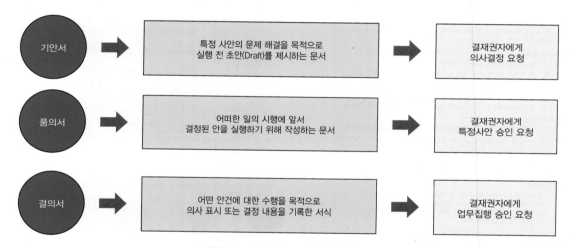

▲ 기안서의 예시

기안서	→	특정 사안의 문제 해결을 목적으로 실행 전 초안(Draft)를 제시하는 문서	→	결재권자에게 의사결정 요청
품의서	→	어떠한 일의 시행에 앞서 결정된 안을 실행하기 위해 작성하는 문서	→	결재권자에게 특정사안 승인 요청
결의서	→	어떤 안건에 대한 수행을 목적으로 의사 표시 또는 결정 내용을 기록한 서식	→	결재권자에게 업무집행 승인 요청

▲ 기안서 vs 품의서 vs 지출결의서 비교

04 보고서

목적	특정한 일에 관한 현황이나 그 진행 상황 또는 연구·검토 결과 등을 보고할 목적으로 작성하는 문서
종류	• 영업보고서 : 영업상황을 문장 형식으로 기재해 보고하는 문서(≠ 재무재표) • 결산보고서 : 진행됐던 사안의 수입과 지출결과를 보고하는 문서 • 일일업무보고서 : 매일의 업무를 보고하는 문서 • 주간업무보고서 : 한 주간에 진행된 업무를 보고하는 문서 • 출장보고서 : 출장 후 외부 업무나 그 결과를 보고하는 문서 • 회의보고서 : 회의 결과를 정리해 보고하는 문서
특징	• 보고서의 내용 및 결과는 명확한 사실을 바탕으로 작성해야 함(정확성) • 보고서의 내용 및 결과에 대해 다른 사람들도 동의할 수 있어야 함(객관성)

영업보고서

4. 회사가 대처할 과제

1) 전자전시스템 사업분야
- 함정용 전자전시스템 성능의 대군 신뢰도 제고를 통한 신규수요 창출 및 안정적 수익기반 확보
- 항공용 전자전시스템의 고신뢰성 양산을 통한 매출 및 이익 규모 증대
- 육상용 전자전시스템 개발사업의 성공적 완수와 양산 연계방안 모색 및 활동 전개
- 기타 전자전시스템 개발사업 참여 확대

2) 군용 전원공급기 사업분야
- 항공용 전자전시스템 고신뢰성전원공급기의 성공적인 양산을 통한 매출 및 이익규모 증대
- 위성통신용 전원공급기 개발사업의 성공적 완수
- 위성용 TWTA 개발사업의 성공적인 완수

3) 민수용 전원공급기 사업분야
- HID BALLAST의 성공적인 시장 확대
- UHP BALLAST 개발사업의 성공적인 완수
- 태양광인버터의 성공적인 개발을 통한 시장진입 기반 구축

4) 기타 사업분야
- 군 통신전자전분야 시장진입 기반 구축
- 신규 군 통신사업 발굴 및 참여 확대
- 능동형 RFID 상용화 제품의 개발 및 시장진입 기반 구축

2020년 본부 통합 회계결산보고서

2020년 1월 1일부터 ~2020년 12월 31일까지

사단법인 한국예술의전당(본부)   (단위 : 원)

수 입			지 출		
과 목	금 액	총액대비율	과 목	금 액	총액대비율
1. 전년도이월금	250,070,979	13.71%	1. 일반사업비	256,552,696	14.00%
2. 회비	415,660,580	22.79%	2. 전홍금사업비	47,406,455	2.60%
3. 후원금	284,660,021	15.61%	3. 보조금사업비	652,095,593	35.75%
4. 참가수입	2,162,000	0.12%	4. 인건비	302,200,593	16.57%
5. 운영기획사업금	30,050,755	1.65%	5. 업무추진비	15,088,400	0.03%
6. 잡수입	10,615,157	0.58%	6. 운영비	66,150,356	3.63%
7. 프로젝트사업금	171,000,000	9.36%	7. 비품구입비	1,571,050	0.09%
8. 보조금사업금	659,634,396	36.17%	8. 진축가금적립	36,000,000	1.97%
			9. 잡비	974	0.00%
			지출총계	1,377,476,917	75.52%
			차기이월금	446,412,971	24.46%
합 계	1,823,889,888	100.00%	합 계	1,823,889,888	100.00%

▲ 보고서의 예시

05 설명서

목적	상품의 특성이나 사물의 성질과 가치, 작동 방법이나 과정을 소비자에게 설명하는 것을 목적으로 작성한 문서
종류	• 상품소개서 : 일반인이 친근하게 읽고 내용을 쉽게 이해하도록 하는 문서. 소비자에게 상품의 특징을 잘 전달해 상품을 구입하도록 유도하는 것이 궁극적 목적 • 제품설명서 : 제품의 특징과 활용도에 대해 세부적으로 언급하는 문서. 제품 구입도 유도하지만 제품의 사용법에 대해 더 자세히 알려주는 것이 주목적
특징	• 정확한 내용 전달을 위해 간결하게 작성해야 함 • 소비자들의 이해를 높이기 위해 어려운 전문용어 사용을 삼가야 함

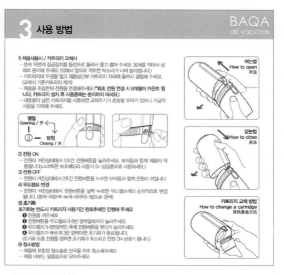

▲ 설명서의 예시

06 보도자료

정부 기관이나 기업체, 각종 단체 등이 언론을 상대로 자신들의 정보가 기사로 보도되도록 하기 위해 보내는 자료

07 자기소개서

개인의 가정환경과 성장과정, 입사 동기와 근무자세 등을 구체적으로 기술해 자신을 소개하는 문서

08 비즈니스 레터(E-mail)

사업상의 이유로 고객이나 단체에 편지를 쓰는 것으로, 직장업무나 개인 간의 연락, 직접 방문하기 어려운 고객관리 등을 위해 사용되는 비공식적 문서나 제안서나 보고서 등 공식 문서를 전달할 때에도 사용됨

09 비즈니스 메모

의미	업무상 필요한 중요한 일이나 앞으로 체크해야 할 일이 있을 때 필요한 내용을 메모 형식으로 작성하여 전달하는 글
종류	• 전화 메모 : 업무 내용부터 개인적인 전화의 전달사항 등을 간단히 작성하여 당사자에게 전달하는 메모 • 회의 메모 : 회의에 참석하지 못한 상사나 동료에게 전달 사항이나 회의 내용에 대해 간략하게 적어 전달하는 메모 또는 회의 내용을 기록하여 기록이나 참고자료로 남기기 위해 작성한 메모. 회의 메모의 경우 월말이나 연말에 업무 상황을 파악하거나 업무 추진에 대한 궁금증이 있을 때 핵심적인 자료 역할을 수행하기도 함 • 업무 메모 : 개인이 추진하는 업무나 상대의 업무 추진 상황을 적은 메모

기적의 TIP 올바른 메모 요령 7가지

① 언제 어디서든 메모하라.
② 주위 사람들을 관찰하라.
③ 기호와 암호를 활용하라.
④ 중요 사항은 한눈에 띄게 하라.
⑤ 메모하는 시간을 따로 마련하라.
⑥ 메모를 데이터베이스로 구축하라.
⑦ 메모를 재활용하라.

문서이해의 절차

문서를 빠르고 정확하게 이해하기 위해서는 구체적인 문서 이해 절차를 숙지할 필요가 있다. 문서이해 절차는 6가지 단계로 구분된다.

1단계	문서의 목적 이해하기

⬇

2단계	문서가 작성된 배경과 주제 파악하기

⬇

3단계	문서에 쓰인 정보를 밝혀내고 문서가 제시하고 있는 현안문제 파악하기

⬇

4단계	문서를 통해 상대방의 욕구와 의도 및 나에게 요구되는 행동에 관한 내용 분석하기

⬇

5단계	문서에서 이해한 목적 달성을 위해 취해야 할 행동 생각하고 결정하기

⬇

6단계	상대방의 의도를 도표나 그림 등으로 메모하여 요약·정리해 보기

기적의 TIP

실제 필기시험에서는 문서이해절차에 근거해 제시된 글에 대해 올바른 독자의 행동을 묻는 문제가 빈번하게 출제되고 있습니다.

문서이해 방법

문서에 제시된 내용을 효과적으로 읽고 이해하기 위해서는 목적에 부합하는 독해 방법을 적용해야
한다. 대표적인 독해 방법에는 사실적 독해, 추론적 독해, 비판적 독해, 창의적 독해 등이 있다.

01 독해 방법에 따른 필기시험 문제 출제유형

1) 사실적 독해

개념	글을 구성하는 단어·문장·문단의 내용을 정확히 이해하거나 글에 나타난 개념이나 문자 그대로를 이해하는 것을 목적으로 하는 독해 방법
문제 출제 유형	• 중심 내용 파악하기 • 내용의 일치 여부 확인하기 • 어휘의 의미, 개념 이해하기 • 글의 구조 및 전개 방식에 대해 이해하기
해결 전략	• 문제 해결에 필요한 정보가 글에 명시되어 있으므로 '핵심어'를 찾아 표시해가며 정확히 읽는 연습이 필요함 • 단락을 도식화하여 글의 구조를 파악하는 연습을 하고 각 문단에서 중심 내용과 뒷받침 내용을 구분하여 읽는 연습을 함

2) 추론적 독해

개념	글에서 생략된 내용을 추론하거나 숨겨진 저자의 의도, 목적 등을 추론하는 독해로, 독자는 자신의 지식과 경험, 문맥, 글에 나타난 표지 등을 이용하여 생략된 내용을 추론하여 의미를 구성할 수 있어야 함
문제 출제 유형	• 글에 나타난 저자의 의도 파악하기 • 생략된 정보 추론하기 • 빈칸 채우기 • 숨겨진 주제 파악하기
해결 전략	• 생략된 내용을 추론할 때는 빈칸의 앞과 뒤의 문장에 주목해야 함 • 저자의 의도 파악을 위해서는 문맥에 유의하여 글 전체의 분위기와 논조를 파악해 읽는 연습을 함

3) 비판적 독해

개념	글의 사실적인 이해와 추론적인 이해를 넘어 글의 내용에 대해 판단하며 읽는 것으로, 글에 나타난 주제 글의 구성, 자료의 정확성과 적절성 등을 비판하며 읽는 독해 방법
문제 출제 유형	• 글의 논리적 오류 찾기 • 글의 주제와 관련이 없는 소재 찾기 • 글의 목적에 맞는 구성 방법 확인하기 • 글에 나타난 저자의 생각이 바람직한지 판단하기
해결 전략	• 글의 논리상 오류가 무엇인지 파악해야 함 • 글의 주제와 관련이 없는 내용이 글에 제시되지는 않았는지 판단해야 함

4) 창의적 독해

개념	주어진 글의 내용을 다르게 바라보거나 새로운 생각을 덧붙이며 확장해 나가는 독해 방법
문제 출제 유형	• 제시된 글의 다음에 올 수 있는 내용 찾기 • 글을 읽은 독자가 취할 수 있는 생각이나 행동 찾기
해결 전략	• 글에 제시된 저자의 의도와 논리에 대한 명확한 이해를 기반으로 해야 함 • 제시된 글의 내용을 지나치게 넘겨짚지 않도록 해야 함

02 문서이해 방법별 독해의 예시

제시문 : 침대는 가구가 아닙니다. 침대는 과학입니다.

사실적 독해	침대는 가구가 아니라 과학이 맞다.
추론적 독해	침대를 과학적으로 만들었다는 의미일 것이다.
비판적 독해	침대를 과학적으로 만들었다는 명백한 근거가 충분히 제시되지 않았다. 그러므로 침대가 과학이라는 것은 납득하기 어렵다.
창의적 독해	침대가 과학적으로 만들어졌다는 것을 어필하기 위해 나라면 어떻게 표현해 볼 것인가?

문서의 성립 및 효력 발생

작성된 문서의 성립과 효력이 발생되는 시기는 원칙과 법령 등에 따라 달라진다.

01 문서의 성립요건

① 행정기관의 적법한 권한 범위 내에서 작성되어야 한다.
② 위법 또는 부당하거나 시행 불가능한 내용이 아니어야 한다.
③ 법령에 따라 규정된 절차 및 형식을 갖추어야 한다.

02 효력발생주의

1) 효력발생주의의 종류와 특징

구분	내용	특징
표백주의	문서가 성립한 때, 즉 결재로써 문서의 작성이 끝난 때에 효력이 발생한다는 원칙	• 내부결재와 같이 상대방 없는 문서의 경우에 적합함 • 상대방이 있는 경우 해당 문서 존재를 모르는 상황에서도 효력이 발생하여 불이익을 감수할 가능성이 존재함
발신주의	성립한 문서가 상대방에게 발신된 때 효력이 발생한다는 원칙	• 신속하게 처리되어야 하는 업무에 적합함(다수를 대상으로 한 공지) • 문서발신 지연 등 상대방이 알지 못하는 상황에서 효력 발생 가능성이 존재함
도달주의 (= 수신주의)	문서가 상대방에게 도달된 때 효력이 발생한다는 원칙	• 쌍방의 이익을 가장 잘 조화시킬 수 있는 방식 • 효력발생 시기를 객관적으로 확정할 수 있음
요지주의	상대방이 문서의 내용을 확인할 때 효력이 발생한다는 원칙	상대방의 부주의나 고의로 문서 내용을 인지하지 못한 경우 발신자가 불이익을 감수할 가능성이 존재함

2) 문서 유형별 효력발생주의

① 일반문서 : 도달주의(별도 규정이 없는 경우)

　　※「민법」상의 의사표시와 「행정 효율과 협업 촉진에 관한 규정」에 의거 일반문서는 도달주의를 원칙으로 한다.

② 공고문서 : 고시·공고가 있는 날로부터 5일이 경과한 날로부터 효력이 발생함

③ 전자문서 : 수신자의 컴퓨터 파일에 등록된 때에 효력이 발생함

03 문서의 결재

'결재'란 결정권자가 특정 사항에 대해 승인을 내리는 과정으로 의사결정을 실행에 옮기기 위해서는 결재라는 과정이 반드시 필요하다. 하지만 결재자가 문서에 기재된 내용에 대한 결재를 처리할 수 없는 상황이 발생할 수 있으며 이런 경우 '전결'과 '대결'이라는 두 가지 결재 권한이 활용될 수 있다.

1) 결재 관련 용어

전결	• 기관장이 모든 결재를 수행할 수 없으므로 문서 내용에 따라 최종결재권한을 직원들에게 위임한 것 • 전결을 가진 사람을 '전결권자'라고 하며 전결권자는 최종 결재권자가 됨 • 전결권자가 있는 경우, 결재 양식에 전결권자 서명란에는 '전결'을 표기하고 서명함 • 전결사항에 대해서도 위임받은 자를 포함한 이하 직책자의 결재를 받아야 함
대결	• 결재권자가 출장, 휴가, 기타 사유로 부재 시 그 직무를 대리하는 자가 결재하는 행위로 결재권자가 결재한 것과 같은 동일한 효력을 가짐 • 단, 동일한 효력을 가졌다고 해서 대결권자가 최종결재권자가 되는 것은 아님
공통점	전결, 대결 모두 결재 권한의 일부를 다른 사람에게 위임하는 것에서는 동일하다고 볼 수 있음
차이점	• 전결 : 결재자의 부재 여부와 상관없이 행사되며, 이는 일정한 자격을 가진 사람에게만 부여됨 • 대결 : 결재자의 부재중에만 행사되며, 대체로 결재자의 직무를 대리하는 사람에게 부여됨

2) 서명을 하지 않는 사람이 있는 경우

'전결' 표시를 하지 않는 사람의 서명란은 만들지 않거나 대각선 사선 표시를 해야 한다.

예 부장 전결인 사항에 대해 서명하지 않는 사람의 서명란을 만드는 경우

결재	대리	과장	차장	부장	이사
	대리서명	과장서명	차장서명	전결 부장서명	

예 부장 전결인 사항에 대해 차장이 대결을 하고 서명하지 않는 사람의 서명란을 만드는 경우

결재	대리	과장	차장	부장	이사
	대리서명	과장서명	대결 차장서명	전결 부장서명	

바로 확인문제

문서를 빠르고 정확하게 이해하기 위해서는 먼저 문서 이해를 위한 구체적인 절차에 대해 이해해야 한다. 아래 문서이해 절차 6단계 중 빈칸에 들어갈 내용을 〈보기〉에서 순서대로 나열한 것은?

[1단계] _____
[2단계] _____
[3단계] _____
[4단계] 문서를 통해 상대방의 욕구와 의도 및 내게 요구되는 행동에 관한 내용 분석하기
[5단계] 문서에서 이해한 목적 달성을 위해 취해야 할 행동 생각하고 결정하기
[6단계] 상대방의 의도를 도표나 그림 등으로 메모하여 요약·정리해 보기

〈보기〉
㉠ 문서에 쓰인 정보를 밝혀내고 문서가 제시하고 있는 현안문제 파악하기
㉡ 문서가 작성된 배경과 주제 파악하기
㉢ 문서의 목적 이해하기

---

① ㉠-㉡-㉢   ② ㉡-㉠-㉢
③ ㉡-㉢-㉠   ④ ㉢-㉡-㉠

해설
문서이해 절차 6단계 순서는 '문서의 목적 이해하기 → 문서가 작성된 배경과 주제 파악하기 → 문서에 쓰인 정보를 밝혀내고 문서가 제시하고 있는 현안문제 파악하기 → 문서를 통해 상대방의 욕구와 의도 및 내게 요구되는 행동에 관한 내용 분석하기 → 문서에서 이해한 목적 달성을 위해 취해야 할 행동 생각하고 결정하기 → 상대방의 의도를 도표나 그림 등으로 메모하여 요약·정리해 보기'입니다.

정답 ④

문서작성능력

문서작성능력 개요

① **직장 내 문서작성의 의의**

직장인 대부분의 업무는 문서를 통해 이루어진다. 특히, 자신의 명확한 생각을 전달하고자 할 때 문서를 활용하게 된다. 효과적이고 명확한 업무 진행을 위해 직장인은 수시로 많은 문서작성의 상황을 마주하게 된다.

② **직장인의 문서작성능력**

• 문서는 문서를 작성하는 목표, 즉 문서를 작성하는 이유와 문서를 통해 전달하려는 것을 명확히 한 후에 작성해야 한다.

• 문서작성은 개인의 사고력과 표현력을 총동원해야 하는 능력의 결정체이다. 그러므로 문서를 작성할 때는 문서의 대상·목적·시기가 포함되어야 하며, 기획서나 제안서 등 경우에 따라 기대효과 등이 포함되어야 한다.

문서작성 방법

업무 처리를 위한 문서작성은 내용과 형식 모두 매우 중요하다. 일정한 형식 안에서 내용을 일목요연하게 전개해야 하며, 이 과정에서 정확하고 확실하게 작성하는 것이 요구된다. 문서작성 방법은 상황과 종류에 따라 다음과 같이 분류할 수 있다.

01 상황에 따른 문서작성 방법

1) 요청이나 확인을 부탁하는 경우

구체적 상황	문서 유형	작성 방법
유관 부서에 업무협조를 요청하거나 관련 업무에 대한 진행사항을 확인함	공문서	일정한 양식과 격식을 준수하여 작성함

2) 정보제공을 위한 경우

구체적 상황	문서 유형	작성 방법
회사 성과나 신상품에 대한 대외적 홍보 또는 상품의 작동 방법을 설명함	홍보물, 보도자료, 설명서, 안내서	신속, 정확하게 정보를 제공해야 하며 필요에 따라 시각자료 적극적으로 활용함

3) 명령이나 지시가 필요한 경우

구체적 상황	문서 유형	작성 방법
외부기관, 단체 등에 업무 명령이나 지시를 내림	업무지시서	즉각적 업무 추진이 실행될 수 있도록 상황에 적합하고 명확한 내용을 작성함

4) 제안이나 기획을 할 경우

구체적 상황	문서 유형	작성 방법
업무의 개선이나 새로운 사업 진행을 위한 방향성을 제안함	제안서, 기획서	작성자의 종합적인 판단과 예견적인 지식을 활용함

5) 약속이나 추천을 위한 경우

구체적 상황	문서 유형	작성 방법
개인이 다른 회사에 지원할 때 해당 인물의 역량에 대한 상사의 약속과 추천	추천서	추천하려는 사람과의 관계를 함께 기재하며 긍정적인 어조로 작성함

02 종류에 따른 문서작성 방법

종류	작성 방법
공문서	• 공문서는 회사 외부로 전달되는 문서이므로 육하원칙(누가, 언제, 어디서, 무엇을, 어떻게, 왜)이 정확하게 드러나도록 작성함 • 날짜 작성 시에는 연도와 월일을 반드시 함께 기입하며 날짜 다음에 괄호를 사용할 경우에는 마침표를 찍지 않음 • 작성하고자 하는 내용을 한 장에 담아내는 것이 원칙 • 마지막엔 반드시 '끝'자로 마무리함 • 복잡한 내용은 '다음', '아래' 등을 활용하여 항목별로 구분함 • 대외문서이며 장기간 보관되는 문서이므로 정확하게 기술함
설명서	• 명령문보다 평서형으로 작성함 • 상품이나 제품에 대해 설명하는 글의 성격에 맞추어 정확하게 기술함 • 정확한 내용 전달을 위해 간결하게 작성함 • 소비자들이 이해하기 어려운 전문용어를 삼가고 쉬운 표현이나 용어 위주로 사용함 • 복잡한 내용은 도표를 통해 시각화하여 독자의 이해도를 높임 • 동일한 문장 반복을 피하고 다양한 표현을 활용함
기획서	• 작성 목적이 무엇인지 핵심 내용이 정확하게 기입되었는지 확인 필수 • 기획서는 상대에게 어필해 상대가 채택하게끔 설득력을 갖추는 것이 중요하며, 이를 위해 상대가 요구하는 것이 무엇인지 고려하여 작성함 • 내용이 한눈에 파악되도록 체계적으로 목차를 구성함 • 효과적인 내용 전달을 위해 내용에 적합한 표나 그래프를 활용하여 시각화함 • 제출 전 내용을 검토하고 인용 자료의 출처를 확인함
보고서	• 내용 중복을 피하며 핵심사항만을 산뜻하고 간결하게 작성함 • 복잡한 내용일 때에는 도표나 그림 등 시각적 자료를 활용함 • 정확한 참고자료를 제시함 • 내용에 대한 예상 질문을 사전에 추출해 보며 답을 미리 준비함 • 제출 전 최종점검 필수
기안서	• 기안 목적에 맞도록 초안을 작성해보며 논리의 일관성이 유지되는지 확인함 • 주요 내용을 육하원칙에 의거하여 정확하게 작성함 • 한자나 전문용어 대신 이해하기 쉬운 단어와 표현을 사용함 • 서식을 통일하고 문자를 부호화하여 활용함
비즈니스 레터 (E-mail)	• 내용이 함축적이며 핵심 목적이 담기도록 제목을 작성함 • [요청], [협조] 등 제목 머리에 꺾쇠 괄호([ ])를 활용하여 목적 파악 유도 • 본문 작성 시 상대방이 중요한 내용을 파악할 수 있도록 넘버링(1, 2, 3) 등을 추가하여 핵심 위주로 작성함 • 감사 인사를 통해 끝맺음을 알림

03 공문서와 보고서의 문서작성

1) 공문서

문서구조	구성항목	비고
두문	발신기관명, 수신, 경우, 분류기호, 문서번호, 시행일	두문≒서론
본문	제목, 내용, 붙임	본문≒본론
결문	발신명의, 등록번호, 시행일, 수신처	결문≒결론

※ 본문 내용 중 도표 작성이나 내용 수정, 환기 등 특별한 표시가 필요할 때 다른 색 글자 사용 가능

2) 보고서

문서구조		작성내용(논리 흐름)	구성항목
시작	설득	왜 이 사업을 하는가? (= 왜 보고를 하는가?)	제목, 개요, 추진 배경
	Why	왜 이러한 과제가 주어졌는가?	
중간	설명	어떻게 이 사업을 할 것인가? (= 어떤 내용을 보고할 것인가?)	현황, 문제점 및 원인, 해결방안
	How	어떻게 해결할 것인가?	
마무리	결정	무엇을 결정해야 하는가? (= 무엇을 판단해야 하는가?)	기대효과, 조치사항
	What	무엇을 결정하고 판단할 것인가?	

기적의 TIP 효과적인 문서작성 요건 5가지

① 짜임새 있는 골격
② 이해하기 쉬운 구조
③ 객관적·논리적 내용
④ 설득력 높은 구체적 문장
⑤ 효과적인 내용 배치

올바른 문서작성은 정확한 의사소통을 위해서 필요할 뿐만 아니라 문서의 품격을 높이고, 해당 기관의 권위와 신뢰도를 높여준다. 문서의 올바른 작성을 위해 다음과 같은 원칙을 숙지하는 것이 필요하다.

01 문장과 문단

1) 문장구성 시 주의사항

주의사항	내용
간단한 표제를 붙임	문서의 내용을 바로 파악할 수 있도록 간단한 표제를 붙임으로써 이해를 도움
주요 내용을 서두에 작성	업무 관련 문서 작성의 핵심은 결론을 먼저 제시하는 것임
문장을 짧고 간결하게 작성	문장은 육하원칙에 맞추어 짧고 간결하게 작성하고 행과 단락을 적절하게 배분하여 체계적인 문서가 되도록 함
불필요한 한자 사용 자제	중요하지 않은 경우 한자 사용은 최대한 자제함
긍정문으로 작성	공문서에서 부정문이나 의문문 형식은 피함

2) 문단의 종류

종류	내용
주지 문단	• 작성자의 의도 및 주제 제시 문단 • 접속어 : 따라서, 그러므로 등
전제 문단	• 주장을 이끌어 내기 위한 조건이나 근거를 제시하는 문단 • 접속어 : 왜냐하면 등
예시 문단	• 예를 들어 보여주며 주요 내용 뒷받침하는 문단 • 접속어 : 가령, 예를 들어 등
부연 문단	• 주제에 덧붙여 부가적으로 설명하는 문단 • 접속어 : 다시 말해 등
강조 문단	• 앞의 내용을 재언급하고 요약하는 문단 • 접속어 : 즉, 요컨대 등

02 문서작성 시 주의사항

① 문서는 작성 시기가 매우 중요하므로 정확하게 기입해야 한다.
② 문서작성 후 반드시 다시 한번 내용을 검토해야 한다.
③ 첨부자료는 꼭 필요한 자료 외에는 가능하면 첨부하지 않는다.
④ 문서내용 중 금액, 수량, 일자 등은 정확하게 기재하도록 한다.
⑤ 한 가지 사안을 한 장의 용지에 작성할 수 있도록 한다.

03 문서작성의 기준

구분	내용
용지	• 일반적으로 A4 용지(210mm×297mm)를 세로 방향으로 사용함 • 용지 색깔은 흰색으로 함
여백	• 상단으로부터 3cm, 하단로부터 1.5cm 좌우로부터 2cm씩 띄워서 씀 • 문서 인쇄 방식이나 종류, 용도에 따라 여백 수정 가능
글자 색깔	• 검정색 또는 푸른색 글자를 사용함 • 적색의 경우 수정, 주의, 환기 등 특별한 표시가 필요한 경우에 사용함
첫 부분	• 문서의 내용을 한 눈에 알 수 있는 내용으로 제시함 • 은유, 비유 등의 표현은 가급적 삼가야 함

끝 부분	• 문서의 마지막에는 마지막 글자에서 항상 2자를 띄우고 '끝.'을 써넣음으로써 끝맺음
	• 붙임과 같이 첨부물이 존재하는 경우, 첨부 표시문 다음에 1자 띄우고 '끝.' 자를 표시함
	• 본문 또는 첨부 표시문이 오른쪽 한계선에서 끝나는 경우, 다음 줄의 왼쪽 기본 선에서 1자 띄우고 '끝.'자를 표시함
	• 연명부 서식 작성 시
	  – 기재사항이 서식 중간에서 끝나는 경우 기재사항 마지막 글자 다음 줄에 '이하 빈칸'을 표시함
	  – 기재사항이 서식의 마지막 칸까지 작성되는 경우 서식의 칸 밖의 아래 왼쪽 줄에서 1자를 띄우고 '끝.'자를 표기함

쪽번호	문서의 중앙 하단에 일련번호를 숫자로 표시하되, 문서의 순서 또는 연결 관계를 명백히 밝힐 필요가 있는 중요 문서에는 해당 문서의 전체 쪽수와 그 쪽의 일련번호를 붙임표(–)로 이어 표시함 예 125–37 또는 37–125
띄어쓰기	• 행정기관명은 붙여 씀 예 국민건강보험공단 • 직함과 직위는 띄어 씀 예 ○○○ 부장 • 쌍점(:)은 시간을 제외하고 앞말과는 붙여 쓰고 뒷말과는 띄어 씀 예 일시 : 2024. 10. 15.
숫자	숫자는 아라비아 숫자로 작성함
날짜	• 날짜에서 연, 월, 일의 글자는 생략하고 그 자리에 온점을 찍어 구분하며 온점 뒤에 1자를 띄움 • 월, 일 표기 시 앞자리 '0'은 표기하지 않음 • 기간은 물결표(~), 붙임표(–) 모두 사용 가능하며 표시 양쪽을 띄우지 않음 {{table1}}
시간	• 시, 분은 24시각제에 따라 숫자로 표기하되, 시·분의 글자는 생략하고 그 사이에 쌍점(:)을 찍어 구분함 • 앞자리 '0'을 표시하여 기재함 {{table2}}

table1:

잘못된 표현	올바른 표현
2024.06.14.	2024. 6. 14.
2024.5.3. ~ 2024.5.6	2024. 5. 3.~2024. 5. 6.

table2:

잘못된 표현	올바른 표현
오후 2시 30분	14:30
오전 7시 5분	07:05

금액	아라비아 숫자로 쓰되, 숫자 다음에 괄호를 하고 한글로 기재함 예 금 110,250 원(금 일십일만이백오십 원)
바코드	문서 상단의 '행정기관명' 표시줄의 오른쪽 끝에 2cm × 2cm 범위 내에 표시함
보고자 표시	업무관리시스템 또는 전자문서시스템을 이용하여 보고하거나 결재권자에게 직접 보고하지 않는 경우 생략할 수 있음

구분 항목	• 문서의 내용을 둘 이상의 항목으로 구분할 필요가 있는 경우 다음 구분에 따라 그 항목을 순서대로 표시하되, 필요한 경우 '–', '•'와 같은 특수기호로 표시할 수 있음
	• 첫째 항목 기호는 왼쪽 처음부터 띄어쓰기 없이 바로 시작함
	• 둘째 항목부터는 상위 항목 위치에서 오른쪽으로 2자씩 띄우고 시작함
	• 항목이 한 줄 이상이면 항목 내용의 첫 글자에 맞추어 정렬함
	• 구분 항목 표시 순서
	  – 첫째 항목 : 1. 2. 3. 4. 5.
	  – 둘째 항목 : 가. 나. 다. 라. 마.
	  – 셋째 항목 : 1) 2) 3) 4) 5)
	  – 넷째 항목 : 가) 나) 다) 라) 마)
	  – 다섯째 항목 : (1) (2) (3) (4) (5)
	  – 여섯째 항목 : (가) (나) (다) (라) (마)
	  – 일곱째 항목 : ① ② ③ ④ ⑤
	  – 여덟째 항목 : ㉮ ㉯ ㉰ ㉱ ㉲

04 문서의 수정

① 기존 글자를 알 수 있도록 중앙에 가로로 두 선(취소선)을 그어 삭제 또는 수정하고 그곳에 서명 날인하는 것이 원칙이다.

② 중요한 문서의 수정 또는 삭제 시에는 문서 여백에 수정 또는 삭제한 자수를 표시하고 서명 또는 날인한다.

③ 전자문서를 수정할 수 없을 경우 수정한 내용대로 재작성하여 결재하고, 수정 전의 문서는 처리과의 장이 보존할 필요가 있다고 인정하는 경우에는 이를 보존한다.

예

번호	이름	주민등록번호	주소
2	~~김영철~~ 이 기 적	123456–7890123	서울시 강남구 역삼동 00–0

05 '끝, 이하 빈칸, 붙임'의 사용

① 기본적으로 본문 내용의 마지막 글자에서 2자 띄우고 '끝.'을 표기한다.

> 예 ~을 협조하여 주시기 바랍니다. VV끝.

② 본문 또는 붙임 표시문이 오른쪽 한계선에서 끝났을 경우, 그다음 줄의 왼쪽 기본선에서 2자 띄우고 '끝.'을 표기한다.

> 예 (본문 내용) .... 주시기 바랍니다.
> VV끝.

③ 본문이 표로 끝나는 경우 표 아래 왼쪽에서 2자 띄우고 '끝.'을 표기한다.

> 예
>
> | 번호 | 이름 | 생년월일 | 비고 |
> |---|---|---|---|
> | 1 | 김영진 | 1990. 5. 15. | |
> | 2 | 김기적 | 1990. 12. 10. | |
>
> VV끝.

④ 표 중간에서 기재 사항이 끝나는 경우 '끝'을 표기하지 않고 마지막으로 작성된 칸 다음에 '이하 빈칸'을 표기한다.

> 예
>
> | 번호 | 이름 | 생년월일 | 비고 |
> |---|---|---|---|
> | 1 | 김영진 | 1990. 5. 15. | |
> | 이하 빈칸 | | | |

⑤ 작성 문서와 관련된 참고서류나 물품 등이 첨부될 때에는 본문의 마지막 줄 다음에 '붙임' 표시를 하고 2자 띄우고 첨부물의 명칭과 수량을 표기한다. 이때, '붙임'은 본문 다음에 바로 붙이거나 1줄 띄우고 작성해도 무방하다.

> 예 (첨부물이 하나인 경우)
> (본문 마지막 줄)
> 붙임VV 1. 보고서 1부.
> 　　　 2. 기획서 1부.VV끝.

문서작성은 정보, 지식 등을 정확하고 알기 쉽게 전달하여 이해시키는 것을 목적으로 이를 위해 다양한 내용전개 방식을 활용할 수 있다.

내용전개 방식	내용	
확인(確認)	대상을 손으로 가리키듯 직접 설명하는 방법 예 도산 안창호는 탁월한 혁명적 정치가였으며 뛰어난 교육자였다.	
정의(定義)	대상의 본질이나 뜻을 풀이하여 설명하는 방법 예 시는 마음 속에 떠오르는 생각을 운율이 있는 말로 압축해서 나타낸다.	
분류(分類)	대상을 일정한 기준에 따라 나누거나 묶어서 설명하는 방법 예 언어 활동 중에서 말하기와 듣기는 음성 언어 활동에 해당하고, 읽기와 쓰기는 문자 언어 활동에 해당한다.	
분석(分析)	어떤 대상을 그것을 구성하고 있는 요소나 부분들로 나누어 설명하는 방법 예 시계에서 태엽은 시계가 움직일 수 있도록 동력을 공급하고 톱니바퀴는 시침과 분침으로 동력을 전달한다.	
비교(比較)	둘 이상의 대상을 견주어 공통점을 중심으로 설명하는 방법 예 농촌과 어촌은 모두 1차 산업을 주된 업종으로 하여 살아간다는 점에서는 매우 비슷하다.	
대조(對照)	둘 이상의 대상을 견주어 차이점을 중심으로 설명하는 방법 예 서양의 조경이 인위적이고 기하학적인 것과는 달리 한국의 조경은 자연 형태를 그대로 주변의 조경 요소로 이용하였다.	
예시(例示)	대상에 대한 구체적인 예를 들어 설명하는 방법 예 까치는 다양한 음식을 즐기는 새다. 곤충을 비롯하여 달팽이, 지렁이, 쥐, 과일, 나무열매, 감자, 토마토, 콩 등을 먹곤 한다.	
비유(比喩)	설명하려는 대상을 낯익은 것에 빗대어 쉽게 설명하는 방법 예 장수가 전투를 전략적으로 해야 하듯이, 독자는 독서를 효과적으로 해야 한다.	
유추(類推)	생소하거나 복잡한 내용에 대해 보다 친숙한 개념과 비교해 나가는 방법 예 집을 수리하지 않았더니 나중에 큰 대가를 치르게 되었다. 나라의 정치에 있어서도 마찬가지다. 사람의 몸도 다를 바 없다. ▼ 비유 vs 유추 비교 | 비유 | 유추 | | 단순 표현 방식 중 하나 | 비유를 통한 설명이 목적 |	
인용(引用)	다른 사람의 말이나 글을 가져와 자신의 설명을 뒷받침하는 방법 예 DNA 모양은 매우 독특한데 제임스 왓슨에 따르면 DNA는 이중나선 구조로 서로 결합된 구조를 가지고 있기 때문이라고 한다.	
과정(過程)	특정 결말 및 결과를 야기한 행동, 변화, 단계, 작용 등에 초점을 두는 방식 예 철교를 만드는 과정은 먼저 종이를 가로, 세로 10cm 크기로 오려낸 뒤 그 위에 2.5cm의 정사각형을 16개 그린 다음 선을 자르는 것이다.	

01 어휘 관계

① 유의(類義) 관계

의미	명칭	예시
둘 이상의 단어가 서로 음성은 다르지만 같거나 비슷한 관계	유의어, 동의어	• 상세≒섬세 • 물고기≒생선

② 반의(反義) 관계

의미	명칭	예시
둘 이상의 단어에서 의미가 서로 대립되는 관계	반의어	• 걷다. ↔ 뛰다. • 열다. ↔ 닫다, 잠그다.

③ 상하(上下) 관계

의미	명칭	예시
한 단어의 의미가 다른 단어에 포함된 관계	상의어(포함하는 단어) 하의어(포함되는 단어)	• 나무⊃감나무 • 예술⊃미술

④ 동위(同位) 관계

의미	명칭	예시
하나의 상위개념에 속하는 서로 대등한 하위 개념의 관계	동위어	• 사과－딸기 • 축구－야구

⑤ 동음이의(同音異義) 관계

의미	명칭	예시
단어의 음성은 같지만 의미가 전혀 다른 관계	동음이의어	• 굴 : 굴 과의 연체동물 • 굴 : 땅이나 바위가 안으로 깊숙이 패어 들어간 곳

⑥ 다의(多義) 관계

의미	명칭	예시
하나의 어휘에 두 가지 이상의 다른 뜻이 대응하는 복합적인 관계	다의어	• 두 손을 모아 기도하자. • 누나의 손에서 자랐다.

기적의 TIP 헷갈리기 쉬운 어휘 관계

- 인과 관계 : 두 단어가 서로 원인과 결과를 나타내는 관계
  - 예 과식 → 비만, 늦잠 → 지각
- 재료-결과 관계 : 두 단어 중 한 단어는 재료에 해당하고 다른 하나는 재료로 만든 결과물 관계
  - 예 밀가루-빵
- 도구-용도 관계 : 두 단어 중 한 단어는 도구에 해당하고 다른 하나는 도구를 사용하는 관계
  - 예 자동차-휘발유
- 순서 관계 : 시간이나 장소의 흐름에 따라 이어지는 단어들의 관계
  - 예 봄-여름-가을-겨울, 초등학교-중학교-고등학교

02 올바른 맞춤법

① 간간이 vs 간간히

간간이	시간적인 사이를 두고서 가끔씩 예 간간이 들려오는 소리
간간히	입맛 당기게 약간 짠 듯이 예 간간히 조리다.

② 꼼꼼이 vs 꼼꼼히

꼼꼼이	'꼼꼼히'의 잘못된 표현
꼼꼼히	빈틈이 없이 차분하고 조심스러운 모양 예 꼼꼼히 챙기다.

※ 〈한글 맞춤법〉 제6장 제51항 : 부사의 끝음절이 '이'로만 나는 것은 '이'로 적고, '히'로만 나거나 '이'나 '히'로 나는 것은 '히'로 적는다.

③ 결재 vs 결제

결재	결정할 권한이 있는 상관이 부하가 제출한 안건을 검토하여 허가하거나 승인함 예 결재를 올리다.
결제	증권 또는 대금을 주고받아 매매 당사자 사이의 거래 관계를 끝맺는 일 예 어음 결제

④ 찌게 vs 찌개

찌게	'찌개'의 잘못된 표현
찌개	뚝배기나 작은 냄비에 국물을 바특하게 잡아 고기·채소·두부 따위를 넣고, 간장·된장·고추장·젓국 따위를 쳐서 갖은양념을 하여 끓인 반찬 예 김치찌개를 끓이다.

⑤ 좇다 vs 쫓다

| 좇다 | 목표, 이상, 행복 따위를 추구하다.
예 꿈을 좇다. |
| 쫓다 | 어떤 대상을 잡거나 만나기 위하여 뒤를 급히 따르다.
예 쫓고 쫓기는 추격전 끝에 범인을 붙잡았다. |

⑥ 부치다 vs 붙이다

| 부치다 | 편지나 물건 따위를 일정한 수단이나 방법으로 써서 상대에게로 보내다.
예 편지를 부치다. |
| 붙이다 | 맞닿아 떨어지지 않게 하다. '붙다'의 사동사
예 우표를 붙이다. |

※ 사동사 : 문장의 주체가 자기 스스로 행하지 않고 남에게 그 행동이나 동작을 하게 함을 나타
내는 동사

⑦ 웬지 vs 왠지

| 웬지 | '왠지'의 잘못된 표현 |
| 왠지 | 왜 그런지 모르게. 또는 뚜렷한 이유도 없이
예 오늘따라 왠지 네가 보고싶다 |

⑧ 왠만하면 vs 웬만하면

| 왠만하면 | '웬만하면'의 잘못된 표현 |
| 웬만하면 | 정도나 형편이 표준에 가깝거나 그보다 약간 나으면
예 젊은 사람이 웬만하면 참아요. |

⑨ 반드시 vs 반듯이

| 반드시 | 틀림없이 꼭
예 반드시 시간에 맞추어 오너라. |
| 반듯이 | 1) 작은 물체, 또는 생각이나 행동 따위가 비뚤어지거나 굽지 아니하고 바르게
예 공부할 때는 자세를 반듯이 해야 한다.
2) 생김새가 아담하고 말끔하게
예 반듯이 생긴 얼굴처럼 공부도 잘한다. |

⑩ ~로써 vs ~로서

| ~로써 | 어떤 일의 수단이나 도구, 재료나 원료를 나타냄. 혹은 시간을 셈할 때 셈에 넣는 한계를 나타내거나 어떤 일의 기준이 되는 시간임을 나타냄
예 올해로써 20주년을 맞이했다. |
| ~로서 | 어떤 지위나 신분, 자격을 나타냄
예 부모로서의 책임 |

03 띄어쓰기

① 조사는 그 앞말에 붙여 쓴다

조사의 의미	자립형태소인 체언 뒤에 붙어 체언의 문법적 관계를 결정지어 주는 것
예시	은, 는, 이, 가, 을, 를, 에게, 도 등
용례	꽃이, 꽃마저, 꽃밖에, 꽃에서부터, 꽃으로만, 꽃이나마, 꽃처럼

② 의존명사는 띄어 쓴다

의존명사의 의미	홀로 쓰이지 못하고 반드시 관형어의 수식을 받아야만 쓰일 수 있는 명사
예시	간, 내, 외, 중, 시, 대로, 만큼, 뿐, 채 등
용례	아는 것이 힘이다. 나도 할 수 있다. 먹을 만큼 먹어라. 아는 이를 만났다.

③ 단위를 나타내는 명사는 기본적으로 띄어 쓴다
- 용례 : 한 개, 차 두 대, 금 서 돈, 신발 네 켤레
- 단, 숫자를 나타내는 경우나 숫자와 어울려 쓰이는 경우에는 붙여 쓸 수 있다.
  예 (원칙) 삼 학년 / (허용) 삼학년, (원칙) 제 1연구실 / (허용) 제1연구실
- 단, 금액의 경우 띄어 쓰는 것이 원칙이다.
  예 (원칙) 오천 원 / (원칙) 5천 원 / (허용) 5,000원

④ 수를 적을 때에는 '만(萬)' 단위로 띄어 쓴다
  예 십이억 삼천사백오십육만 칠천팔백구십팔, 12억 3,456만 7,898

⑤ 두 말을 이어주거나 열거할 때 쓰이는 말들은 띄어 쓴다
  예 차장 겸 팀장, 열 내지 스물, 아군 대 적군, 책상, 걸상 등

⑥ 단음절로 된 단어가 연이어 나타날 때에는 붙여 쓸 수 있다
  예 좀더 큰 것, 이말 저말, 한잎 두잎

⑦ 보조용언은 띄어 씀을 원칙으로 하되, 경우에 따라 붙여 쓸 수도 있다
- 용례 : (원칙) 그 일은 할 만하다. / (허용) 그 일은 할만하다.
- 단, 앞말에 조사가 붙거나 앞말이 합성용언인 경우, 그리고 중간에 조사가 들어갈 때에는 그 뒤에 오는 보조용언은 띄어 쓴다.
  예 잘도 놀아만 나는구나! 네가 덤벼들어 보아라. 그가 올 듯도 하다.

⑧ 성과 이름, 성과 호 등은 붙여 쓰고, 이에 덧붙는 호칭어, 관직명 등은 띄어 쓴다
- 용례 : 충무공 이순신 장군, 김영진 씨
- 용례 : 단, 성과 이름, 성과 호를 분명히 구분할 필요가 있을 때는 띄어 쓸 수도 있다.
  예 남궁민/남궁 민, 독고진/독고 진

04 정확한 문장 표현

1) 문장 성분의 호응

종류	예시
주어 – 서술어 호응	예 재정 정책은 앞으로 손질이 불가피한 전망입니다. → 재정 정책은 손질이 불가피할 것으로 전문가들은 전망합니다.
수식어 – 피수식어 호응	예 한결같이 어려운 이웃을 돕는 사람들이 많습니다. → 어려운 이웃을 한결같이 돕는 사람들이 많습니다.
부사어 – 서술어 호응	예 공모전 참가를 위해서는 신청서를 절대로 직접 작성해야 합니다. → 공모전 참가를 위해서는 신청서를 반드시 직접 작성해야 합니다.

2) 의미의 명확화

종류	예시
수식의 모호성	예 용감한 미국의 맥아더 장군은 적군을 향해 돌진하였다. → 미국의 용감한 맥아더 장군은 적군을 향해 돌진하였다.
비교 구문의 모호성	예 동생은 나보다 책을 좋아한다. → ① 동생은 나를 좋아하기보다는 책을 좋아한다. → ② 동생은 내가 책을 좋아하는 것보다 더 책을 좋아한다.
병렬 구문의 모호성	예 아버지께서 천 원과 만 원 두 장을 주셨다. → ① 아버지께서 각각 천 원 한 장과 만 원 한 장을 주셔서 총 만 천 원을 받았다. → ② 아버지께서 천 원 한 장과 만 원 두 장을 주셔서 총 이만 천 원을 받았다.
의존 명사의 모호성	예 영진이가 공부를 하는 것이 이상하다. → ① 영진이가 공부를 하는 방식이 이상하다. → ② 영진이가 공부를 한다는 사실 자체가 이상하다.

3) 필수 문장 성분 갖추기

① 주어가 생략된 문장

예 본격적인 공사가 언제 시작되고, 언제 개통될지 모른다.

→ 본격적인 공사가 언제 시작되고, 다리가 언제 개통될지 모른다.

② 목적어가 생략된 문장

예 먹고 자고 마음껏 쉬었다.

→ 밥을 먹고 잠을 자고 마음껏 쉬었다.

③ 부사어가 생략된 문장

예 인간과 자연과의 관계를 알고 자연을 이용하여 조화롭게 살기 위해 노력해야 한다.

→ 인간과 자연과의 관계를 알고 자연을 이용하여 자연과 조화롭게 살기 위해 노력해야 한다.

05 속담, 관용구, 고사성어

1) 속담

속담	의미
가물에 도랑 친다.	아무 보람도 없는 헛된 일을 하느라 부산스럽게 굶
개 발에 편자	가진 물건이나 입은 옷 등이 제격에 맞지 않음
개밥에 도토리	따돌림을 받아 여럿이 있는 축에 끼지 못하는 사람
구멍은 깎을수록 더 커진다.	잘못된 일을 얼버무리고 무마하려 할수록 허물이 더 드러남
길러준 개 주인 문다.	은혜를 모르고 배은망덕하게 행동함
까마귀 날자 배 떨어진다.	서로 관계가 없는 일인데도 상황이 겹쳐 괜히 의심을 받음
남의 다리 긁는다.	자기 할 일은 하지 않고 엉뚱하게 다른 일을 함
느릿느릿 걸어도 황소걸음	느리기는 해도 꾸준히 실수 없이 하여 믿음직스러움
달도 차면 기운다.	행운이 언제까지나 계속되지는 않음
되로 주고 말로 받는다.	조금 주고 그 대가로 몇 갑절이나 받음
밑 빠진 독에 물 붓기	아무리 하여도 보람이 보이지 않음
백지장도 맞들면 낫다.	쉬운 일이라도 혼자보다 여럿이 함께 협력하는 것이 효과적임
볶은 콩에 싹이 날까?	아주 가망이 없는 상황
부뚜막 소금도 집어넣어야 짜다.	아무리 쉬운 일이라도 실제 행동하지 않으면 소용이 없음
빛 좋은 개살구	겉모양은 그럴듯하나 실속이 없음
사공이 많으면 배가 산으로 간다.	일을 할 때 간섭하는 사람이 많으면 일이 잘 안됨
산토끼 잡으려다 집토끼 놓친다.	더 큰 욕심을 부리다가 가진 것마저 잃음
송충이가 갈잎을 먹으면 죽는다.	분수에 넘치는 일을 하면 낭패를 봄
우선 먹기에는 곶감이 달다.	나중에는 어떻게 되든지 우선은 좋은 편을 취함
제 논에 물 대기	자기 이익을 우선 챙기거나 자신에게만 유리하게 해석함
혹 떼러 갔다가 혹 붙인다.	이득을 얻으려고 갔다가 도리어 손해만 보고 옴

2) 관용구

관용구	의미
가락이 나다.	일의 능률이 오르다.
가리를 틀다.	잘되어 가는 일을 안되도록 방해하다.
귀가 여리다.	속는 줄도 모르고 남의 말을 그대로 잘 믿다.
눈에 차다.	흡족하게 마음에 들다.
다리를 놓다.	상대편과 관련을 짓기 위하여 중간에 다른 사람을 넣다.
동티가 나다.	땅, 돌, 나무 따위를 잘못 건드려 지신(地神)으로부터 재앙을 받다.
딴 주머니를 차다.	다른 속셈을 가지거나 일을 꾀하다.
마각을 드러내다.	숨기고 있던 속마음이나 정체를 보이다.
바닥을 기다.	정도나 수준이 형편없다.

변죽을 울리다.	바로 집어 말하지 않고 에둘러서 말을 하다.
새가 뜨다.	사람 사이의 관계가 벌어져 소원해지다.
손에 붙다.	능숙해져서 의욕과 능률이 오르다.
손을 씻다.	부정적인 일에 대한 관계를 청산하다.
오금을 박다.	사람에게 말이나 행동을 함부로 하지 못하게 단단히 이르다.
입추의 여지가 없다.	많은 사람들이 꽉 들어차다.
코가 꿰이다.	약점이 잡히다.
코를 빠뜨리다.	못 쓰게 만들거나 일을 망치다.
학을 떼다.	괴롭고 어려운 상황에서 벗어나느라 진이 빠지거나 질리다.
허방을 짚다.	잘못 알거나 잘못 예상하여 실패하다.

3) 고사성어

고사성어	의미
각주구검(刻舟求劍)	융통성 없이 현실에 맞지 않는 낡은 생각을 고집하는 어리석음
감탄고토(甘呑苦吐)	달면 삼키고 쓰면 뱉는다는 의미로, 자신의 비위에 따라서 사리의 옳고 그름을 판단함
견리사의(見利思義)	눈앞에 이익이 보일 때 의리를 먼저 생각함
고장난명(孤掌難鳴)	외손뼉만으로는 소리가 울리지 않는다는 뜻으로, 혼자서는 일을 이루기가 어려움
교각살우(矯角殺牛)	잘못된 점을 고치려다가 수단이나 정도가 지나쳐 일을 그르침
교언영색(巧言令色)	남의 환심을 사려고 아첨하는 교묘한 말과 보기 좋게 꾸미는 얼굴
구우일모(九牛一毛)	아홉 마리 소의 털 중 한 개의 털로 많은 것 중 극히 적은 수
도탄지고(塗炭之苦)	진흙 수렁에 빠지고 숯불에 타는 듯한 고통(몹시 고생스러운 생활)
마이동풍(馬耳東風)	남의 의견이나 비평을 전혀 귀담아듣지 않고 지나쳐 흘려버림
망양보뢰(亡羊補牢)	이미 실패한 뒤 뉘우치는 것은 소용이 없음(= 소 잃고 외양간 고친다.)
면종복배(面從腹背)	앞에서는 순종하는 체하고 돌아서는 딴 마음을 먹음
부화뇌동(附和雷同)	일정한 주관이 없이 남의 의견에 따라 같이 행동함
상전벽해(桑田碧海)	뽕나무밭이 변하여 푸른 바다가 된다는 뜻으로, 세상일의 변천이 심하여 사물이 바뀜
수주대토(守株待兔)	한 가지 일에만 얽매여 발전을 모르는 어리석은 사람을 비유함
순망치한(脣亡齒寒)	입술이 없으면 이가 시리다는 말로 서로 떨어질 수 없는 밀접한 관계
전화위복(轉禍爲福)	재앙이 바뀌어 오히려 좋은 일이 생김
초록동색(草綠同色)	서로 같은 처지나 같은 부류의 사람들끼리 함께 함을 의미(= 근묵자흑)
타산지석(他山之石)	남의 하찮은 언행일지라도 자신의 지식과 인격을 높이는 데 도움이 됨
흥진비래(興盡悲來)	즐거운 일이 다하면 슬픈 일이 옴(= 달도 차면 기운다.)

문서의 시각화

문서 시각화를 사용함으로써 문서를 읽는 대상은 문서의 전반적인 내용을 쉽게 파악하고 문서 내용의 논리적 관계를 더욱 쉽게 이해할 수 있다. 또한 적절한 이미지 사용은 문서 내용에 대한 기억력을 높일 수 있다. 시각화할 정보의 성격에 따라 그에 맞는 적절한 방식을 사용하는 것이 중요하다.

01 차트 시각화

데이터 정보를 쉽게 이해할 수 있도록 시각적으로 표현하는 것으로 주로 통계 수치 등을 도표나 차트, 그래프 등을 통해 명확하고 효과적으로 전달한다.

일반정규직 총신규채용
I. 기관운영 > 신규채용 현황 > 신규채용 현황 > 정규직(일반정규직) > 일반정규직 총신규채용

NO	기관명	기관유형	주무기관	2018	2019	2020	2021	2022	2023	추이
1	(사)남북교류협력지원협회	기타공공기관	통일부	4	0	1	3	1	2	
2	(재)APEC기후센터	기타공공기관	기상청	4	0	1	0	3	3	
3	(재)예술경영지원센터	기타공공기관	문화체육관광부	1	1	0	5	10	13	
4	(재)우체국금융개발원	준정부기관(위탁집행형)	과학기술정보통신부	21	28	16	26	75	49	
5	(재)우체국물류지원단	준정부기관(위탁집행형)	과학기술정보통신부	29	11	49	57	67	70	
6	(재)우체국시설관리단	기타공공기관	과학기술정보통신부	3	0	3	4	1	5	
7	(재)일제강제동원피해자지원재단	기타공공기관	행정안전부	4	3	0	9	3	9	
8	(재)축산환경관리원	기타공공기관	농림축산식품부	1	5	12	6	2	0	
9	(재)한국보건의료정보원	기타공공기관	보건복지부	0	22	14	24	64	15	
10	(재)한국우편사업진흥원	기타공공기관	과학기술정보통신부	11	24	15	6	22	3	

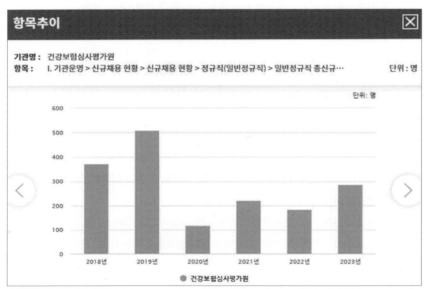

항목추이

기관명 : 건강보험심사평가원
항목 : I. 기관운영 > 신규채용 현황 > 신규채용 현황 > 정규직(일반정규직) > 일반정규직 총신규…   단위 : 명

▲ 도표의 차트 시각화 예시(출처 : 알리오)

02 다이어그램 시각화

개념이나 주제 등 중요한 정보를 도형, 선, 화살표 등의 상징을 사용하여 시각적으로 표현한 것이다.

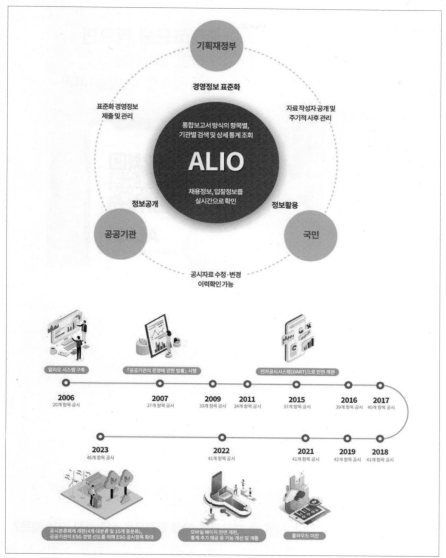

▲ 다이어그램 시각화 예시(출처 : 알리오)

03 이미지 시각화

전달하고자 하는 내용을 관련 그림이나 사진 등으로 나타내는 것이다.

▲ 이미지 시각화 예시

문서는 일정한 형식과 체계를 준수하여 작성해야 한다. 다음 중 보고서의 작성 원칙으로 적절하지 <u>않은</u> 것은?

① 보고서는 독자 입장에서 이해하기 쉬운 용어로 작성되어야 하며, 독자가 정확히 판단할 수 있도록 해야 한다.

② 보고서는 기획안, 계획서 등 다른 유관 문서들을 보완하는 역할을 하는 것이며, 독자적인 완결성을 갖출 필요는 없다.

③ 표준화된 양식에 따라 간결·명료하게, 효율적으로 작성되어야 한다.

④ 보고서를 통해 현황 및 개선방향 등에 관한 내용 전달과 설득을 수월하게 하기 위해서는 표나 그래프 등 수치 및 시각화 자료를 사용하는 것이 좋다.

해설

문서의 유형 중 보고서는 일의 진행 상황, 연구, 검토 결과 등을 보고할 목적으로 작성하는 문서이므로 그 자체로 완결성을 갖춘 하나의 독립적인 문서 양식입니다.

정답 ②

SECTION 04 경청능력

경청능력 개요

① 경청의 의의
- 경청이란 상대방이 보내는 메시지 내용에 주의를 기울이고 이해하기 위해 노력하는 행동이다.
- 경청을 통해 상대방은 우리가 그들에게 얼마나 집중하고 있는지 알 수 있다.
- 경청을 통해 상대방을 한 개인으로 존중하게 된다. 이는 상대방을 인간적으로 존중함은 물론 그의 감정·사고·행동을 평가하거나 비판 또는 판단하지 않고 있는 그대로 받아들이는 태도를 의미한다.

② 직장에서의 경청
- 경청은 직장에서의 의사소통 과정에서 상대방과 신뢰를 쌓을 수 있는 최고의 방법 중 하나이다.
- 먼저 경청하면 상대 역시 더 집중하게 되므로 우리의 말과 메시지, 감정은 더욱 효과적으로 상대에게 전달된다.
- 즉, 경청은 우리가 상대의 말에만 귀를 기울이는 것뿐만 아니라 상대방 역시 우리의 말에 귀를 기울이게 함으로써 결과적으로 원활한 상호작용을 유지할 수 있도록 만드는 데 그 의의가 있다.

경청은 표현 방식에 따라 적극적 경청과 소극적 경청으로 구분된다.

1) 적극적 경청

의미	자신이 상대방의 이야기에 주의를 집중하고 있음을 행동을 통해 외적으로 표현하며 듣는 것을 의미함
방법	• 상대방의 발언 내용 중 이해가 안 되는 부분에 대해 질문하기 • 자신이 이해한 내용에 대해 확인하기 • 상대방의 발언 내용과 감정에 대해 공감하기
필요 태도	• 상대방이 말하는 의미를 이해하며 비판적, 충고적인 태도를 버림 • 단어 이외에 보이는 표현에도 신경을 씀 • 대화 시 감정적으로 흥분하지 않음

2) 소극적 경청

의미	상대방의 이야기에 특별한 반응을 표현하지 않은 상태로 수동적으로 듣는 것을 의미함
방법	• 상대방의 발언 중간에 끼어들거나 자르지 않기 • 다른 화제로 돌리지 않고 상대방의 이야기를 수동적으로 따라가기
필요 태도	논의 주제에 대한 집중력을 잃지 않기 위해 노력함

▼ Listening vs Hearing 비교

구분	Listening	Hearing
의미	이해를 위해 주의 깊게 듣는 것	들리는 소리를 있는 그대로 받아들이는 것
경청 포인트	Meaning	Sound
경청 종류	적극정 경청	소극적 경청

효과적인 경청을 위해 우리가 피해야 할 태도들은 다음과 같다.

1) 짐작하기

의미	상대방의 말을 듣고 받아들이기보다 자신의 생각에 들어맞는 단서들을 찾아 자신의 생각을 확인하는 것
문제점	상대방이 하는 말의 내용은 무시하고 자신의 생각이 옳다는 것만 확인하고자 함

2) 대답할 말 준비하기

의미	상대방의 말을 듣고 곧 자신이 다음에 할 말을 생각하는 데 집중해 상대방이 말하는 것을 잘 듣지 않는 것
문제점	자기 생각에 빠져서 상대방의 말에 제대로 반응할 수가 없게 됨

3) 걸러내기

의미	상대방의 말을 듣기는 하지만 상대방의 메시지를 온전하게 받아들이는 것이 아니라 듣고 싶지 않은 메시지는 회피하는 것
문제점	상대방이 분노나 슬픔, 불안을 토로해도 그러한 감정을 받아들이고 싶지 않을 때 자기도 모르는 사이에 상대방이 아무 문제도 없다고 단정해버림

4) 판단하기

의미	상대방에 대한 부정적인 선입견 때문에, 또는 상대방을 비판하려고 상대방의 말을 듣지 않는 것
문제점	상대방을 어리석다거나 고집이 세다거나 이기적이라고 생각하게 된다면 경청하기를 중단하거나 듣는다고 해도 상대방이 이렇다는 증거를 찾기 위해서만 귀를 기울이게 됨

5) 다른 생각하기

의미	대화 도중에 상대방에게 관심을 기울이는 것이 어려워지고 상대방이 말하는 동안에 자꾸 다른 생각을 하게 되는 것
문제점	이러한 회피는 부정적 감정이 내면화되어 있기 때문에 상대방으로 하여금 오해받고 공격받는다는 느낌을 갖게 만듦

6) 조언하기

의미	다른 사람의 문제를 본인이 해결해 주고자 공감과 위로보다는 조언에만 집중하는 것
문제점	상대방이 원하는 것이 공감과 위로였을 경우, 무시당하고 이해받지 못한다고 느끼게 되어 마음의 문을 닫아버리게 됨

7) 언쟁하기

의미	단지 논쟁을 위해서 상대방의 말에 귀를 기울이는 것
문제점	상대방이 무슨 주제를 꺼내든 무시하고 자신의 생각만을 늘어놓거나 지나치게 논쟁적이 되어 제대로 된 경청을 할 수 없게 됨

8) 자존심 세우기

의미	강한 거부감으로 자신의 부족한 점과 관련된 상대방의 이야기를 듣지 않는 것
문제점	자신이 잘못했다는 말을 받아들이지 않기 위해 거짓말을 하거나 고함을 지르며 주제를 바꾸고 변명만을 하게 됨

9) 슬쩍 넘어가기

의미	대화가 너무 사적이거나 위협적인 경우 주제를 바꾸거나 농담을 통해 은근슬쩍 넘기려 하는 것
문제점	문제 회피를 위해 슬쩍 넘어가거나 주제의 핀트를 잘못 맞추게 되면 상대방의 진정한 고민을 놓치게 됨

10) 비위 맞추기

의미	상대방을 위로하기 위해서 혹은 비위를 맞추기 위해서 너무 빨리 동의하는 것
문제점	지지하고 동의하는 데 너무 치중함으로써 상대방에게 자신의 생각이나 감정을 충분히 표현할 시간을 주지 못하게 됨

기적의 TIP 잘못된 듣기 유형 5가지

유형	내용
절벽형	• 전혀 들으려 하지 않음 • 대화를 거부하거나 귀를 닫아 버림
쇠귀형	• 듣기는 하지만 말귀를 전혀 알아듣지 못함 • 상대방의 말을 이해하려고 하지 않음
건성형	• 한 귀로 듣고 한 귀로 흘림 • 다른 일을 하면서 듣는 척함
매복형	• 상대방의 이야기를 방어의 자세로 자세히 들음 • 상대방이 허점을 보이는 순간 곧바로 반격함
직역형	• 문자에만 집중하고 문맥을 놓침 • 상대방의 말 속에 담긴 뜻을 헤아리지 못함

경청 방법

올바른 경청이란 단순히 잘 듣는 것을 넘어 말하는 사람의 의도와 생각까지 이해하는 것을 의미한다. 이를 위해 다음과 같은 방법을 숙지할 필요가 있다.

01 경청을 위한 마음가짐

경청 방법	내용
공감을 준비하자	• 대화를 시작할 때는 먼저 자신의 마음속에 있는 판단과 선입견, 충고하고 싶은 생각들을 모두 다 비워낸 뒤 우선 그냥 듣겠다는 마음가짐으로 임해야 함 • 텅 빈 마음을 준비하여 상대방과 나 사이에 아름다운 공명이 생기도록 해야 함
상대를 인정하자	• 상대방의 말과 행동에 잘 집중하여 상대방이 얼마나 소중한 존재인지를 인정해야 함 • 상대방을 완전한 인격체로 인정할 때 상대방의 진정한 마음의 소리를 들을 수 있음
말하기를 절제하자	• 인간이 듣기보다 말하기를 좋아하는 이유는 상대를 이해하기 전에 내가 먼저 이해받고 싶은 욕구가 앞서기 때문임 • 내가 이해 받으려면 나부터 상대방에게 귀 기울여야 함을 명심하며 말하기를 절제하고 먼저 상대방에게 집중해야 함
겸손하게 이해하자	• 사람들이 원하는 것은 자기 말을 진정으로 들어주고 자신을 존중하며 이해하는 것임 • 상대방이 내 생각과 다른 말을 해도 들어줄 줄 아는 자세를 갖는 것이 매우 중요함
온몸으로 응답하자	• 상대의 말에 귀 기울이고 있음을 몸짓과 눈빛으로 계속 표현하려는 노력도 필요함 • 상대에게 진정으로 귀 기울이고 있다는 신호를 온몸으로 보내야 함

02 효과적인 경청 방법

1) 주의 기울이기(바라보기, 듣기, 따라하기)

① 산만한 행동은 중단하고 비언어적인 것, 즉 상대방의 얼굴과 몸의 움직임뿐만 아니라 호흡하는 자세까지도 주의하여 관찰한다.

② 또한 상대방이 하는 말의 어조와 억양, 소리의 크기까지에도 귀를 기울여야 한다.

2) 상대방의 경험 인정하기

① 다른 사람의 메시지를 인정하는 것은 당신이 그와 함께 하며 그가 인도하는 방향으로 따라가고 있다는 것을 언어적, 비언어적 표현을 통하여 상대방에게 알려주는 반응이다.

② 또한 상대방이 말하고 있는 것에 대해 관심과 존경을 보이게 되면 비록 상대방의 말에 완전히 동의하지 않더라도 상대방의 경험이 무엇인지 알 수 있게 된다.

3) 더 많은 정보 요청하기

부드러운 지시나 진술, 질문의 방식을 통해 더 많은 정보를 요청함으로써 상대방이 무엇이든지 당신에게 더 많은 것을 말할 수 있도록 유도한다.

4) 정확성을 위해 요약하기

① 요약은 상대방에 대한 본인 이해의 정확성을 확인하는 데 도움을 준다.

② 또한 본인과 상대방을 서로 알게 하며 자신과 상대방의 메시지를 공유할 수 있도록 한다.

5) 개방적 질문하기

"누가, 무엇을, 어디에서, 언제 또는 어떻게"와 같은 질문을 통해 상대방의 다양한 생각을 이해하고 상대방으로부터 더욱 많은 정보를 얻을 수 있으며, 이는 서로에 대한 이해도를 높여준다.

6) '왜?'라는 질문 삼가기

'왜?'라는 질문은 보통 진술을 가장한 부정적, 추궁적, 강압적인 표현이므로 사용하지 않도록 한다.

7) 예측하기

상대방이 말하는 동안 시간 간격이 발생했을 때, 다음에 말할 내용을 추측하려고 노력하며 듣는다.

▼ 스티븐 코비의 경청 5단계(5 Levels of Listeing)

단계	내용
1. 무시하기(Ignoring)	누군가 말을 하는 데 있어서 전혀 관심을 기울이지 않는 듣기
2. 듣는 척하기 (Pretend Listening)	누군가 말을 할 때 고개를 끄덕이면서 흥미롭게 듣는 척 하지만, 사실 마음은 다른 곳에 가 있는 듣기
3. 선택적 듣기 (Selective Listening)	누군가 말을 하는 동안 자신이 관심이 있는 키워드가 들릴 때만 귀를 기울이는 듣기
4. 주의 깊게 듣기 (Attentive Listening)	자신의 시간과 관심을 제공하지만 정신은 여전히 자신만의 프레임에 갇혀 있는 듣기
5. 공감적 듣기 (Empathetically Listening)	누군가 말을 할 때 상대방에게 깊은 관심을 기울이면서 단어나 내용 이상의 의미를 감지하는 듣기

03 올바른 경청의 자세

① 상대를 정면으로 마주하는 자세는 그와 함께 의논할 준비가 되었음을 알리는 자세이다.

② 손이나 다리를 꼬지 않는 소위 개방적 자세를 취하는 것은 상대에게 마음을 열어 놓고 있다는 표시이다.

③ 상대방을 향하여 상체를 기울여 다가앉은 자세는 자신이 열심히 듣고 있다는 사실을 강조한다.

④ 우호적인 눈의 접촉을 통해 자신이 관심을 가지고 있다는 사실을 알린다.

⑤ 비교적 편안한 자세를 취하는 것은 전문가다운 자신만만함과 아울러 편안한 마음을 상대방에게 전하는 것이다.

04 경청 능력을 높이는 맞장구

구분	예시
치켜 올리듯 가볍게 하는 맞장구	• "저런! 그렇습니까?" • "아닙니다." • "잘됐습니다." • "그렇게 하십시오."
동의하는 맞장구	• "과연! 정말 그렇겠군요." • "알겠습니다."
정리하는 맞장구	• "말하자면 이런 것입니까?" • "아~, ~와 ~라는 것이지요?"
재촉하는 맞장구	"그래서 어떻게 되었습니까?"

공감 반응

공감이란 상대방을 존중하고 배려하는 마음으로 상대방의 생각이나 감정을 깊이 있게 이해하고 느끼려는 것을 의미한다. 공감하는 태도를 보여주는 것만으로도 상대방과의 신뢰 관계 유지가 가능하기 때문에 공감하며 듣기는 매우 중요하다.

01 공감적 듣기 방법

1) 소극적 공감

집중하기	대화 상대에게 적절한 표정과 몸짓을 하고 눈을 맞추어 집중함
격려하기	대화 상대가 편안하게 말할 수 있도록 반응하며 배려함 예 "무슨 일이 있었는지 말해줄래?"

2) 적극적 공감

요약하기	상대방의 말을 객관적으로 요약함으로써 문제를 해결할 수 있도록 도움
반영하기	상대방의 말을 재구성하여 되돌려 줌 예 "우리 영진이 많이 속상했겠네."

02 칼 로저스의 5단계 공감 수준

1단계	• 상대방의 언어 및 행동 표현의 내용에 주의를 기울이지 않기 때문에 의사소통 과정에서 상대방의 표현보다 훨씬 못 미치게 소통하는 수준 • 동문서답하는 수준
2단계	• 상대방이 표현한 감정에 반응은 하지만 상대방이 표현한 것 중에서 주목할 만한 감정을 제외시키고 의사소통하는 수준 • 2~3가지 중 한 가지 정도만 이해하는 수준
3단계	• 상대방이 표현한 것과 본질적으로 같은 정서와 의미를 표현하여 상호교류적인 의사소통을 하는 수준 • 기본적 의사소통이 가능한 수준
4단계	• 상대방이 스스로 표현할 수 있었던 것보다 더 내면적인 감정을 표현하면서 의사소통하는 수준. 본 단계부터는 의사소통이 촉진됨 • 상대방과 내밀한 의사소통이 가능한 수준
5단계	• 상대방이 표현할 수 있었던 감정의 내면적 의미들을 정확하게 표현하거나 상대방과 완전히 같은 몰입 수준상태에서 의사소통하는 수준 • 완벽한 의사소통이 가능한 수준

기적의 TIP 단계별 공감 대화의 예시

직원 Z : "요즘 회사생활이 너무 힘들어. 내 생각에 나는 우리 회사와 잘 맞지 않는 것 같아. 퇴사하고 옆 회사로 이직해야 할까?"

• 직원 A : "무슨 소리야, 옆 회사가 회사야? 거기 갈 바에 그냥 지금 퇴사해버려." (1단계)
• 직원 B : "제대로 해보기는 한 거야? 지금 퇴사하는 것은 너무 이르다고 생각해." (2단계)
• 직원 C : "우리 회사를 계속 다녀야 하는지 고민이 많은 모양이구나." (3단계)
• 직원 D : "퇴사를 고민해야 할 정도로 그동안 정말 많이 힘들었나 보구나." (4단계)
• 직원 E : "열심히 하는데 성과는 원하는 대로 나오지도 않고, 그래서 결국 퇴사까지 생각했구나. 혼자 얼마나 마음고생 했겠어." (5단계)

바로 확인문제

다음 중 올바른 경청의 자세가 아닌 것은?

① 상대를 정면으로 쳐다보면 상대방이 민망할 수도 있으므로 눈을 마주치지 않는다.
② 손이나 다리를 꼬지 않는 개방적 자세를 취한다.
③ 상대방을 향하여 상체를 기울여 다가앉는다.
④ 우호적인 눈의 접촉을 통해 자신이 관심을 가지고 있다는 사실을 알린다.

해설
상대를 정면으로 마주하는 자세는 그와 함께 의논할 준비가 되었음을 알리는 자세로, 올바른 경청을 위해 필요한 자세 중 하나입니다.

정답 ①

SECTION 05 의사표현능력

의사표현능력 개요

① 의사표현의 의의

- 의사표현이란 말하는 이가 자신의 감정, 사고, 욕구, 바람 등을 상대방에게 음성언어(입으로 하는 말)나 신체언어(표정, 손짓, 발짓, 몸짓 등)로 표현할 수 있는 능력을 의미한다.
- 직장 생활에서는 상대방의 생각과 감정, 의견을 이해하는 것만큼 자신의 의견과 감정을 상대방에게 제대로 표현하는 능력 또한 매우 중요하다.

② 말하기의 사용

- 말하는 이가 듣는 이의 생각이나 태도를 변화시키려는 의도로 주장하는 것으로 설득을 주목적으로 한다.
- 말하는 이가 자신에게 필요한 정보를 제공받기 위하여 청자에게 질문하는 것이다.
- 말하는 이가 청자에게 자신에게 필요한 일을 하도록 요청하는 것이다.

③ 적절한 의사표현

- 누군가가 하는 말은 그 사람의 이미지를 결정한다. 우리는 메시지를 통해 상대방에게 자신이 보여 주고 싶은 모습을 전달할 수 있다.
- 적절한 의사 표현은 말하는 이의 의도 또는 목적을 상대방에게 효과적으로 전달할 뿐만 아니라 자신을 바라보는 다른 사람들의 방식에 영향을 미칠 수 있음을 의미한다.

의사표현의 종류는 상황에 따라 공식적 말하기, 의례적 말하기, 친교적 말하기로 구분된다.

종류	내용
공식적 말하기	사전에 준비된 내용을 대중을 상대로 말하기 예 연설, 토의, 토론 등
의례적 말하기	정치적, 문화적 행사에서와 같이 의례 절차에 따라 하는 말하기 예 식사, 주례, 회의 등
친교적 말하기	매우 친근한 사람들 간에 자연스런 상태에서 떠오르는 대로 주고받는 말하기 예 일상에서의 대화

▼ 공식적 말하기인 연설, 토의, 토론의 비교

종류	내용
연설	말하는 이 혼자 여러 사람을 대상으로 자기의 사상이나 감정에 관하여 일방적으로 말하기
토의	여러 사람이 모여서 공통의 문제에 대하여 가장 좋은 해답을 얻기 위해 협의하는 말하기
토론	어떤 논제에 관하여 찬성자와 반대자가 각기 논리적인 근거를 발표하고 상대방의 논거가 부당하다는 것을 명백하게 하는 말하기

의사표현 방법

올바른 의사소통을 위해 자신의 의도, 생각, 감정과 같은 메시지를 상대방에게 효과적으로 전달할 수 있어야 한다.

01 효과적 의사표현 방법

① 말하는 이는 자신이 전달하고자 하는 내용을 분명하게 인식해야 한다.
② 전달하고자 하는 내용을 명료하고 적절한 메시지로 바꾼다.
③ 메시지를 전달하는 매체와 경로를 신중하게 선택한다.
④ 듣는 이가 어떻게 자신의 메시지를 받아들였는지 피드백을 받는 것이 중요하다.
⑤ 표정, 몸짓 등 비언어적 요소를 활용하여 의사표현의 메시지를 강조한다.
⑥ 반복적으로 전달함으로써 의사표현을 확실하게 한다.

02 상황과 대상에 따른 의사표현 방법

1) 상대방의 잘못을 지적할 때

질책	• 샌드위치 화법을 사용해 듣는 사람이 반발하지 않고 부드럽게 받아들일 수 있도록 함 • 샌드위치 화법 : '칭찬의 말 → 질책의 말 → 격려의 말' 순으로 말하는 방식
충고	• 예시나 비유를 활용함으로써 상대방이 최대한 덜 부정적으로 느낄 수 있도록 은유적으로 접근하도록 함 • 충고는 가급적 최후의 수단으로 활용

2) 상대방을 칭찬할 때

아부로 느껴지지 않도록 상대에게 정말 칭찬해 주고 싶은 중요한 내용을 칭찬하거나 대화 서두에 분위기 전환 용도로 간단하게 칭찬하도록 한다.

3) 상대방에게 요구해야 할 때

상대방의 사정을 듣고 상대가 들어줄 수 있는 상황인지 확인하는 태도를 보여준 후 응할 수 있도록 구체적으로 부탁한다. 거절을 당하더라도 싫은 내색을 보여서는 안 된다.

> **기적의 TIP** 업무상 지시, 명령을 내리는 경우
>
> 강압적 표현보다 청유형 표현을 사용하는 것이 효과적입니다.
>
> 예 "○○ 좀 이렇게 해라!" → "○○을 이렇게 해주시는 것이 어떻겠습니까?"

4) 상대방의 요구를 거절해야 할 때

① 먼저 요구를 거절하는 것에 대한 사과를 한 뒤 응해줄 수 없는 이유에 대한 설명을 진행한다.
② 요구를 들어주는 것이 불가능하다고 여길 때는 모호한 태도를 보이는 것보다 단호하게 거절하는 것이 좋다(단, 정색하는 태도는 부정적 인간관계를 만들 수 있으므로 주의한다).
③ 거절의 3원칙 : Sympathy(상황 공감), Sorry(유감 표명), Suggestion(대안 제시)

5) 설득해야 할 때

설득은 상대방에게 나의 태도와 의견을 받아들이고 그의 태도와 의견을 바꾸도록 하는 과정으로 절대 일방적인 강요가 되지 않도록 해야 한다.

▼ 효과적 설득 방법

설득 방법	내용	활용 예시
문 안에 한 발 들여놓기 (Foot-in-the-Door Technique)	상대방에게 큰 부탁을 하고자 할 때, 먼저 작은 부탁을 해서 그 부탁을 들어주게 하는 것으로 시작하는 방법	요청하고 싶은 도움이 100이라면 처음에는 상대방이 'Yes'라고 할 수 있도록 50, 60 정도로 부탁을 하고 점차 도움의 내용을 늘려서 상대방의 허락을 유도함
얼굴 부딪히기 (Door-in-the-Face Technique)	큰 부탁에 대한 도움을 거절한 뒤 드는 미안한 마음을 바탕으로 좀 더 작은 도움 요청에 대한 미안함의 보상심리를 활용하는 방법	원하는 도움의 크기가 50인 상황에서 처음에 100을 상대방에게 요청하고 거절을 유도한 뒤 50을 요청하게 된다면 미안한 마음을 보상하기 위해 100보다 작은 요청을 들어줄 확률이 높아짐

03 올바른 의사표현 지침

- 적절한 화법을 위해 독서를 하라.
- 칭찬을 아끼지 말라.
- '첫마디' 말을 준비하라.
- '뒷말'을 숨기지 말고 문장을 완전하게 말하라.
- 대화의 룰을 지켜라.
- 좋은 청중이 되어라.
- 과감하게 공개하라.
- 공감하고 긍정적으로 보이게 하라.
- 이성과 감성의 조화를 꾀하라.
- 겸손은 최고의 미덕임을 잊지 말라.

> **기적의 TIP** 환심사기(Ingratiation)
> 의사소통 과정에서 상대방으로 하여금 자신에게 더욱 호감을 갖도록 만들기 위한 전략으로 '환심사기(Ingratiation)' 기법이 있습니다. 이 기법은 상대방의 말에 대한 자신의 반응이 상투적이거나 의도적인 것이 아니라 진정성 있는 의견이라고 믿을 수 있도록 적극적으로 표현하는 것을 의미합니다.

비언어적 의사소통

비언어적 의사소통이란 음성언어가 아닌 비음성 요소로 의사소통을 하는 것으로, 신체언어, 즉 자세, 몸짓, 의상, 인상, 표정 등으로 상호작용하는 방식을 의미한다. 비언어적 의사소통 수단은 말하는 이의 행동, 상황 등과 어떻게 관계를 맺느냐에 따라 그 의미가 달라질 수 있다.

01 비언어적 의사표현의 특징

① 언어적 의사표현을 대체, 보완, 강조함으로써 말하는 이의 메시지 전달 효과를 높인다.
② 언어적 의사표현으로 전달하기 어려운 기쁨, 분노와 같은 감정을 효과적으로 전달 가능하다.
③ 외모, 표정, 동작 등을 통해 상대방에 대한 부가 정보를 얻을 수 있다.
④ 빠르게 지나쳐 그 의미를 이해하지 못했을 경우, 반복 표현을 요구하기 어려울 수 있다.

02 의사표현에 영향을 미치는 비언어적 요소

1) 연단공포증

면접이나 발표 등 청중 앞에서 이야기해야 하는 상황에서 가슴이 두근거리고 입술이 타고 식은땀이 나고 얼굴이 달아오르는 생리적인 현상이며, 누구나 호소하는 불안으로 걱정하기보다 적절히 통제하는 연습을 해야 한다.

2) 말

말의 장단, 발음, 속도, 쉼 등 언어의 내용이 아닌 비언어적인 요소들이 의사표현에 영향을 미친다.

장단	• 소리의 길이는 한 음절을 얼마나 오래 끌며 발음하느냐를 의미함 • 긴 소리와 짧은 소리를 구분하여 정확하게 발음할 필요가 있음 예 똑같은 발음의 '말'이지만 짧게 발음하면 말(馬)이 되고 길게 발음하면 말(語)이 됨

발음	• 발음을 정확하게 하기 위해 천천히 복식호흡을 하여 깊은 소리를 내며 침착하게 이야기하는 습관을 가져야 함
	• 발음을 바르게 내는 기본 요령
	  – 호흡을 충분히 한다.
	  – 목에 힘을 주지 않는다.
	  – 입술과 혀, 턱을 빨리 움직인다.

속도	• 말을 할 때의 속도 변화를 통해 그 순간 화자의 감정을 파악할 수 있음 • 빨리 말하는 것은 말하는 사람이 바쁘고 성의 없는 느낌을 주며 느리게 말하면 분위기가 처지게 되어 청중이 내용에 집중을 하지 못할 수 있으니 주의해야 함 • 발표 시 보통 말하기 속도 : 10분에 200자 원고지 15장 정도의 속도감이 적당함

쉼	• 쉼은 대화 도중에 잠시 침묵하는 것을 의미함
	• 쉼은 의도적, 비의도적인 것으로 구분할 수 있으며 의도적으로 쉼을 잘 활용함으로써 논리성, 감정제고, 동질감 등을 확보할 수 있음
	• 듣기 좋은 속도의 이야기에서 쉼의 총량은 이야기 전체의 35~40%가 적당함
	• 쉼을 활용하는 경우
	  – 이야기의 전이(轉移) 시
	  – 양해, 동조, 반문의 경우
	  – 생략, 암시, 반성의 경우
	  – 여운을 남길 때

3) 몸짓

청자에게 인지되는 비언어적 요소로서 대체로 화자의 몸의 움직임, 표정, 신체적 외모 등이 있으며, 몸의 움직임은 몸의 방향, 자세, 몸짓으로 구별할 수 있다.

몸의 방향	몸의 방향은 주로 말하는 이의 머리, 몸, 발 등이 듣는 이를 향하는가, 피하는가로 확인이 가능함 예 대화 도중 제3자가 끼어들었을 때, 말하는 이가 제3자가 대화에 합류하는 것이 반갑지 않아 그에게서 살짝 몸을 돌리는 경우 → 불편함 암시
자세	• 다른 사람들의 자세를 보며 그 사람의 분노, 슬픔, 행복과 같은 그 사람의 감정을 이해할 수 있음 → 비언어적인 요소 중 가장 덜 모호한 유형 • 자신뿐 아니라 대화를 나누고 있는 상대방의 자세에 주의를 기울임으로써 언어적 요소와는 다른 중요한 정보 획득이 가능함
몸짓	• 몸짓은 손과 팔의 움직임을 의미하며 가장 흔한 유형은 몸동작으로 화자가 말을 하면서 자연스럽게 동반하는 움직임임 예 길을 알려줄 때 자연스럽게 말과 함께 손가락과 몸짓을 통해 길을 알려주게 됨 • 몸동작과 달리 상징적 동작은 문화권에 따라 다를 수도 있으니 주의해야 함 예 엄지 손가락을 세우는 동작의 문화권별 의미 공통 / 그리스 / 유럽 표는 아래

공통	그리스	유럽
권력, 우월, 최고	저리 가, 꺼져	비웃기

4) 유머

웃음을 주는 것으로 흥미 있는 이야기나, 풍자 또는 비교, 반대표현, 모방, 예기치 못한 방향전환, 아이러니 등의 방법을 활용한다.

기적의 TIP 직장 생활에서의 성공적 프레젠테이션을 위한 지침

- 내용을 완전히 숙지하고 연습한다.
- 공포감을 극복하며 자신감을 가진다.
- 제한된 시간을 효과적으로 활용하는 기술을 익힌다.
- 일관된 흐름을 가지고 요점을 간결, 명확하게 전달한다.
- 다양한 시청각 기자재를 활용하여 프레젠테이션 효과를 극대화한다.
- 프레젠테이션 환경을 사전에 조사한다.
- 설득해야 할 대상에 대하여 철저히 연구한다.

기적의 TIP 엘리베이터 스피치

- 방식 : 엘리베이터를 타고서부터 내릴 때까지 약 60초 이내의 짧은 시간 안에 상대방의 마음을 사로잡기 위해 진행하는 간략한 연설
- 유래 : 할리우드 영화감독들이 엘리베이터에서 만난 투자자들에게 투자를 받기 위해 시도하던 것에서 유래
- 의미 : 첫인상이 호감도에 절대적인 영향을 미치기 때문에 타인을 설득하기 위해서는 짧은 시간 내에 그들의 호기심과 관심을 이끌어내는 것이 매우 중요함

바로 확인문제

다음 중 의사표현에 대한 설명으로 적절한 것은?

① 의사표현 방식에는 음성으로 표현하는 것만 포함된다.
② 의사표현을 하더라도 청자는 화자의 생각이나 태도에 영향을 미칠 수 없다.
③ 의사표현은 직장 생활에서 자신을 감추는 중요한 수단이다.
④ 의사표현의 종류에는 공식적 말하기, 의례적 말하기, 친교적 말하기가 있다.

해설
의사표현의 종류에는 사전에 준비된 내용을 대중을 상대로 말하는 공식적 말하기와 정치적, 문화적 행사에서와 같이 의례 절차에 따라 하는 의례적 말하기, 친근한 사람들 간에 자유롭게 주고받는 친교적 말하기가 있습니다.
① 의사표현은 언어적 의사표현과 비언어적 의사표현으로 구분할 수 있습니다.
② 의사표현을 통해 말하는 이는 듣는 이의 생각이나 태도에 영향을 미칠 수 있습니다.
③ 의사표현은 직장 생활에서 자신의 생각과 감정을 표현하는 중요한 수단입니다.

정답 ④

기초외국어능력

기초외국어능력 개요

① **기초외국어능력의 의의**
- 기초외국어능력이란 글로벌 시장에서 한국어만이 아닌 다른 나라의 언어로 의사소통을 하는 능력을 말한다.
- 특히 직장인에게는 업무 중에 필요한 문서이해나 문서작성, 의사표현, 경청 등 의사소통을 기초외국어로 가능하게 하는 능력을 의미한다.

② **기초외국어능력의 중요성**
- 국가 간 교류가 활발해짐에 따라 외국인과의 협업이 갈수록 빈번해지는 상황에서 외국어를 활용해 원활하게 의사소통을 할 수 있는 능력이 중요해지고 있다.
- 외국어라고 해서 꼭 영어만 중요하거나 필요한 것은 아니며 자신의 분야에서 주로 상대해야 하는 외국인 고객이나 외국회사에 따라 요구되는 언어는 다양하다.
- 직장인이라면 자신의 업무능력 향상을 위해서라도 어느 정도 필요한 기본적인 외국어 능력 정도는 습득해 둘 필요가 있다.

기초외국어능력은 외국인과의 유창한 의사소통을 의미하는 것은 아니다. 직장인에게 기대되는 기초외국어능력 수준과 그 필요성은 다음과 같다.

1) 기초외국어능력 기대수준

① 외국어로 된 간단한 자료 이해

② 외국인과의 전화응대와 간단한 대화

③ 외국인의 의사 표현을 이해하고, 자신의 의사를 외국어로 표현할 수 있는 능력

④ 외국인과 간단하게 이메일이나 팩스로 업무 내용에 대해 상호 소통할 수 있는 정도

2) 기초외국어능력 필요성

현재 우리는 다양한 외국의 선진기술을 접할 기회가 증가하고 있다. 이때 다른 나라의 기술이나 기계 등은 시스템 자체가 우리나라의 것과는 다른 경우가 종종 있다. 이에 원활한 업무를 위하여 간단한 기초외국어를 익혀 둔다면 갑작스러운 상황이 닥쳐도 당황하지 않고 업무를 해결해 나갈 수 있을 것이다.

외국인과의 의사소통

외국인과의 의사소통 또한 언어적 의사소통과 비언어적 의사소통으로 구분할 수 있다.

01 언어적 의사소통

의사를 전달할 때 외국어를 사용하는 것으로써 실제 외국어 사용능력에 따라 의사소통의 편의성이 크게 좌우된다.

▼ 외국어 의사소통 시 필요한 능력

사고력	표현력
무엇을 전달할 것인가?	어떻게 전달할 것인가?

02 비언어적 의사소통

1) 표정으로 알아채기

외국인과 대화 시 그들의 감정이나 생각을 가장 쉽게 알 수 있는 것은 얼굴 표정이다.

표정	의미
눈을 마주 처다보는 것	흥미와 관심의 표현
웃는 표정	행복과 만족, 친절을 의미
눈살을 찌푸리는 표정	불만족과 불쾌를 의미

2) 음성으로 알아채기

전화를 통해서는 서면으로 의사소통하는 것과 달리 상대방의 목소리나 어조, 크기, 음속 등이 의사소통의 수단이 되기도 한다.

음성	의미
어조	• 높은 어조 : 적대감이나 대립감 • 낮은 어조 : 만족이나 안심
목소리 크기	• 큰 목소리 : 내용 강조, 흥분, 불만족 • 작은 목소리 : 자신감 결여
말의 속도	• 빠른 속도 : 공포나 노여움 • 느린 속도 : 긴장 또는 저항

외국인과의 의사소통에서 피해야 할 행동

- 상대를 볼 때 흘겨보거나 아예 보지 않는 행동
- 팔이나 다리를 꼬는 행동
- 표정 없이 말하는 것
- 대화에 집중하지 않고 다리를 흔들거나 펜을 돌리는 행동
- 맞장구를 치지 않거나 고개를 끄덕이지 않는 것
- 자료만 보는 행동
- 바르지 못한 자세로 앉는 행동
- 한숨을 쉬거나 하품을 하는 것
- 다른 일을 하면서 듣는 것
- 상대방에게 이름이나 호칭을 어떻게 할지 먼저 묻지 않고 마음대로 부르는 것

문화권별 보디랭귀지

동일한 보디랭귀지(Body Language)라도 문화권에 따라 서로 다르게 해석될 수 있다. 외국인과의 업무 상황에서 실수하지 않기 위해 알아두어야 할 주요 보디랭귀지는 다음과 같다.

보디랭귀지	국가(문화권)	의미
"O"	영어권	좋다, Great
	프랑스	Zero, 무(無)
	일본	돈
	지중해	동성연애(끝)
	브라질	외설적 표현
"V"	유럽권, 미국(안쪽 보이게)	승리
	영국, 호주(바깥쪽 보이게)	경멸, 조롱, 외설
엄지 세우기	공통	권력, 우월, 지배, 최고
	영국, 호주, 뉴질랜드	자동차 세우기
	그리스	저리 가, 꺼져
	유럽	비웃기
가운데 손가락	공통	외설
머리 긁기	서양	비듬, 가려움
	동양	미안함, 답답함
입 가리기	서양	거짓말
	동양	창피

귀 움직이기	인도	후회
	브라질	칭찬
고개 끄덕이기	불가리아, 그리스	No
	기타	Yes
옆으로 고개 흔들기	네팔	Yes
	기타	No
손가락 교차	유럽	경멸
	브라질	행운
손바닥 위, 아래로 흔들기	미국	Bye(헤어질 때 인사)
	유럽	No
	그리스	모욕

기초외국어능력 향상 방법

1) NCS직업기초능력에서 제시하는 기초외국어능력 향상 방법

• 외국인 친구를 사귀고 대화를 자주 나누어라.

• 단어를 암기할 때 그림카드를 사용하라.

• 업무와 관련된 주요 용어의 외국어를 꼭 알아두자.

• 출퇴근 시간에 외국어 방송을 보거나 들어라.

• 외국어 공부의 목적부터 정하고 매일 30분씩 몸에 밸 정도로 반복하라.

• 라이벌을 정하고 공부하라.

• 실수를 두려워하지 말고 기회가 있을 때마다 외국어로 말하라.

• 외국어 잡지나 원서와 친해지자.

2) 비즈니스 영어 활용 예시

① 전화 통화

영어 표현	의미
Hello, ○○(이름) speaking.	네, 여보세요 ○○입니다.
Thank you for calling. What can I do for you?	감사합니다. 무엇을 도와드릴까요?
Could you repeat your name for me?	이름 좀 다시 말씀해 주시겠습니까?
I'll put you through him/her.	담당자에게 전화 연결하겠습니다.
The line is busy.	현재 통화 중입니다.
He/She's not in at the moment.	현재 자리에 안 계십니다.
Would you like to leave a message?	전하실 말씀 있으세요?

② 메일 표현

영어 표현	의미
Dear Mr./Ms. ○○(이름):	○○님께
To whom it may concern:	담당자 귀하
Regards, Best regards, Sincerely 등	영어 이메일 끝맺음 표현
I kindly request ~ / Could you please ~	요청하는 표현
Pleaese feel free to ~ / I am here to assist ~	도움을 주겠다는 표현
I wanted to inform ~ / I am pleased to share ~	공유, 업데이트에 대한 표현
I agree with your ~ / I can confirm that ~	동의, 확인에 대한 표현
I apologize for ~ / I am sorry for ~	사과, 양해를 구하는 표현

③ 영문 부서명

영어 표현	의미
Human Resources Department	인사부서
Planning Department	기획부서
Sales Department	영업부서
Public Relations Department	홍보부서
Accounting / Financial Department	회계 / 재무부서
General Affairs Department	총무부서
Manufacturing Department	생산부서
International Business Department	해외사업부서
Customer Service Department	고객서비스부서

기적의 TIP 의사소통능력 필기시험 주요 출제유형 정리

① 문서의 종류와 특징 파악하기
- 공문서, 기안서, 기획서, 품의서, 결의서 등 문서의 종류 및 특징을 파악하는 문제
- 전결, 대결 등 각종 결재 조건을 충족하는 올바른 결재 양식을 묻는 문제
- '끝.', '붙임' 등 행정안전부 간행물의 문서작성 방법을 묻는 문제

② 회사의 사업과 정책 확인하기
- 주요 사업, ESG 경영 등 회사의 정책 및 관련 법률에 대해 묻는 문제
- 지원 분야와 관련한 전문 용어, 트렌드에 대해 묻는 문제

③ 제시문의 이해, 추론, 적용능력 평가하기
- 제시문의 주제나 세부 정보를 묻는 문제
- 제시문을 읽고 할 수 있는 추론, 반응, 평가 등을 묻는 문제
- 제시문의 내용을 다른 상황에 적용하는 문제
- 제시문의 전개 방식을 묻는 문제

④ 문법 지식 이해도 평가
- 한글 맞춤법에 대한 이해도를 묻는 문제
- 일상에서 틀리기 쉬운 띄어쓰기, 높임법 등의 정확한 표현을 묻는 문제
- 언어의 특징, 음운의 변동 등 심화된 국어 지식을 묻는 문제

⑤ 맥락에 맞는 어휘력 확인
- 문맥에 맞는 정확한 단어 찾기 문제
- 상황에 맞는 적절한 한자성어, 한자어, 순우리말 등을 묻는 문제
- 다의어의 정확한 의미를 확인하는 문제

바로 확인문제

외국인과의 의사소통 중 비언어적인 의사소통에 대한 설명으로 적절하지 <u>않은</u> 것은?
① 눈을 마주 쳐다보는 것은 흥미와 관심이 있음을 나타낸다.
② 어조가 높으면 만족과 안심을 나타낸다.
③ 말씨가 매우 빠르거나 짧게 얘기하면 공포나 노여움을 나타내는 것이다.
④ 자주 말을 중지하면 결정적인 의견이 없음을 의미하거나 긴장 또는 저항을 의미한다.

해설
외국인과의 의사소통에서 높은 어조는 적대감이나 대립감을 의미합니다.

정답 ②

01 의사소통은 의사를 전달하고 그것들을 받아들이는 상호 교류의 과정을 가리킨다. 의사소통의 종류는 크게 문서적 의사소통과 언어적 의사소통으로 구분된다. 다음 〈보기〉의 내용 중 언어적 의사소통의 특징으로 적절한 것만을 나열한 것은?

> **〈보기〉**
> ㉠ 다른 의사소통 방식에 비해 권위가 있으며, 공식적인 의사소통을 위해 주로 사용된다.
> ㉡ 다른 사람을 설득하는 과정에서 필요한 근거를 유연하게 제시할 수 있다는 점에서 유용하다.
> ㉢ 올바른 이해를 위해서는 경청능력이 수반될 필요가 있다.
> ㉣ 의사소통 과정에서 상대방의 반응이나 표정을 살펴 능동적인 대처가 가능하다.
> ㉤ 다른 의사소통 방식에 비해 보존 가능 기간이 길고 보존 과정에서 내용의 변질 우려가 적다.

① ㉠, ㉢, ㉤
② ㉠, ㉣, ㉤
③ ㉡, ㉢, ㉣
④ ㉡, ㉣, ㉤
⑤ ㉢, ㉣, ㉤

02 다음은 ○○공사 홍보팀에 근무하고 있는 A대리의 업무와 관련된 내용이다. 밑줄 친 ㉠과 ㉡은 언어의 기능 중 각각 무엇과 관련이 깊은가?

> A대리의 업무는 사보를 편집하는 것이다. 그는 매달 ㉠ 원고를 받아 읽고, 이를 검토, 편집하여 사보에 싣는다. 또한, 영화를 좋아하는 A대리는 자신이 본 영화에 대한 평을 직접 작성하여 사보에 싣기도 한다. 하지만 ㉡ 그가 이번에 작성한 영화평은 직원들에게 크게 어필하지 못한 것 같다. 소개된 영화는 코미디 영화인데, 장르에 비해 작성된 영화평은 너무 딱딱한 느낌이 든다는 전언이다.

	㉠	㉡
①	문자언어 중 수용기능	문자언어 중 산출기능
②	문자언어 중 수용기능	음성언어 중 산출기능
③	음성언어 중 수용기능	문자언어 중 수용기능
④	문자언어 중 산출기능	음성언어 중 산출기능
⑤	문자언어 중 산출기능	문자언어 중 수용기능

03 의사소통의 중요성에도 불구하고 모든 사람들의 의사소통이 원활하게 이루어지고 있는 것은 아니다. 다음 중 의사소통을 저해하는 요소로 적절하지 <u>않은</u> 것은?

① 전달해야 할 내용의 양과 질을 고려하지 않고, 서로 상반되는 메시지를 한꺼번에 전달한다.
② 의사를 전달하기 전에 의사를 전달받는 사람의 수준을 제대로 고려하지 않고, 자신만이 아는 용어를 활용하여 의사를 전달한다.
③ 일방적으로 말하거나 듣기만 하려는 상호작용의 부족이 소통 오류의 원인이 된다.
④ 직접적인 내용을 전달하지 않고, 눈치를 통해서 자신의 마음을 알아주길 바란다.
⑤ 내 의사를 전달하기 위해 상대방이 이해할때까지 쉽고 자세히 설명하는 것은 의사소통의 시간을 지연시킨다.

04 의사표현은 말소리를 이용해 전달하는 언어적인 의사표현 방식도 있지만, 표정·몸짓·제스처 등을 통해 자신의 의사를 표현하는 비언어적 의사표현 방식도 있다. 다음 중 비언어적 의사표현의 특징으로 적절한 것은?

① 소리를 통해서 전달하기 때문에 명확한 의사전달이 가능하다.
② 모두가 공유하는 정확한 의미가 약속되어 있는 의사표현인만큼 오해를 불러일으키지 않는 효과적인 의사표현이 가능하다.
③ 비대면 의사소통 상황에서 더욱 정확한 의미전달이 가능하며, 구체적인 의사를 전달해야 하는 상황에 적절하다.
④ 미묘한 뉘앙스의 전달이 가능하기 때문에 단순히 언어로 전달되는 의사표현에 비해 풍부한 의사전달이 가능하다.
⑤ 빠르게 지나쳐 그 의미를 이해하지 못했을 경우 반복 표현을 요구하기 쉽다.

05 의사소통능력은 직업 생활을 잘 해내기 위해 필요한 능력이므로, 원활한 의사소통이 어려운 사람은 의사소통능력을 개발해야 한다. 다음 중 의사소통능력을 개발하기 위한 방법으로 적절하지 <u>않은</u> 것은?

① 메시지의 신속한 전달을 위해 완벽히 파악한 내용이 아니라고 하더라도 추상적인 내용을 중심으로 빠르게 전달하는 훈련을 해야 한다.

② 의사소통 후에는 서로 간에 의도한 내용이 잘 전달되었는지, 부족한 점은 없었는지 사후검토와 피드백을 주고받아 보완이 필요한 부분들을 보완해야 한다.

③ 의사소통의 목적은 메시지의 전달이기 때문에 메시지를 전달받을 사람의 이해도를 고려하여 언어를 사용하는 연습을 해야 한다.

④ 상대방이 전달하고자 하는 내용을 제대로 수용하기 위해 상대방이 메시지를 전달할 때, 서로 같은 주제를 생각하며, 상대방을 이해하려고 노력하며 이야기를 듣는, 즉 경청하는 연습이 필요하다.

⑤ 감정적으로 안정된 상태가 아닐 경우, 침착하게 마음을 비우고 어느 정도 이성적인 평정심을 되찾을 때까지 의사소통을 연기하는 것도 하나의 방법이다.

06 다음 중 키슬러의 대인관계방식 유형에 대한 설명으로 적절하지 <u>않은</u> 것은?

① 자기주장이 강해 매사에 독단적인 모습이 나타나며 자신감이 강해 집단 속에서 주도권을 잡는 모습이 자주 나타나는 유형은 지배형이다.

② 혼자 있거나 혼자 일하는 것을 선호하며 사회적 생활을 회피하고 자신의 감정을 억제하는 유형은 사교형이다.

③ 따뜻하고 쾌활하며 자기희생적이고 타인과 함께 즐겁게 지내려고 노력하는 유형은 친화형이다.

④ 타인의 감정에 무관심하기 때문에 피상적 대인관계를 위주로 하며 이성적인 의지력이 약한 유형은 냉담형이다.

⑤ 타인의 의견을 잘 듣고 따르며 규칙이나 틀 등 정해진 것에 대해 순서대로 따르는 것을 편해하는 유형은 복종형이다.

07 다른 사람과 의사소통을 하는 자리에서 경청을 제대로 하지 않으면 메시지가 제대로 전달될 수 없다. 다음 중 경청을 방해하는 요인으로 적절한 것은?

① 자신의 주관적인 경험이나 견해를 토대로 메시지를 받아들이기보다는 객관적인 관점으로 메시지를 받아들이려고 노력한다.

② 상대방이 자신보다 학력이나 식견이 부족하더라도 비판적·충고적 태도를 버리고 상대방이 말하고자 하는 의도와 의미를 이해하려고 노력한다.

③ 꼭 필요한 이야기라면 상대방이 의사를 전달하는 도중에 양해를 구하고서라도 자신의 의사를 전달해야 한다.

④ 상대방의 외모 및 평소 행실 등 메시지와 무관한 요소에 근거한 선입견을 가지고 메시지를 듣지 않기 위해 노력한다.

⑤ 상대방이 말하는 동안 시간 간격이 발생했을 때, 다음에 말할 내용을 추측하려고 노력한다.

08 의사표현을 하다 보면 상황에 따라 그에 맞는 의사표현방식을 취해야 한다. 다음 중 프레젠테이션 상황에 맞는 의사표현법으로 적절한 것은?

① 전달하고자 하는 핵심 메시지는 발표 가장 마지막에 배치하여 처음부터 끝까지 청중들의 집중력을 이끌어내야 한다.

② 발표 자료로 사용하는 슬라이드는 한 장에 하나의 주제만 담을 수 있도록 하여 간결하고 정확한 메시지 전달을 목표로 한다.

③ 프레젠테이션에 활용할 발표자료에는 발표하고자 하는 내용을 최대한 구체적으로 적어두고, 해당 내용을 그대로 읽어서 전달해 메시지가 왜곡되지 않도록 한다.

④ 발표를 통해 자신의 주장을 제시할 때는 추상적이고 불확실한 근거를 통해 청중들의 상상력을 자극해야 한다.

⑤ 시각적 자료는 최대한 배제한 채로 전문용어 중심의 텍스트 기반 슬라이드 구성을 통해 내용의 전문성을 높인다.

09 다음은 ○○도시공사에 근무하는 P팀장과 K대리의 대화 내용이다. 이를 〈보기〉의 경청에 관한 내용을 통해 판단해 볼 때, K대리는 잘못된 듣기 유형 중 어떠한 유형에 해당하는가?

P팀장 : "아니, 이번 출장 Y대리와 함께 가서 현지답사를 하라고 했잖아요. 그런데 왜 Y대리와 함께 가지 않았습니까? Y대리에게 확인해보니, 애초에 물어보지도 않았다고 하던데요."

K대리 : "혼자 할 수 있는 일이라 생각해서 굳이 Y대리에게 말하지 않았습니다."

P팀장 : "앞으로도 계속 그렇게 하세요."

K대리 : "네, 알겠습니다."

〈보기〉

Hearing은 소리를 그냥 듣는 것이고, Listening은 주의를 기울여 듣는 것을 말한다. 그런데 경청은 여기에 더해 들은 내용을 올바로 이해하는 것까지 포함한다. 경청을 제대로 이해하기 위해서는 우선 잘못된 듣기 유형에 어떠한 것이 있는지 알아볼 필요가 있다. 잘못된 듣기 유형에는 절벽형, 쇠귀형, 건성형, 매복형, 직역형이 있다.

① 절벽형   ② 쇠귀형
③ 건성형   ④ 매복형
⑤ 직역형

10 다음은 ○○도시공사의 신입사원 교육용 교재 내용 중 보고서 작성과 관련된 내용 중 일부이다. ㉠에 들어갈 적절한 내용을 고르면? (단, 빈칸은 고려하지 않는다.)

〈보고서의 논리적 흐름〉

시작	설득	왜 이 사업을 하는가? (왜 이 보고를 하는가?)	
	Why	A라는 과제가 주어졌다. – 왜 이러한 과제가 주어졌을까?	
중간	설명	어떻게 이 사업을 할 것인가? (어떤 내용을 보고하는가?)	
	How	A와 관련해 A의 현황과 문제점이 있다. – 이를 어떻게 해결할 것인가?	
마무리	결정	무엇을 결정해야 하는가? (무엇을 판단해야 하는가?)	㉠
	What	A의 현황과 문제점을 해결할 수 있다. – 무엇이 남게 될까?	

① 제목
② 추진배경
③ 문제점과 원인
④ 기대효과
⑤ 해결방안

11 다음 그림은 ○○시의 20××년 고용동향에 관한 시각화 자료이다. 이러한 시각화 자료의 효과에 관한 설명으로 적절한 것은?

① 개념이나 주제 등이 제대로 전달되지 않는 문제가 있다.
② 시각화 자료를 작성할 때는 해당 문서 내에 부연설명을 반드시 포함해야 한다.
③ 텍스트 중심의 문서를 작성하는 것보다 적은 시간과 노력으로 작성이 가능하다.
④ 전달하고자 하는 내용의 구조화와 조직화에 도움이 된다.
⑤ 이미지 위주로 제작하며 어떠한 경우라도 차트나 다이어그램 시각화는 지양해야 한다.

12 다음은 기안서의 본문 내용이다. 맞춤법에 맞지 않는 단어의 수는 모두 몇 개인가?

「행정 효율과 협업 촉진에 관한 규정」 게정내용 설명회 개체에 따라 회의장소 사용 및 통신장비 설치 등의 협조를 요청하오니 조치하여 주시기 바랍니다.

1. 설명회 게요
    가. 일시: 2024. 6. 14(금) 11:00~18:00
    나. 장소: 전주본사 8층 회의실(8층 810호)
    다. 참석: 30명
2. 협조요청 사황
    가. 참석자용 책상 30개 및 의자 40개(배석자 포함) 배치
    나. 강이 시설(마이크, 빔 프로젝트, 스크린 등) 설치
붙임 「행정 효율과 협업 촉진에 관한 규정」 개정내용 설명회 개최 개획. 1부. 끝.

① 4개   ② 5개
③ 6개   ④ 7개
⑤ 8개

13 다음 글의 밑줄 친 빈칸 ㉠에 들어갈 사자성어로 적절한 것은?

주식 투자자들은 보통 자기가 관심을 갖게 되는 종목이 과거 얼마를 기록했는데, 현재 이만큼 내려왔으니 다시 올라갈 것이라는 희망을 품고 투자에 나서는 경향이 있다. 하지만 이미 투자 환경도, 투자한 회사의 산업현황과 경쟁상황, 이익 등도 모두 달라졌는데 과거에 이런 평가를 받았으니 주가가 다시 그 위치로 회귀할 것이라고 믿는 건 (㉠   )하는 태도이다.

예를 들어 주가 피교지표 중 기업실적대비 주가의 적절 여부를 검토하는 '주가수익비율(PER)'과 자산가치대비 주가의 적정 여부를 검토하는 '주가순자산비율(PBR)' 등을 통해 이러한 (㉠   )하는 태도가 얼마나 위험한지 알 수 있다. 2018년 대비 2019년의 PBR은 10.8배였지만, 2019년 대비 2020년의 PER은 18.6배로 크게 상승했다. 즉, 같은 것을 보더라도 시간이 지남에 따라 달라진 세부사항에 대해 세밀하게 검토하지 않는 것은 아주 잘못된 태도인 것이다.

① 각주구검(刻舟求劍)
② 사면초가(四面楚歌)
③ 오리무중(五里霧中)
④ 감개무량(感慨無量)
⑤ 만시지탄(晚時之歎)

14 다음 글의 밑줄 친 ①~⑤를 수정한 것으로 적절한 것은?

- 팬들의 성원에 힘입어 2022년 AA카드와 협업한 A&B카드를 출시하기로 했습니다. 앞으로 식료품, 포인트 구매 등은 A&B카드로 ① 결제하세요.
- 그 녀석들 때문에 내가 몇 년째 ② 곤혹을 치르고 있는지 몰라.
- 이번 FA시장에 좋은 선수들이 많이 나왔지만, 선수단에 지출되는 비용을 더 ③ 늘리지 않고 리빌딩 기조를 이어가기로 했습니다.
- 높은 곳에서 뛰어내리다가 발을 헛디뎠는지, 며칠째 ④ 부기가 빠지지 않고 있다.
- 현재 자원 ⑤ 개발 프로젝트를 성사시키기 위해서 우리 부서는 불철주야 노력하고 있다.

① 결제 → 결재
② 곤혹 → 곤욕
③ 늘리지 → 늘이지
④ 부기 → 붓기
⑤ 개발 → 계발

15 다음은 보도자료의 일부이다. 이 보도자료의 제목으로 가장 적절한 것은?

새만금개발청과 한국국토정보공사는 7월 28일 새만금에서 현장간담회를 개최하여 "새만금지역 지적 및 공간 정보 구축을 위한 업무협약(15. 6. 24.)" 후속조치 이행을 논의했다.
- 현장간담회에서 양 기관은 새만금 홍보관과 노출부지 등을 둘러보면서 관련업무 수행을 위한 실무협의회 에서 세부적인 업무추진 방향을 설정하기로 하였다.
- 특히 이번 간담회에서는 무인항공기를 활용한 새만금산업단지나 노출부지 등의 주기적 항공영상 촬영과 측량성과관리시스템을 업무에 활용하는 방안 등에 대하여 논의하였으며.
- 향후 한국국토정보공사에서 측량 및 공간정보시스템 관련 전문가를 새만금개발청에 파견하는 등 현장위주 의 실질적인 협약사항이 이행되도록 두 기관이 적극 협력하기로 하였다.
- 이번 현장간담회는 기관 간 소통 및 협업을 추구하는 정부3.0 기조에 따라 마련되었으며, 새만금개발청과 한국국토정보공사는 협업사업의 선도적인 사례가 될 수 있도록 업무협약사항을 성실히 이행함으로써 새만 금사업의 성공적 추진을 위해 노력해 나갈 계획이라고 밝혔다.

① 한국국토정보공사의 정부3.0 기조 실현
② 한국국토정보공사 새만금 현장간담회 개최
③ 한국국토정보공사와 새만금개발청 업무 협약 체결
④ 한국국토정보공사의 측량관리시스템 활용 사례
⑤ 한국국토정보공사의 공간정보시스템 전문가 파견

16 다음 공문을 이해한 것으로 적절하지 <u>않은</u> 것은?

○○공단

수　　신 : ○○공단 협력사
참　　조 :
제　　목 : 공단 신입사원 교육 안내

---

1. 귀사의 무궁한 발전을 기원합니다.
2. ○○공단은 신입사원 역량 강화를 위해 다음과 같이 교육을 실시합니다.
3. 협력사 여러분들의 많은 관심과 협조 부탁드립니다.

– 다　　음 –

　　가. 연 수 명 : ○○공단 신입사원 연수교육
　　나. 시행목적 : 신입사원 기초업무 및 역량개발 교육
　　다. 일　　시 : 2024. 4. 15(월) 10:00~17:00
　　라. 장　　소 : ○○공단 본관 2층 대강당
　　마. 접　　수 : 공단 홈페이지에서 온라인 등록

붙임　1. ○○공단 신입사원 연수교육 세부일정 1부
　　　2. 2024년 연간 연수교육 계획(안) 1부
　　　3. 본회 약도 1부.　끝.

○○공단 이사장

담당 김△△팀장　　　　　　　　　　배◇◇이사장　　　　　　　　　　이☆☆사원

① 협력사를 대상으로 ○○공단에서 발송한 공문이다.
② ○○공단 사원이 참여할 수 있는 연수교육이 진행될 예정이다.
③ 연수교육에 참여하기 위해서는 홈페이지를 통해 등록해야 한다.
④ 연수교육의 세부일정은 홈페이지를 통해 확인할 수 있다.
⑤ 붙임 문서를 통해 연간 연수교육 계획을 알 수 있다.

17 다음은 ○○관광업체 마케팅 부서의 회의 내용이다. 새로운 관광 상품 개발에 대해 마케팅 부서원들이 나눈 대화 중 적절하지 <u>않은</u> 것은?

- 일시 : 20××년 10월 15일
- 시간 : 14:00~16:00(2시간)
- 참석자 : K팀장, H차장, J과장, N대리, D사원
- 안건 : 새로운 관광 트렌드에 부합하는 관광 상품 개발

■ 최근의 관광 트렌드
1) 단체, 저가 관광에서 벗어나 개별적이고 가치 있는 관광으로의 전환이 추세
2) 전세계적 고령화 추세에 따라 시니어층이 핵심 관광소비계층으로 부상
   - 의료와 관광, 헬스케어 및 웰빙에 대한 관광상품 부상
   - 일반 관광보다 고비용, 장기간
   - 건강을 생각하는 헬스 투어리즘
   - 관광을 통한 삶의 질 향상을 추구하는 형태
   - '힐링'의 관광화 : 테라피, 자연치료
3) 체험 추구 관광 소비자 부상
4) 소셜 네트워크를 통한 관광 후기가 주도하는 관광의 시대
5) 단기간 다국가 여행보다는 1개 국가 또는 도시에 머물며 힐링 선호
6) 현지 경제 및 환경을 생각하는 착한 소비자로의 변화

■ ○○사의 관광상품 및 마케팅 현황
1) 개인:단체 상품의 비중 = 80:20
2) '체험'이 아닌 주요 문화 유적 '탐방'에 초점을 맞춘 관광 상품 다수
3) 주요 SNS에서의 마케팅 부재

---

① "경제력을 지닌 시니어 계층의 요구를 맞추기 위해 힐링을 위한 테라피나 자연적 요소 등이 부각되는 상품을 구성해야겠어요."
② "개인이 관광 상품을 소비하면서 환경 운동에 참여하는 것과 같은 자부심을 느끼게 하는 상품이면 매우 좋을 것 같은데요."
③ "환경도 보존하면서 현지 경제에 기여할 수 있는 관광 상품이면 더 좋겠죠. 여행하며 그들의 생활에 깊숙이 들어가서 체험할 수 있다면 더 좋고요."
④ "사람들은 많은 것을 보고 체험하고 싶어 하니, 되도록 많은 국가를 다니며 다양한 체험을 할 수 있게 하는 압축적 상품을 준비해야 할 것 같습니다."
⑤ "SNS 상에서 우리의 관광 상품을 적극적으로 홍보해야 할 것 같아요. 소비자가 상품 개발을 주도한다는 느낌을 줄 뿐만 아니라 우리 상품에 대한 실제 이용자들의 긍정적 피드백이 더 많은 실수요를 창출할 수 있을 것 같아요."

18 ○○공사 정보보안팀 A대리는 20××년 채용형 청년인턴 모집 과정에서 수집된 지원자의 개인정보를 파기하기 위해 협조 공문을 보내고자 한다. 제시된 개인정보 처리 기준에 따라 A대리가 작성한 협조 문의 내용으로 적절하지 **않은** 것은?

제2장 개인정보 처리 기준

제1절 개인정보의 처리 제10조(개인정보의 파기방법 및 절차)

1. 개인정보 처리자는 개인정보의 보유 기간이 경과하거나 개인정보의 처리 목적 달성, 해당 서비스의 폐지, 사업의 종료 등 그 개인정보가 불필요하게 되었을 때는 정당한 사유가 없는 한 그로부터 5일 이내에 그 개인정보를 파기하여야 한다.
2. 전자기적(電磁氣的) 파일 형태의 개인 영상정보는 복원이 불가능한 기술적 방법으로 영구 삭제하여야 한다.
3. 개인정보 처리자는 개인정보의 파기에 관한 사항을 기록·관리하여야 한다.
4. 개인정보 보호 책임자는 개인정보 파기 시행 후 파기 결과를 확인하여야 한다.

협 조 문

문서번호	20××-205198	과장	부장	팀장
시행일자	20××. 2. 20~2. 28			
수신	인사팀			
제목	20××년 채용형 청년인턴 지원자의 개인정보 파기 건			

아래 내용에 대한 협조를 부탁드립니다.

– 아   래 –

㉠ 표준 개인정보 보호 지침에 따라 모집이 종료되면 합격자를 제외한 지원자의 서류를 발표일 기준 5일 이내 파기함.

㉡ 불합격자 문의 대응 등으로 기준일 내에 개인정보 파기가 불가능할 경우 파기 시점을 대응 종료까지 연기 가능함.

㉢ 개인정보가 포함된 전자 형태의 파일은 삭제 후 사내 프로그램인 PC-protect를 통해 재생 불가능 여부를 확인함(단, 삭제 후에도 파일이 복원될 경우 정보보안팀으로 개별 문의).

㉣ 개인정보 파기 후에는 홈페이지의 개인정보 처리 현황 게시판에 파기 현황 정보를 게시하여 파기 기록을 관리함.

㉤ 문의가 있었던 지원자의 서류는 선발을 마친 뒤 별도로 보존하였다가 분기별로 분쇄한 뒤 부서의 개인정보 보호 책임자가 직접 파기 결과를 확인함.

---

① ㉠　　　　　　　　② ㉡　　　　　　　　③ ㉢

④ ㉣　　　　　　　　⑤ ㉤

19 다음은 전기자동차에 관한 각국의 대처에 대한 글이다. 글의 내용을 이해한 것으로 적절한 것은?

유럽연합(EU)은 미국보다 더욱 강력한 변화를 도모하고 있다. EU는 지난 7월, 2035년까지 하이브리드차를 포함한 내연기관 자동차의 신차 판매를 아예 금지하겠다는 규제안을 공표하였다. 영국은 한술 더 떠서 2030년에는 휘발유 자동차의 판매 금지, 2035년에는 하이브리드 자동차의 판매를 금지할 계획이다. 프랑스는 2040년까지 휘발유 자동차의 판매를 금지할 계획이나 하이브리드 자동차에 대한 규제는 아직 발표하고 있지 않다.

이처럼 각국의 규제가 조금씩 다른 데는 각자의 자동차 산업 사정이 있기 때문이다. 가장 두드러진 특징은 하이브리드 자동차를 계속 판매할 수 있게 허용하느냐의 여부이다. 미국은 플러그인 하이브리드 자동차는 판매를 허용하지만 일반 하이브리드 자동차는 금지한다는 방침인 반면, 일본과 중국은 하이브리드 자동차의 판매를 앞으로도 계속 허용할 것으로 보인다. 특히, 일본의 도요타 자동차는 하이브리드 자동차 기술개발과 생산에 많은 공을 들여온 만큼 이 기술을 쉽게 포기하기 어려울 것이다. 그만큼 이 기술을 활용한 자동차의 생존 기간을 연장하고 싶을 것이다. 반면 하이브리드 자동차에 경쟁력이 약한 미국이나 유럽은 전기자동차로의 전환을 더욱 서두르고 있다. 각국의 규제에도 자동차산업의 치열한 경쟁이 작동하고 있다.

① 일본과 달리 중국은 영국과 하이브리드 자동차 규제에 대해 같은 태도를 취한다.
② 미국은 하이브리드 자동차에 대한 강한 경쟁력을 보유하고 있다.
③ EU는 2035년부터 내연기관 자동차의 신차 판매를 금지하고자 한다.
④ 하이브리드 자동차에 대한 규제는 영국보다 프랑스가 더욱 강경하다.
⑤ 일본의 도요타 자동차는 전기자동차로의 전환을 서두르고 있는 중이다.

20 다음 중 제시된 글의 밑줄 친 ㉠~㉤에 들어갈 접속어로 적절하지 <u>않은</u> 것은?

객차설비 개량의 역사

1980년대까지 객차의 수동 출입문은 안전성 면에서 취약했다. 수동 출입문의 승강대는 손님들이 열차에 타거나 내릴 때 이용하는 것으로, 3단 정도의 계단과 객차 안쪽으로 열리는 수동문, 스프링 장치가 있는 발판으로 이루어져 있다. ___㉠___ 발판은 열차 운행 시 승강대 입구를 막아 외부로 통하는 객차 바깥쪽으로 열리는 승강문이 열리지 않도록 하는 중요한 역할을 한다. 발판은 발판에 달려있는 고정 장치를 살짝 열 수 있는 구조로 되어 있다. ___㉡___ 문제는 열차 이동 중에도 누구나 쉽게 고정 장치를 풀 수 있게 되어 있다는 점이다. ___㉢___ 문 밑으로 뚫린 공간이나 열린 문을 통해 이용객이 추락할 위험이 있다. 이를 근본적으로 해결하기 위해 1994년부터 객차에 자동문을 설치하기 시작했다.

___㉣___ 사계절이 뚜렷한 우리나라의 경우, 앞서 설명한 출입문 못지 않게 냉난방장치가 중요하다. 국내 철도에 기계식 냉방장치인 에어컨은 1939년 특별 급행열차에 한하여 도입되었다. ___㉤___ 일반 객차의 냉방은 천장에 매달린 선풍기가 맡았다. 겨울에는 난방차를 연결하여 물을 끓여 발생한 뜨거운 수증기를 객실에 보내는 방식을 사용하였다. 이러한 증기식 난방장치가 열선을 이용한 전기난방으로 전환된 것은 1984년부터였다. 그해 일반 객차의 냉방도 선풍기에서 에어컨으로 교체되었다. 에어컨이 설치되면서 개방형 창문은 자연스럽게 밀폐형으로 바뀌었고, 그 후 열차 운행 중 전망을 관람하는 용도로 통유리를 사용한 전망형 창문이 대중화되었다.

---

① ㉠ : 그중
② ㉡ : 하지만
③ ㉢ : 그래도
④ ㉣ : 한편
⑤ ㉤ : 당시

의사소통능력 실전문제   p.78

01 ③	02 ①	03 ⑤	04 ④	05 ①
06 ②	07 ③	08 ②	09 ⑤	10 ④
11 ④	12 ③	13 ①	14 ②	15 ②
16 ④	17 ④	18 ②	19 ③	20 ③

01 ③

언어적 의사소통능력은 경청능력과 의사표현능력으로 구성되며 실제 대화를 한다는 측면에서 상대방의 반응과 표현을 확인할 수 있고, 이를 근거로 상황에 대한 유연한 대처가 가능하다.

오답 피하기

㉠⑩ 공식 규정에 기반해 작성되는 문서를 통한 의사소통으로 권위가 높고, 보존 가능 기간이 길고 전달 과정에서 변질 우려가 적은 것은 문서적 의사소통능력의 특징이다.

02 ①

㉠은 글로 적혀있는 원고이고 이를 받아 읽는다고 하였으므로 문자언어를 수용하는 행위이며, ㉡은 자신의 영화평을 글로써 표현한 것이기 때문에 문자언어를 산출한 것으로 볼 수 있다.

오답 피하기

문서적 의사소통능력과 언어적 의사소통능력은 다음과 같이 구분된다.

▼ 문서적 의사소통능력

하위능력	기능
문서이해능력	문자언어의 수용기능
문서작성능력	문자언어의 산출기능

▼ 언어적 의사소통능력

하위능력	기능
경청능력	음성언어의 수용기능
의사표현능력	음성언어의 산출기능

03 ⑤

상대방이 이해할 수 있도록 쉽고 자세히 설명하는 것은 원활한 의사소통을 위한 노력 중 하나라고 볼 수 있다.

04 ④

비언어적 의사소통이란 음성언어가 아닌 비음성 요소로 의사소통을 하는 것으로, 신체언어, 즉 자세, 몸짓, 의상, 인상, 표정 등으로 상호작용하며 보다 미묘한 뉘앙스 전달이 가능하다. 따라서 비언어적 의사소통이 언어적 의사소통에 비해 보다 풍부한 의사전달이 가능하다는 장점이 있다.

오답 피하기

①②③ 비언어적 의사소통은 말하는 이의 행동, 상황 등과 어떻게 관계를 맺느냐에 따라 그 의미가 달라질 수 있다.
⑤ 특정 순간의 몸짓이나 표정 등은 때때로 자신도 모르는 사이에 나오는 것이기 때문에 해당 순간을 놓치는 순간 다시금 그 포인트를 정확하게 재연하는 것이 어려울 수 있다.

05 ①

메시지의 신속한 전달도 중요하지만 완벽히 파악하지 못한 추상적 내용을 전달하는 것은 서로 간의 오해를 불러일으키는 원인이 될 수 있다.

06 ②

혼자 있거나 혼자 일하는 것을 선호하며 사회적 생활을 회피하고 자신의 감정을 억제하는 유형은 고립형이다. 고립형은 대인관계의 중요성을 알고 타인에 대한 비현실적 두려움의 근원을 성찰해 보는 것이 중요하다.

오답 피하기

키슬러의 대인관계방식 8가지 유형에는 지배형, 실리형, 냉담형, 고립형, 복종형, 순박형, 친화형, 사교형이 있다.

07 ③

아무리 꼭 필요한 이야기일지라도 상대방이 이야기하는 도중에 끼어드는 것은 매우 무례한 행동이 될 수 있다. 경청 과정에서는 말하기를 절제하려는 마음가짐으로 임하는 것이 중요하다.

오답 피하기

⑤ 효과적 경청방법 중 '예측하기'에 해당한다. 상대방이 발언 중이라면 상대방의 말에 최대한 집중하는 것이 중요하나, 시간 간격이 발생했을 때에는 다음 내용을 추측하는 노력도 허용될 수 있다.

08 ②

오답 피하기

① 발표는 결론을 먼저 제시한 뒤 해당 주장의 근거를 덧붙이는 두괄식 방식으로 구성하는 것이 효과적이다.
③ 발표하고자 하는 내용을 구체적으로 적는 것은 좋으나 이를 발표 상황에 맞추어 유연하게 활용하는 것이 필요하다.
④ 주장하려는 내용은 확실하고 명확한 근거를 기반으로 제시되어야 한다.
⑤ 필요한 경우 시각적 자료 활용을 통해 발표의 설득력을 높일 수 있어야 한다.

09 ⑤

K대리는 P팀장의 말을 문자 그대로만 이해하며 문맥을 놓치고 있다. 즉, 상대방의 말을 있는 그대로 직역함으로써 상대방의 말 속에 담긴 뜻을 헤아리지 못하는 직역형의 모습을 보여주고 있다.

오답 피하기

① 절벽형 : 전혀 들으려 하지 않고 대화를 거부하는 유형
② 쇠귀형 : 듣기는 하지만 말귀를 전혀 알아듣지 못하며 상대방의 말을 이해하려고도 하지 않는 유형
③ 건성형 : 한 귀로 듣고 한 귀로 흘리거나 다른 일을 하면서 듣는 척하는 유형
④ 매복형 : 상대방의 이야기를 방어의 자세로 자세히 들으며 상대방이 허점을 보이는 순간 곧바로 반격하는 유형

10 ④

보고서의 논리적 흐름 중 마무리 부분에는 앞서 등장한 내용들의 '기대효과'와 각종 '조치사항'이 제시되어야 한다.

오답 피하기

보고서의 시작 부분에는 '제목, 개요, 추진배경'이, 중간 부분에는 '현황, 문제점 및 원인, 해결방안' 등이 제시되어야 한다.

11 ④

② 시각화 자료를 작성할 때 필요한 경우 약간의 부연설명을 포함할 수 있다.
③ 텍스트 중심의 문서를 작성하는 것보다는 상대적으로 많은 시간과 노력이 필요하다.
⑤ 각종 통계 수치를 제시하고자 할 때, 차트나 그래프, 다이어그램 시각화를 활용하는 것이 효과적이다.

12 ③

> 「행정 효율과 협업 촉진에 관한 규정」 개정내용 설명회 개최에 따라 회의장소 사용 및 통신장비 설치 등의 협조를 요청하오니 조치하여 주시기 바랍니다.
> 1. 설명회 개요
> 가. 일시: 2024. 6. 14(금) 11:00~18:00
> 나. 장소: 전주본사 8층 회의실(8층 810호)
> 다. 참석: 30명
> 2. 협조요청 사항
> 가. 참석자용 책상 30개 및 의자 40개(배석자 포함) 배치
> 나. 강의 시설(마이크, 빔 프로젝트, 스크린 등) 설치
> 붙임 「행정 효율과 협업 촉진에 관한 규정」 개정내용 설명회 개최 계획. 1부. 끝.

13 ①

글에서 제시된 주식 투자자들은 주변 모든 환경이 달라졌는데 이를 무시하고 자신의 생각만을 고집하는 태도를 보이고 있다. 각주구검(刻舟求劍)이란 융통성 없이 현실에 맞지 않는 낡은 생각을 고집하는 어리석음을 이르는 말로 ㉠에 적합하다.

② 사면초가(四面楚歌) : 적에게 포위되어 희망이 없는 상태가 됨
③ 오리무중(五里霧中) : 어떠한 일의 진행에 대하여 예측할 수 없음
④ 감개무량(感慨無量) : 마음속 감동이나 정서가 끝이 없음
⑤ 만시지탄(晚時之歎) : 시기에 늦어 기회를 놓쳤음을 안타까워하며 탄식함

14 ②

'곤욕'은 심한 모욕이나 참기 힘든 일을 의미하며 '곤욕을 치르다'라는 형태로 주로 활용된다. 반면 '곤혹'은 곤란한 일을 당하여 어찌할 바를 모름을 의미하며 '곤혹을 느끼다'라는 형태로 주로 활용된다.

① 결제와 결재
• 결제 : 돈이나 증권 따위를 주고받아 당사자 사이의 거래 관계를 끝맺음
• 결재 : 결정 권한이 있는 상관이 부하가 제출한 안건을 허가하거나 승인함
③ 늘리다와 늘이다
• 늘리다 : 수나 분량, 시간 따위가 많아지게 함
• 늘이다 : 길이를 더 길게 하거나 선을 연장하여 그음
④ 부기와 붓기
• 부기 : 부종으로 인하여 부은 상태
• 붓기 : '부기'의 잘못된 표현

⑤ 개발과 계발
• 개발 : 토지나 천연자원 따위를 유용하게 만듦
• 계발 : 슬기나 재능, 사상 따위를 일깨워 줌

15 ②

제시된 글은 새만금개발청과 한국국토정보공사가 업무협약 후속조치를 위한 현장간담회를 개최함으로써 각종 업무추진 방향 등을 함께 설정했다는 사실을 알리고 있다.

보도자료의 주제나 제목을 찾는데 필요한 힌트는 글의 첫 문장 또는 마지막 문장에서 얻을 수 있다.

16 ④

연수교육 세부일정은 '붙임 1.'을 통해 확인할 수 있다.

① 공문의 수신처를 통해 확인할 수 있다.
② '2.'를 통해 신입사원 역량 강화 교육이 실시됨을 확인할 수 있다.
③ '마.'를 통해 공단 홈페이지에서 온라인 등록으로 접수할 수 있음을 확인할 수 있다.
⑤ '붙임 2.'를 통해 2024년 연간 연수교육 계획(안)을 확인할 수 있다.

17 ④

'단기간 다국가 여행보다는 1개 국가 또는 도시에 머물며 힐링 선호' 내용에 비추어 보았을 때, '되도록 많은 국가를 다니며 다양한 체험을 할 수 있게 하는' 상품은 적절하지 않다.

18 ②

기준에서 개인정보 파기가 불가능한 경우 파기 시점을 대응 종료까지 연기할 수 있는지에 대한 내용은 제시되지 않았다. 따라서 ㉢의 내용의 진위 유무는 알 수 없다.

기준의 1.은 ㉠, 2.는 ㉡, 3.은 ㉣, 4.는 ㉤의 내용과 각각 대응하고 있다.

19 ③

① '일본과 중국은 하이브리드 자동차의 판매를 앞으로도 계속 허용할 것'이라고 제시되었다.
② '하이브리드 자동차에 경쟁력이 약한 미국'이라고 제시되었다.
④ 영국의 경우 '2035년에는 하이브리드 자동차의 판매를 금지'한다고 했으나, 프랑스의 경우 '하이브리드 자동차에 대한 규제는 아직 발표하고 있지 않다'고 제시되었다.
⑤ '일본의 도요타 자동차는 하이브리드 자동차 기술개발과 생산에 많은 공을 들여온 만큼 이 기술을 쉽게 포기하기 어려울 것'이라고 제시되었다.

20 ③

㉢의 전후 내용은 고정장치를 풀 수 있게 되어 추락할 위험이 발생했다는 원인과 결과 관계에 있다. 따라서 ㉢에 들어갈 적절한 접속어로는 '이에 따라, 이로 인해' 등이 적절하다.

PART

02

수리능력

📍 수리능력이란?

직장인으로서 업무를 수행하다 보면 단순히 글로 작성된 문서들 외에도 각
종 수치와 그래프, 통계 데이터들로 구성된 다양한 자료들을 접하게 됩니다.
이러한 관점에서 수리능력이란 사칙연산, 통계, 확률 등의 의미를 정확하게
이해하고, 이를 업무에 적용하여 주어진 자료를 정확히 해석할 수 있는 능
력을 의미합니다.

차례

수리능력 소개

수리능력 개요

① 직장에서의 수리능력

- 수리능력은 직업 세계의 기초가 된다. 업무를 수행하다 보면 연산이나 통계와 직접 관련이 없더라도 이를 이용해 적절한 자료와 방법을 결정하거나 직접 관련 도표 등을 작성해야 하는 일이 빈번하게 일어나기 때문이다.
- 직종에 관계없이 논리적인 사고력과 의사결정, 문제해결능력 등 수리적인 능력이 없이는 제대로 과제를 수행하기 어려운 경우가 많다.

② 수리능력의 중요성

수리능력은 기본적인 계산을 수행하고 표, 그래프, 차트 등을 활용하거나 수학적 아이디어와 개념을 글로서 표현하고 사건의 발생 확률을 예측하는 등의 업무 효과성을 높이는 데 기여하고 있다.

③ 수리능력 향상 방법

- 수리능력을 키운다는 것은 단순히 숫자 계산만을 잘한다는 것이 아니라 복잡하고 어려운 문제들을 계산하고 해결하는 과정을 통해 논리적으로 생각하는 방법과 문제해결력을 높인다는 의미로도 볼 수 있다.
- 따라서 직장인은 사칙연산과 기초적인 통계 방법을 이해하고 도표의 의미를 파악하거나 도표를 이용해서 결과를 효과적으로 제시하는 수리능력을 함양하기 위해 지속적으로 노력해야 한다.

수리능력 구성

직업기초능력에서의 수리능력은 '업무 상황에서 요구되는 사칙연산과 기초적인 통계를 이해하고 도표 또는 자료(데이터)를 정리, 요약하여 의미를 파악하거나 도표를 이용해서 합리적인 의사결정을 위한 객관적인 판단근거로 제시하는 능력'을 의미한다. 이러한 관점에서 수리능력은 기초연산능력, 기초통계능력, 도표분석능력, 도표작성능력으로 4가지 하위능력으로 구성된다.

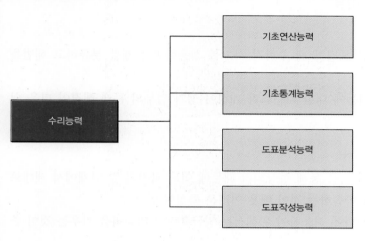

01 수리능력의 하위능력 4가지

1) 기초연산능력

① 의미 : 업무 상황에서 필요한 기초적인 사칙연산과 계산방법을 이해하고 활용하는 능력

② 필요성 : 업무 상황에서 복잡한 사칙연산을 수행하고, 연산결과의 오류를 판단하고 수정하는 것이 요구된다는 측면에서 필요하다.

2) 기초통계능력

① 의미 : 업무 상황에서 평균, 합계, 빈도와 같은 기초적인 통계기법을 활용하여 자료를 정리하고 요약하는 능력

② 필요성 : 업무 상황에서 복잡한 통계기법을 활용하여 결과의 오류를 수정하는 것이 요구된다는 측면에서 필요하다.

3) 도표분석능력

① 의미 : 업무 상황에서 그림, 표, 그래프 등 도표의 의미를 파악하고, 필요한 정보를 해석하여 자료의 특성을 규명하는 능력

② 필요성 : 업무 상황에서 접하는 다양한 도표를 분석하여 내용을 종합하는 것이 요구된다는 측면에서 필요하다.

4) 도표작성능력

① 의미 : 업무 상황에서 자료(데이터)를 이용하여 도표를 효과적으로 제시하는 능력
② 필요성 : 업무 상황에서 다양한 도표를 활용하여 내용을 강조하여 제시하는 것이 요구된다는 측면에서 필요하다.

02 직장인에게 수리능력이 중요한 이유

1) 수학적 사고를 통한 문제해결

① 업무 중에 일어나는 다양한 문제를 해결할 때 수학적 사고를 적용하면 문제를 분류하고 해법을 찾는 일이 쉬워진다.
② 수학 원리를 활용하면 어려운 문제들에 대한 지구력과 내성이 생겨 업무의 문제 해결이 더욱 쉽고 편해질 수 있다.

2) 직업세계의 변화에 대한 적응

① 수리능력은 논리적이고 단계적인 학습을 통해 향상되기 때문에 어느 과정의 앞 단계에서 제대로 학습을 하지 못했다면 다음 단계를 학습하는 것이 매우 어려운 특성이 있다.
② 앞으로 수십 년에 걸친 직업세계 변화에 적응하기 위해서는 지금부터 수리능력을 키우는 것이 중요하다.

3) 실용적 가치의 구현

① 수리능력 향상을 통해 일상생활 혹은 업무 수행에 필요한 수학적 지식과 기능을 습득할 수 있다.
② 특히, 수리능력의 향상을 통해 일상적으로 필요한 지식, 기능이라도 단순히 형식적인 테두리에서 머무는 것이 아니라 수량적인 사고를 할 수 있는 아이디어나 개념을 도출해낼 수 있다.

단위의 이해

기계를 작동하거나 통계자료를 읽고 해석하여야 하는 경우 길이, 넓이, 부피 등과 관련된 다양한 단위를 읽고 해석할 수 있어야 한다. 즉, 업무를 수행할 때 길이, 넓이, 부피, 들이, 무게, 시간 등과 관련된 단위를 읽고 해석할 수 있는 능력이 필요하다.

단위	내용 및 단위 환산
길이	한끝에서 다른 한끝까지의 거리 ◉ mm, cm, m, km • 단위 환산 : 1cm=10mm, 1m=100cm, 1km=1,000m
넓이	평면의 크기를 나타내는 것으로 면적이라고도 함(길이×길이) ◉ mm^2, cm^2, m^2, km^2 • 단위 환산 : $1cm^2=100mm^2$, $1m^2=10,000cm^2$, $1km^2=1,000,000m^2$
부피	입체가 점유하는 공간 부분의 크기(길이×길이×길이) ◉ mm^3, cm^3, m^3, km^3 • 단위 환산 : $1cm^3=1,000mm^3$, $1m^3=1,000,000cm^3$, $1km^3=1,000,000,000m^3$
들이	통이나 그릇 따위의 안에 넣을 수 있는 물건 부피의 최댓값으로 용적이라고도 함 ◉ mL, dL, L • 단위 환산 : $1mL=1cm^3$, $1dL=100cm^3=100mL$, $1L=1,000cm^3=10dL$
무게	질량이 있는 물체가 받는 중력의 크기 ◉ g, kg, t 1kg=1,000g, 1t=1,000kg=1,000,000g
시간	단위 환산 : 1분=60초, 1시간=60분=3,600초
온도	단위 환산 : 1 섭씨온도(℃)=33.8 화씨온도(℉)=274.15 절대온도(K)
데이터 용량	단위 환산 : 1TB=1,024GB, 1GB=1,024MB, 1MB=1,024KB, 1KB=1,024B (데이터 용량은 2의 10제곱씩 증가함)

기적의 TIP 숫자 체계 – 십진법, 이진법, 오진법

• 십진법 : 자리가 올라감에 따라 자릿값이 10배씩 커지는 규칙으로, 일반적으로 우리가 아는 숫자는 십진법의 규칙을 따른다.

  ◉ 십진법의 수 369를 십진법의 전개식으로 나타내면 $369=3\times10^2+6\times10^1+9\times10^0$

• 이진법 : 자리가 올라감에 따라 자릿값이 2배씩 커지는 규칙으로, 이진법임을 나타내기 위해 숫자 오른쪽 아래에 $_{(2)}$를 표기한다.

  ◉ 이진법의 수 $1011_{(2)}$를 이진법의 전개식으로 나타내면 $1011_{(2)}=1\times2^3+0\times2^2+1\times2^1+1\times2^0$

• 오진법 : 자리가 올라감에 따라 자릿값이 5배씩 커지는 규칙으로, 오진법임을 나타내기 위해 숫자 오른쪽 아래에 $_{(5)}$를 표기한다.

  ◉ 오진법의 수 $1011_{(5)}$를 이진법의 전개식으로 나타내면 $1011_{(5)}=1\times5^3+0\times5^2+1\times5^1+1\times5^0$

• 십진법의 수는 n진법의 수로, n진법의 수를 십진법의 수로 변환할 수 있다.

  ◉ $1011_{(2)}=1\times2^3+0\times2^2+1\times2^1+1\times2^0=8+0+2+1=11$

업무 수행 과정에서 복잡한 통계자료를 정리하여 도표로 보기 쉽게 정리함으로써 더욱 효과적으로 결과를 제시할 수 있다.

01 도표의 의미

1) 개념

선, 그림, 원 등으로 그림을 그려서 내용을 시각적으로 표현하여 다른 사람이 한눈에 자신의 주장을 알아볼 수 있게 한 것을 의미한다.

예 통계청의 연도별 인구수 변화 자료

▼ 통계표

연도 \ 구분	연도별 총조사인구(단위 : 만 명)		
	전체	남자	여자
1975	3,468	1,745	1,723
1985	4,042	2,023	2,019
1995	4,456	2,236	2,220
2005	4,705	2,347	2,358
2015	5,107	2,561	2,546

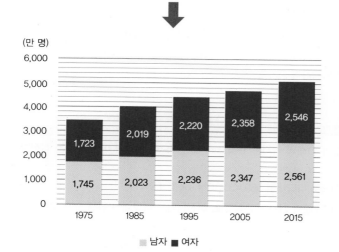

▲ 도표

2) 유용성

① 복잡한 수치도 도표로 그려봄으로써 주요 내용을 빠르게 파악할 수 있다.
② 전체와 부분의 비교가 한눈에 가능하다.
③ 다른 사람에게 내용 설명 시 그래프 제시를 통해 설득력을 높일 수 있다.

02 도표 작성 목록

구분	내용
보고 및 설명 목적	• 도표는 사내 회의에서 설명을 하거나 상급자에게 보고할 때 주로 작성됨 • 도표는 현상분석을 통해 전체의 경향 또는 이상 수치를 발견하거나 문제점을 명백히 밝혀 대책이나 계획을 세우고자 작성됨
상황분석 목적	• 회사의 상품별 매출액 경향을 확인하기 위해 작성됨 • 국내외 거래처의 분포 등을 확인하기 위해 작성됨
관리 목적	• 도표가 지닌 특성 중 시각에 호소하여 강한 인상을 주는 특성을 활용하기 위해 작성됨 • 진도관리 도표나 회수상황 도표 등으로 작성됨

03 업무 중 도표가 사용되는 경우

① 조직의 생산가동률 변화표를 분석하는 경우
② 계절에 따른 고객의 요구도가 그래프로 제시된 경우
③ 경쟁업체와의 시장점유율이 그림으로 제시된 경우
④ 업무 결과를 도표를 사용하여 제시하는 경우
⑤ 업무의 목적에 맞게 계산 결과를 묘사하는 경우
⑥ 업무 중 계산을 수행하고 결과를 정리하는 경우
⑦ 소요되는 비용을 시각화해야 하는 경우
⑧ 고객과 소비자의 정보를 조사하고 결과를 설명하는 경우

바로 확인문제

다음 단위 환산값 중 적절하지 않은 것을 모두 고르면?

> ㉠ 500cm=5m
> ㉡ 10km²=10,000,000m²
> ㉢ 1시간 30분=4,800초
> ㉣ 15t=1,500,000g

① ㉠, ㉡   ② ㉡, ㉢
③ ㉡, ㉣   ④ ㉢, ㉣

해설
㉢ 1시간 30분은 총 90분으로 '1분=60초'임을 대입하면 '90×60=5,400초'입니다.
㉣ '1t=1,000kg=1,000,000g'이므로 15t은 15,000,000g입니다.

정답 ④

기초연산능력

기초연산능력 개요

① 기초연산능력의 정의
- 연산은 식이 나타낸 일정한 규칙에 따라 계산하는 것을 말하며, 기초연산능력은 업무 상황에서 필요한 기초적인 사칙연산과 계산 방법을 이해하고 활용하는 능력을 말한다.
- 특히 직장에서 다양한 문제가 발생했을 때 이를 효과적으로 처리하기 위해서는 기초연산능력의 발휘가 필수적이다.

② 직장에서의 기초연산
직장인으로서 업무를 수행할 때 예산을 수립하여야 하는 경우, 영수증을 읽고 정산하여야 하는 경우, 타인에게 업무 내용을 정확하고 간결하게 전달하려는 경우 등 기초적인 연산 능력이 요구되는 경우는 셀 수 없을 정도로 많다.

③ 기초연산능력의 중요성
업무수행 과정에서 논리적으로 사고하여 연산을 수행할 경우 더욱 좋은 결과를 얻는 경우가 많다. 뿐만 아니라 업무 상황에서는 다단계의 복잡한 사칙연산을 하고 연산 결과의 오류를 수정하는 것이 매우 중요하기 때문에 직장인은 기초연산능력을 키우기 위해 노력해야 한다.

사칙연산

수 또는 식은 '얼마만큼인가'를 나타내는 양을 표현하는 도구이다. 사칙연산은 이러한 수 또는 식에 관한 덧셈(+), 뺄셈(−), 곱셈(×), 나눗셈(÷) 네 종류의 계산법으로 사칙계산이라고도 한다.
일반적으로 사칙연산은 일정한 원리와 규칙에 따라 계산하므로 이러한 원리를 미리 숙지해야 한다.

01 직장에서 연산이 요구되는 상황

① 업무상 계산을 수행하고 결과를 정리하는 경우
② 업무비용을 측정하는 경우
③ 고객과 소비자의 정보를 조사하고 결과를 종합하는 경우
④ 조직의 예산안을 작성하는 경우
⑤ 업무수행 경비를 제시하여야 하는 경우
⑥ 다른 상품과 가격 비교를 하는 경우

02 연산법칙

연산의 3가지 기본법칙에는 교환법칙, 결합법칙, 분배법칙이 있다. 사칙연산 중 덧셈과 곱셈은 교환법칙이 성립하나 뺄셈과 나눗셈은 그렇지 않다.

구분	덧셈	곱셈
교환법칙	$a + b = b + a$	$a \times b = b \times a$
결합법칙	$a + (b + c) = (a + b) + c$	$a \times (b \times c) = (a \times b) \times c$
분배법칙	$(a + b) \times c = a \times c + b \times c$	

기적의 TIP 분배법칙의 원리

예 $7 \times 3 = 7 \times (2+1) = 7 \times 2 + 7 \times 1 = 7 \times (1+1) + 7 \times 1 = 7 + 7 + 7$

03 수의 관계

① 일반적인 수의 개념

• 수(數)는 일반적으로 복소수를 가리키는데, 특히 범위를 실수, 유리수, 정수 또는 자연수 등으로 한정하여 생각할 수 있다.
• 수의 범위를 복소수, 실수 또는 유리수 전체로 할 때는 0으로 나누는 나눗셈만을 제외한다면 사칙연산은 항상 가능하다.

② 수의 관계에서 주의해야 할 점

정수의 범위에서는 나눗셈이 언제나 가능한 것은 아니며 또 자연수의 범위에서도 뺄셈과 나눗셈이 언제나 가능한 것은 아니다. 따라서 수의 범위에 따라 적용 가능한 연산 방법에 대해 숙지하고 있어야 한다.

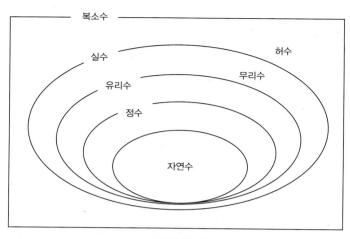

▲ 수의 관계

구분	내용
자연수	사물이나 대상의 개수를 셀 때 쓰는 기본적인 숫자 예 1, 2, 3, 4, 5
정수	자연수의 수위 개념이 확장되어 양의 정수(자연수), 0, 음의 정수로 구성 예 2, 1, 0, −1, −2
유리수	$\frac{a}{b}$처럼 분수로 나타낼 수 있는 수(a, b는 서로소인 정수, 단 $a \neq 0$)
무리수	유리수와 반대로 정수 a, b를 $\frac{a}{b}$ 꼴로 나타낼 수 없는 수 예 $\sqrt{2}$, $\sqrt{3}$, π (3.141592.... 순환하지 않는 정수)
실수	유리수와 무리수로 구성된 실제 존재하는 수(제곱해서 양수가 되는 수)
허수	실제 존재하지 않는 수(제곱해서 음수가 되는 수) 예 $\sqrt{-2}$, $\sqrt{-3}$, i
복소수	실수와 허수의 합으로 이루어지는 수

04 계산 순서

① 동순위 연산이 2개 이상인 경우, 왼쪽에서 오른쪽 순으로 계산한다.
② 괄호가 여러 개 쓰이는 경우, '소괄호( ) → 중괄호{ } → 대괄호[ ]' 순으로 계산한다.
예 $4 + 2(9 + 5) = 4 + 2 \times 14 = 4 + 28 = 32$

05 검산

계산의 결과가 맞는지 다시 조사하는 일을 검산이라고 하며 검산 방법에는 역연산과 구거법(九去法)이 있다.

역연산	답에서 거꾸로 계산해 봄으로써 원래 답이 나오는지 계산하는 방법. 즉, 덧셈은 뺄셈으로, 뺄셈은 덧셈으로, 곱셈은 나눗셈으로, 나눗셈은 곱셈으로 확인한다. • 장점 : 가장 확실하고 정확한 방법임 • 단점 : 번거로우며 시간이 많이 소요됨
구거법	어떠한 정수의 각 자릿수의 합을 9로 나눈 나머지는 원래의 수를 9로 나눈 나머지와 같다는 원리를 이용하는 검산 방법 ⑩ '3,456 + 341 = 3,797'을 구거법으로 검산할 때 | 각 자릿수의 합을 9로 나눈 나머지	
〈좌변〉 3+4+5+6의 9로 나눈 나머지는 0 3+4+1의 9로 나눈 나머지는 8 ∴ 0+8=8 (나머지의 합)	〈우변〉 3+7+9+7의 9로 나눈 나머지는 8 ⇒ 좌변과 우변의 나머지가 같음	

기초연산공식

다음 제시되는 다양한 기초연산공식을 숙지함으로써 직장인으로서의 업무수행은 물론, 필기시험에 출제되는 수리능력 문제들을 효과적으로 해결할 수 있다.

01 약수와 배수

구분	내용
약수와 배수	• 약수 : 어떤 수를 나누어 떨어지게 하는 수 　⑩ 10의 약수는 1, 2, 5, 10 • 배수 : 어떤 수를 1배, 2배, 3배, …, n배 한 수 　⑩ 10의 배수는 10, 20, 30, … • 약수와 배수의 관계 : 곱셈식에서 곱하는 두 수는 계산 결과의 약수가 되고, 계산 결과는 각각 두 수의 배수가 된다. 　⑩ '2×6 = 12'에서 2와 6은 12의 약수, 12는 2와 6의 배수
공약수와 최대공약수	• 공약수 : 두 수의 공통인 약수 　⑩ 12의 약수 : 1, 2, 3, 4, 6, 12 / 18의 약수 : 1, 2, 3, 6, 9, 18 　　→ 12와 18의 공약수 : 1, 2, 3, 6 • 최대공약수 : 두 수의 공약수 중 가장 큰 수 　⑩ 12와 18의 최대공약수는 6 • 공약수와 최대공약수의 관계 : 두 수의 공약수는 두 수의 최대공약수의 약수와 같다. 　⑩ 12와 18의 공약수는 1, 2, 3, 6, 최대공약수는 6 　　→ 최대공약수 6의 약수는 1, 2, 3, 6(12와 18의 공약수와 동일)

공배수와 최소공배수	• 공배수 : 두 수의 공통인 배수
	   📕 2의 배수 : 2, 4, 6, 8, 10, 12 … / 3의 배수 : 3, 6, 9, 12, …
	      → 2와 3의 공배수 : 6, 12, …
	• 최소공배수 : 두 수의 공배수 중 가장 작은 수
	   📕 2와 3의 최소공배수는 6
	• 공배수와 최소공배수의 관계 : 두 수의 공배수는 두 수의 최소공배수의 배수와 같다.
	   📕 2와 3의 공배수는 6, 12, 18, … 최소공배수는 6
	      → 최소공배수 6의 배수는 6, 12, 18(2와 3의 공배수와 동일)

> **기적의 TIP** 소수와 소인수분해
>
> • 소수 : 약수가 1과 자기 자신뿐인 자연수
>
>   📕 2, 3, 5, 7, 11, 13, 17, 19, 23, 29, 31, …
>
> • 소인수분해 : 자연수 n을 소수인 약수들의 곱으로 나타낸 것
>
>   📕 $12 = 2 \times 2 \times 3 = 2^2 \times 3$
>
> • 소인수분해를 통한 최대공약수, 최소공배수 계산
>
>   📕 12의 소인수분해 : $2^2 \times 3$, 15의 소인수분해 : 3×5
>
>   12와 15의 최대공약수 : 3, 12와 15의 최소공배수 : $2^2 \times 3 \times 5$ 또는 $\dfrac{12 \times 15}{3} = 60$

02 기초 방정식

1) 방정식의 정의

① 방정식 : 미지수가 포함된 식에서 그 미지수에 특정한 값을 주었을 때만 성립하는 등식을 말한다.

② **일차방정식 풀이**

> ㉠ 구하려는 것을 x로 두기
> ㉡ 문제에서 제시하는 조건을 정리해 x를 사용한 방정식 세우기
> ㉢ 방정식을 풀어 x값 구하기

③ **연립방정식 풀이**

> ㉠ 구하려는 것을 각각 x, y로 두기
> ㉡ x, y를 사용하여 문제의 뜻에 맞게 연립방정식 세우기
> ㉢ 연립방정식을 풀어 x, y 값 구하기

2) 거리 · 속력 · 시간

① 거리 · 속력 · 시간 공식

- 거리＝속력×시간
- 속력＝거리÷시간
- 시간＝거리÷속력

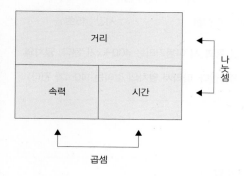

🔵 A가 산을 올라갈 때는 시속 3km로, 내려올 때는 시속 6km로 걸어 총 1시간 동안 등
산을 했다고 할 때, A가 몇 km 지점까지 올라갔다 내려왔는가?

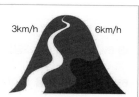

등산로의 거리를 $x$km라고 할 때, A가 산에 올라갈 때 걸린 시간은 $\frac{x}{3}$시간, 내려올 때 걸린 시간은 $\frac{x}{6}$가 된다.

즉, $\frac{x}{3}+\frac{x}{6}=1$이 되어야 하므로 $x=2$가 된다. 따라서 2km 지점임을 알 수 있다.

---

② 헷갈리기 쉬운 속력 개념

- 유속이 존재하는 경우
  - 물의 흐름과 같은 순방향으로 이동할 때 : 유속만큼 가속도가 붙는다.
  - 물의 흐름과 다른 역방향으로 이동할 때 : 유속만큼 감속한다.

🔵 유속 5km/h로 물이 흐르고 있는 강에서 30km/h의 일정한 속력을 가진 배가 상류에서 하류로 1시간, 뱃머리를
돌려 하류에서 상류로 2시간 이동했다고 할 때 2시간 동안 총 이동한 거리는?

이동 과정에서 유속이 반영되어 속력이 달라진다는 사실에 유의해야 한다.
- 상류 → 하류 : 유속만큼 속력 증가 → 30km/h＋5km/h＝35km/h(1시간 동안 35km 이동)
- 하류 → 상류 : 유속만큼 속력 감소 → 30km/h－5km/h＝25km/h(2시간 동안 50km 이동)
따라서 총 이동거리는 85km가 된다.

- 터널을 통과하는 경우 : 열차가 터널을 완전히 통과한다는 것은 열차의 앞 끝이 터널에 들어가서
끝부분이 터널을 완전히 나올 때까지를 의미한다.

이동거리＝열차의 길이＋터널 길이

예 일정한 속력으로 달리는 열차가 각각 길이가 1,300m인 터널을 완전히 통과하는 데 40초, 길이가 400m인 다리를 완전히 통과하는 데 15초가 걸렸다고 할 때, 열차의 길이는?

▼ '열차 길이=m'일 때, 거리·속력·시간 관례

터널 통과 시		다리 통과 시	
거리=(1,300+x)m		거리=(400+x)m	
속력 : 일정함	시간 : 40초	속력 : 일정함	시간 : 15초

열차의 길이를 x라 할 때 터널을 통과 시 이동거리는 1,300+x, 다리를 통과 시 이동거리는 400+x가 된다. 열차의 속력이 일정하므로 이를 방정식으로 만들면 $\dfrac{1,300+x}{40}=\dfrac{400+x}{15}$가 성립한다. 따라서 열차의 길이는 140m가 된다.

3) 소금물 농도

$$농도(\%)=\dfrac{소금의\ 양}{소금물의\ 양}\times100=\dfrac{소금의\ 양}{소금물의\ 양+물의\ 양}\times100$$

예 6% 소금물과 9% 소금물 200g을 섞어서 8%의 소금물을 만들고자 할 때, 6%의 소금물은 몇 g만큼 섞어야 하는가?

6%의 소금물의 양을 xg이라 할 때,

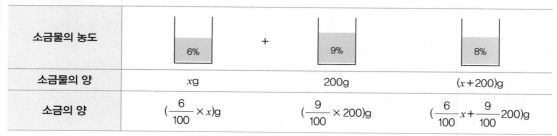

소금물의 농도	6%	+	9%		8%
소금물의 양	xg		200g		(x+200)g
소금의 양	($\dfrac{6}{100}\times x$)g		($\dfrac{9}{100}\times200$)g		($\dfrac{6}{100}x+\dfrac{9}{100}200$)g

소금물 농도 공식에서 '농도(%)=$\dfrac{소금의\ 양}{소금물의\ 양}\times100$'이므로, 섞은 소금물의 농도 8%=$\dfrac{\dfrac{6}{100}x+\dfrac{9}{100}200}{x+200}$를 만족한다.
따라서 6%의 소금물은 100g만큼 섞어야 함을 알 수 있다.

4) 작업량(일의 양, 일률)

- 시간당 작업량 $= \dfrac{작업량}{시간}$
- 작업량 $=$ 시간당 작업량 $\times$ 시간
- 시간 $= \dfrac{작업량}{시간당 작업량}$

※ 전체 일의 양을 '1'로 둔 뒤, 단위 시간당 일의 양을 분수로 나타내어 풀이한다.

📖 A가 혼자 하면 12일 만에 끝나고 B가 혼자 하면 20일 만에 끝나는 일이 있다고 할 때, A와 B가 같이 일을 한다면 이 일은 며칠 만에 끝나는가?

전체 일의 양을 1, A와 B가 같이 일을 한 날을 x일이라고 할 때,

A의 하루 작업량	B의 하루 작업량	A와 B가 함께한 일 작업량
$\dfrac{1}{12}$	$\dfrac{1}{20}$	$\dfrac{1}{12}x + \dfrac{1}{20}x$

즉, $\dfrac{1}{12}x + \dfrac{1}{20}x = 1$이 되어야 하므로 $x = 7.5$가 된다. 따라서 A와 B가 함께 일을 한다면 7.5일만에 일을 끝마칠 수 있다.

5) 손익계산(정가, 원가, 할인가, 할인율, 이익률)

- 정가 $=$ 원가 $+$ 이익 $=$ 원가 $\times (1 + \dfrac{이익률}{100})$
- 이익 $=$ 정가 $-$ 원가 $=$ 원가 $\times \dfrac{이익률}{100}$
- 할인율(%) $= (\dfrac{정가 - 할인가}{정가}) \times 100$
- 할인가(판매가) $=$ 정가 $-$ 할인액 $=$ 정가 $\times (1 - \dfrac{할인율}{100})$

📖 원가가 1만 원인 A책에 이익을 40% 추가하여 정가로 정했으나 팔리지 않아 정가의 10%를 할인하여 판매하기로 했을 때, 이 책의 가격은 얼마인가?

원가가 1만 원인 책에 이익을 40% 추가한 책의 정가는 14,000원이 된다. 하지만 정가의 10%를 할인했으므로 할인율은 10%이다. 14,000원에 할인율 10%를 적용한 할인가는 총 1,400원이 되어 할인가는 12,600원이 된다.

6) 간격(나무 심기)

- 일직선상에 심는 경우 : 나무의 수 $=$ 간격 수 $+1$
  → x길이의 일직선상 도로에 y간격으로 심을 수 있는 최대 나무의 수 $=(x \div y)+1$
- 원 둘레에 심는 경우 : 나무의 수 $=$ 간격 수

예 길이가 300m인 일직선상 도로에 나무를 20m 간격으로 심고자 할 때, 필요한 나무는 총 몇 그루인가? (단, 도로의 양쪽 가장자리 끝에는 나무를 반드시 심어야 한다.)

| 0m | 20m | 40m | ... | 300m |

300m 도로상에 20m 간격으로 나무를 심을 때, 간격의 수는 300÷20=15, 총 15그루의 나무를 심을 수 있게 된다. 다만, 이렇게 계산하면 도로의 한쪽 끝부분에는 나무를 심지 않게 되므로 양쪽 가장자리 끝 모두에 나무를 심기 위해서는 간격의 수에 +1을 해주어야 한다. 따라서 총 필요한 나무의 그루 수는 16이 된다.

7) 시간(시침과 분침의 각도)

- 시침이 움직이는 각도 : 12시간에 360°, 1시간에 30°, 1분에 0.5°
- 분침이 움직이는 각도 : 1시간에 360°, 1분에 6°

예 아날로그 시계에서 7시 40분에서 8시 사이에 시계의 분침과 시침이 이루는 각의 크기가 30°가 되는 데 걸린 시간을 구하면?

시침과 분침 사이의 각이 30°가 되는 데 걸린 시간을 x분이라고 할 때,

x분 동안 시침이 움직인 각도	x분 동안 분침이 움직인 각도
0.5°×x분	6°×x분

7시 40분 이후라면 시침은 7과 8사이에, 분침은 8에서 12 사이에 위치해야 하므로 x분 동안 분침이 움직인 각도에서 x분 동안 시침이 움직인 각도를 뺀 값이 30°가 되어야 한다. 이를 방정식으로 만들면 $6x-(210+0.5x)=30$이 된다. 따라서 $x=\dfrac{480}{11}$이 되어 시계의 분침과 시침이 이루는 각의 크기가 30°가 되는 데 걸린 시간은 $\dfrac{480}{11}$분임을 알 수 있다.

8) 날짜

구분	내용
1주일	• 1주일 = 7일 • 기준일로부터 일정 일수가 지난 요일을 구할 때, 일정 일수를 7로 나눈 나머지를 기준 요일에 더함
1개월	• 1개월=28~31일 - 1월, 3월, 5월, 7월, 8월, 10월, 12월 : 31일 - 4월, 6월, 9월, 11월 : 30일 - 2월 : 28일 또는 29일(윤달)
평년	• 2월이 28일까지 있는 해 • 1년=365일=52주+1일(52×7+1)
윤년	• 2월 29일이 든 해(4년 주기) • 1년=366일=52주+2일(52×7+2)

예 어느 해의 3월 7일이 목요일이라고 할 때, 같은 해의 9월 10일은 무슨 요일인가?

3월부터 8월까지의 일수는 31+30+31+30+31+31=184일이 되는데, 여기서 184일을
일주일인 7일로 나눠주면 몫이 26이고 나머지는 2가 된다. 이는 곧 3월을 기준으로 9월
로 넘어가게 되었을 때 두 번의 요일이 바뀌게 된다는 것을 의미한다.
→ 3월 x일이 A요일이면 9월 x일은 (A+2)요일이 되는 것을 의미
따라서 9월 10일은 세 번의 요일을 더해준 화요일이 된다는 것을 알 수 있다.

MARCH

7

9) 시차

▼ 한국−주요 도시 간 시차

베이징, 홍콩	+1시간	런던	+8시간
시드니	−2시간	상파울루	+12시간
두바이, 테헤란	+5시간	워싱턴DC, 뉴욕	+13시간
모스크바, 앙카라	+6시간	LA	+16시간
파리, 로마, 베를린, 마드리드, 암스테르담, 스톡홀름, 제네바			+7시간

▼ 서머타임(여름철에 표준시보다 1시간 시계를 앞당기는 제도)

구분	시작일	종료일
미국, 캐나다	3월 두 번째 일요일	11월 첫 번째 일요일
유럽	3월 마지막 일요일	10월 마지막 일요일

예 서울이 파리보다 시차가 7시간 빠르고, 서울에서 파리까지 비행시간이 12시간이 걸린다고 할 때, 한국시각 4월 1일
낮 12시에 서울에서 출발한 파리행 비행기는 파리 현지 시각으로 몇시에 도착하는가? (단, 파리는 유럽의 서머타임
기준을 따른다.)

  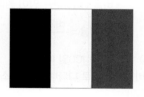

4월 1일 12:00 항공편

서울이 7시간 빠르기 때문에 한국 시각으로 4월 1일 낮 12시에 출발한 파리행 비행기는 한국 시각으로 4월 2일 자정에
파리에 도착하며 이는 파리 현지시각으로 7시간 늦은 4월 1일 오후 5시가 된다.
다만, 파리는 3월 마지막 일요일부터 시작한 유럽의 서머타임 제도에 영향을 받으므로 실제 현지 도착시각은 그보다 1
시간 빠른 4월 1일 오후 6시가 됨을 알 수 있다.

10) 환율

① 일반 환율 공식

구분	기본 공식	외국 돈의 자국 돈 표시	자국 돈의 외국 돈 표시
내용	$환율 = \dfrac{자국\ 돈}{외국\ 돈}$	환율×외국 돈=자국 돈	$\dfrac{자국\ 돈}{환율} = 외국\ 돈$
사례	1,200(원/달러)	3달러의 원화 계산 1,200×3=3,600원	6,000원의 달러화 계산 $\dfrac{6,000}{1,200} = 5달러$

② 직접표시환율 vs 간접표시환율

직접표시환율	외국 통화를 기준으로 하여 자국 통화의 가치를 나타낸다. (한국, 미국 등)	예 1달러=1,200원
간접표시환율	자국 통화를 기준으로 하여 외국 통화의 가치를 나타낸다. (영국, 호주 등)	예 $1원 = \dfrac{1}{1,200}달러$

> 예 환율이 1,000(원/달러), 100(엔/달러)라고 할 때, '원/엔' 환율을 구하면?
>
> 원/달러 환율이 1,000(원/달러)이라는 것은 '1달러=1,000원'임을 의미하며, 엔/달러 환율이 100(엔/달러)이라는 것은 '1달러=100엔'임을 의미한다. 즉, 1,000원=100엔이 성립한다.
>
> 원/엔 환율은 $\dfrac{원}{엔}$을 의미하므로 $\dfrac{1,000}{100}$이 되며, 이를 정리하면 원엔 환율은 10(원/엔)이 됨을 알 수 있다.
>
> → 간접환거래 환율 계산방식 : 두 통화 간 직접 교환시장이 없을 경우, 제3자의 통화를 매개로 하여 교환하는 방식

11) 비와 비율

> - 비 : 두 수의 양을 기호 ':'를 사용하여 나타낸 것
>   → 비례식에서 외항의 곱과 내항의 곱은 항상 같음(A : B=C : D일 때, A×D=B×C)
> - 비율 : 비교하는 양이 원래의 양(기준량)의 얼마만큼에 해당하는지를 나타낸 것
>   → $비율 = \dfrac{비교하는\ 양}{기준량}$
>
> ※ 백분율(%) : 기준량이 100일 때의 비율
> ※ 할푼리 : 비율을 소수로 나타내었을 때 소수 첫째 자리, 소수 둘째 자리, 소수 셋째 자리를 이르는 말(예 0.253=25.3%, 2할 5푼 3리)

> 예 어느 야구선수가 한 해 동안 250번 타석에 들어서서 총 60번의 안타를 기록했다고 했을 때, 이 야구선수의 타율을 할푼리로 나타내면 얼마인가? (타율은 타격 성적을 백분율로 나타낸 것이다.)
>
> 야구선수가 250번 타석에 들어서서 60번의 안타를 기록했다는 사실을 백분율로 나타내면 $\dfrac{60}{250} = \dfrac{240}{1,000}$, 즉 0.24가 되며 이를 할푼리로 나타낸다면 '2할 4푼'이 된다.

03 기초 부등식

1) 부등식

① **부등식의 정의** : 두 수 또는 두 수의 관계를 부등호로 나타낸 것

② **부등식의 성질**

- $A<B$일 때, $A+C<B+C$, $A-C<B-C$
- $A<B$, $C>0$일 때, $A\times C<B\times C$, $A\div C<B\div C$
- $A<B$, $C<0$일 때, $A\times C>B\times C$, $A\div C>B\div C$

2) 일차부등식

① **일차부등식의 정의** : 미지수의 차수가 일차인 부등식으로, 좌변과 우변이 부등호 $\neq$, $>$, $<$, $\geqq$, $\leqq$로 연결된 식

② **일차부등식의 형태**

$$Ax+B>0, \ Ax+B\geqq0, \ Ax+B\neq0 \ (A, B는 상수, x\neq0)$$

예 긴 의자에 사람들이 앉으려고 하는 상황에서 한 의자에 5명씩 앉으면 7명이 남고, 6명씩 앉으면 의자 1개가 남는다고 할 때, 의자의 개수로 가능한 것은?

i) 의자 1개당 5명씩 앉으면 사람이 7명 남음

ii) 의자 1개당 6명씩 앉으면 의자가 1개 남음

- 의자의 개수를 x라 할 때, 5명씩 의자에 앉고 7명이 남은 상황 → 사람 수$=5x+7$(명)
- 6명씩 앉았을 때 의자가 하나 남게 됨 → 사람들이 앉은 의자의 개수$=x-1$(개)

단, 끝에서 두 번째 의자에 최소 1명에서 최대 6명까지 앉을 수 있으므로, 해당 의자까지 남았다고 가정할 때 의자는 $(x-2)$개가 된다. → 부등식 $6(x-2)+1\leqq5x+7\leqq6(x-2)+6$이 성립한다.

이를 풀면 $13\leqq x\leqq18$이 되어 가능한 의자의 개수는 13, 14, 15, 16, 17, 18개가 된다.

04 경우의 수와 확률

1) 경우의 수

1회의 시행에서 미래에 일어날 수 있는 사건의 가짓수가 n개라고 할 때, n을 그 사건의 경우의 수라고 한다.

어떤 사건 x가 일어나는 경우의 수를 a, 어떤 사건 y가 일어나는 경우의 수를 b라고 할 때,
- x, y가 동시에 일어나지 않는 사건일 때, x사건 또는 y사건이 일어나는 경우의 수 : $a+b$
- x, y가 서로 영향을 주지 않는 사건일 때, x사건과 y사건이 동시에 일어나는 경우의 수 : $a \times b$

📝 검은색 주사위와 흰색 주사위 두 개를 굴릴 때, 두 주사위를 모두 굴려서 검은색 주사위
   는 홀수가 나오고 흰색 주사위는 짝수가 나오는 경우의 수는?

각각의 경우의 수는 다음과 같다.

검은색 주사위가 홀수 경우의 수	흰색 주사위 짝수 경우의 수
1, 3, 5 → 총 3가지	2, 4, 6 → 총 3가지

또, 각각은 서로 영향을 주지 않는 사건이므로 검은색 주사위는 홀수가 나오고 흰색 주사위는 짝수가 나오는 경우의 수는 $3 \times 3 = 9$, 총 9가지이다.

2) 확률

하나의 사건이 일어날 수 있는 가능성을 수로 나타낸 것을 확률이라고 한다. 무조건 일어나는 사건의 경우, 확률은 1(=100%)로 표기한다.

어떤 사건 x가 일어나는 일어날 확률을 p, 어떤 사건 y가 일어날 확률을 q라고 할 때,
- 사건 x가 일어날 확률 : $p = \dfrac{\text{사건 } x \text{가 일어날 경우의 수}}{\text{모든 경우의 수}}$
- 사건 y가 일어날 확률 : $q = \dfrac{\text{사건 } y \text{가 일어날 경우의 수}}{\text{모든 경우의 수}}$
- 사건 x가 일어나지 않을 확률 : $1-p$
- 사건 y가 일어나지 않을 확률 : $1-q$
- 두 사건 x, y가 동시에 일어나지 않을 때, x사건 또는 y사건이 일어날 확률 : $p+q$
- 두 사건 x, y가 서로 영향을 주지 않을 때, x사건과 y사건이 동시에 일어날 확률 : $p \times q$
- '적어도 …'의 확률 : $1-$(반대 사건의 확률)

예 한 개의 주사위을 던져 첫 번째는 홀수가 나오고 두 번째는 짝수가 나올 확률은?

주사위를 첫 번째 던진 경우에서 홀수가 나오는 경우의 수는 1, 3, 5 총 3가지이다. 따라서 확률은 $\frac{3}{6}$, 즉 $\frac{1}{2}$이 된다. 두 번째로 던진 경우에서 짝수가 나오는 경우의 수도 2, 4, 6 총 3가지로 확률은 $\frac{1}{2}$이 된다. 그런데 각각의 경우는 서로 영향을 주지 않는 독립적인 사건이므로 확률은 $\frac{1}{2} \times \frac{1}{2} = \frac{1}{4}$이 됨을 알 수 있다.

3) 한 줄 세우기

- n명을 한 줄로 세우는 경우의 수 : $n \times (n-1) \times (n-2) \times \cdots \times 2 \times 1 = n!$
- n명 중 r명만 한 줄로 세우는 경우의 수 : $n \times (n-1) \times (n-2) \times \cdots \times (n-r+1)$

예 남자 2명과 여자 3명을 한 줄로 세울 때, 남자끼리 이웃하여 서는 확률은?

전체 5명을 한 줄로 세우는 경우는 5!로 경우의 수는 $5 \times 4 \times 3 \times 2 \times 1 = 120$가지가 된다. 이 중 남자 2명이 이웃하여 서는 경우는 남자 2명을 묶어 한 명으로 간주하여 나머지 여자 4명과 일렬로 세우는 경우인 4!, 즉 경우의 수는 $4 \times 3 \times 2 \times 1 = 24$가지이다.
그런데 여기서 이웃한 남자끼리는 자리를 바꾸는 경우까지 생각해야 하므로 경우의 수는 원래의 24가지에서 $\times 2$를 한 48가지가 된다. 따라서 확률은 $\frac{48}{120} = \frac{2}{5}$가 됨을 알 수 있다.

4) 인원 선발

- n명 중 자격이 다른 2명(반장과 부반장, 회장과 부회장 등)을 선발할 경우의 수 : $n \times (n-1)$
- n명 중 자격이 같은 2명을 선발할 경우의 수 : $\frac{n \times (n-1)}{2}$

예 5명의 후보 중에서 자격이 같은 공동대표 2명을 뽑는 경우의 수를 구하면?

5명 중 자격이 같은 2명을 선발하는 경우의 수로 볼 수 있으므로 경우의 수는 $\frac{5 \times (5-1)}{2} = 10$가지가 된다.

5) 순열(P)과 조합(C)

- 순열 : 서로 다른 n개에서 중복을 허락하지 않고 r개를 택하여 한 줄로 배열하는 경우의 수
  - 계산식 : $_nP_r = n \times (n-1) \times (n-2) \times \cdots \times (n-r+1) = \dfrac{n!}{(n-r)!}$ (단, $0 \leq r \leq n$)
- 조합 : 서로 다른 n개에서 순서를 고려하지 않고 r개를 택하는 경우의 수
  - 계산식 : $_nC_r = \dfrac{n!}{r!(n-r)!} = \dfrac{_nP_r}{r!}$ (단, $0 \leq r \leq n$)

예 A, B, C, D, E 5개의 문자 중에서 3개를 뽑아 한 줄로 배열하는 경우의 수는?

서로 다른 5개의 문자에서 중복으로 뽑는 것을 허락하지 않고 3개를 택하여 한 줄로 배열하는 경우이므로 $_5P_3$으로 볼 수 있다. 따라서 경우의 수는 $\dfrac{5!}{(5-3)!} = 60$가지이다.

6) 중복순열(Π)과 중복조합(H)

- 중복순열 : 서로 다른 n개에서 중복을 허용하여 r개를 택하여 한 줄로 배열하는 경우의 수
  - 계산식 : $_n\Pi_r = n^r$
- 중복조합 : 서로 다른 n개에서 순서를 고려하지 않고 중복을 허용하여 r개를 택하는 경우의 수
  - 계산식 : $_nH_r = {_{n+r-1}}C_r = \dfrac{(n+r-1)!}{r!(n-1)!}$

예 A, B, C, D, E 5개의 문자 중에서 중복을 허용하여 2개를 뽑아 한 줄로 배열하는 경우의 수는?

총 5개의 문자에서 중복을 허용하여 2개를 택하여 한 줄로 배열하는 경우이므로 $_5\Pi_2$으로 볼 수 있다. 따라서 경우의 수는 $5^2 = 25$가지이다.

7) 같은 것이 있는 순열

n개 중에 같은 것이 각각 p개, q개, r개 있을 때, n개의 원소를 모두 택하여 일렬로 배열하는 순열의 수
- 계산식 : $\dfrac{n!}{p!q!r!}$ (단, $p+q+r=n$)

예 A, A, B, B, C, C 총 6개의 문자를 모두 택하여 만들 수 있는 순열의 수는?

총 6개의 문자 중에 같은 것이 각각 2개씩 있는 상황이다. 따라서 같은 것이 있는 순열로 볼 수 있으며 이를 모두 택하여 배열하는 경우는 $\dfrac{6!}{2!2!2!}$으로 계산할 수 있다. 따라서 경우의 수는 90가지이다.

8) 원순열

서로 다른 n개를 원형으로 배열하는 경우의 수

· 계산식 : $\dfrac{{}_n\mathrm{P}_n}{n}=(n-1)!$

예 4명이 원탁에 앉으려고 할 때 경우의 수는?

서로 다른 4명이 원형으로 배열하는 경우의 수로 볼 수 있다. 원순열 계산식으로 계산하면 $\dfrac{{}_4\mathrm{P}_4}{4}=(4-1)!=6$가지이다.

· 모두 같은 경우(시계방향 또는 반시계방향 회전)

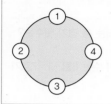 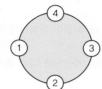 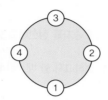 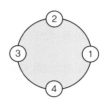

---

9) 경기 진행 방식

① 리그전

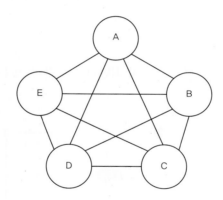

· 경기에 참가한 모든 팀이 돌아가면서 한 차례씩 경기하여 순위를 결정하는 방식

· 경기 횟수 계산식 : $\dfrac{(\text{팀의 수})\times(\text{팀의 수}-1)}{2}$

예 어느 경기에 참여한 6명이 서로 한번씩 경기하여 순위를 정한다고 할 때, 이들이 진행하게 되는 총 경기 횟수는?

총 6명이 돌아가면서 한 차례씩 경기하여 순위를 결정하는 리그전 방식의 경기이다. 따라서 계산식에 대입하면

$\dfrac{6\times(6-1)}{2}=15$경기이다.

② **토너먼트전**

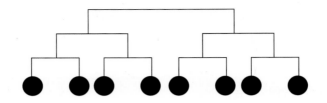

> • 경기마다 진 팀은 탈락하고 이긴 팀끼리 경기하여 최후에 남은 두 팀이 우승을 결정하는 방식
> • 경기 횟수 계산식 : 팀의 수−1

> 📖 어느 경기에 참여한 8명이 토너먼트 방식으로 우승자를 정한다고 할 때, 이들이 진행하게 되는 총 경기 횟수는?
>
> 총 8명이 토너먼트 방식으로 경기하여 우승자를 정하고자 할 때, 토너먼트 계산식에 따라 경기 수는 8팀−1=7경기
> 가 된다.

③ **주의사항**

문제에 따라 리그전 방식과 토너먼트 방식을 혼합하여 실시하기도 한다. 참가팀을 몇 팀으로 나누어 '예선은 리그전 → 상위 팀끼리 토너먼트전'으로 진행하거나 반대로 '예선은 토너먼트전 → 결승은 리그전'으로 실시하기도 한다.

10) 최단거리의 수

① **최단거리의 수** : 출발 지점에서 도착 지점까지 최단거리로 갈 수 있는 경우의 수

② **최단거리의 수 계산 방법**

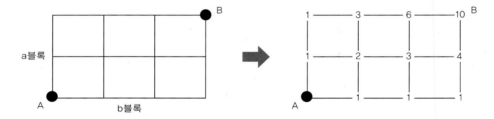

• 덧셈 방식

> ㉠ 왼쪽 그림의 A에서 B로 가고자 하는 경우, A의 위와 오른쪽 방향의 각 교차점에 1을 적는다(A에서 해당 지점까지
>   가는 경우의 수가 1이라는 의미). 만약 지나갈 수 없는 지점이라면 0을 적는다.
> ㉡ 대각선상의 두 개의 숫자의 합을 오른쪽 위에 적으며 목표 위치로 나아간다.
> ㉢ 오른쪽 그림과 같이 적어가며 계산하면 최단거리의 수는 총 10가지임을 알 수 있다.

• 조합 활용 방식

- 세로로 a블록, 가로로 b블록이 있다고 할 때, $_{a+b}C_a = \dfrac{(a+b)!}{a!b!}$ 로 계산한다.

- 위 그림의 경우 세로로 2블록, 가로로 3블록이 있으므로 최단거리의 수는 $\dfrac{(2+3)!}{2!3!} = 10$가지임을 알 수 있다.

⋓ 다음과 같은 그림의 A에서 B 지점으로 가는 경우의 수는?

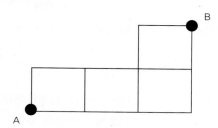

최단거리 경우의 수를 그림에 표기하면 다음과 같다. 따라서 경우의 수는 총 7가지이다.

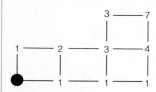

이처럼 일반적인 사각형 모양이 아닌 경로에서 조합으로 계산하기 위해서는 온전한 사각형 지점까지를 설정해 조합으로 계산한 뒤 나머지 경우를 덧셈 방식으로 구하는 것이 효과적이다.

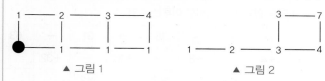

▲ 그림 1   ▲ 그림 2

즉, 위의 그림 1과 같이 직사각형 부분을 먼저 계산한 뒤(세로 1블록, 가로 3블록의 조합 → $\dfrac{(1+3)!}{1!3!} = 4$) 그림 2의 나머지 경로를 덧셈 방식으로 계산하여 구할 수 있다.

05 수열

1) 수열의 정의

어떤 규칙에 따라 숫자를 차례대로 나열하는 것을 수열이라고 하며 수열을 이루고 있는 각각의 수를 그 수열의 항이라고 한다.

2) 기본수열

구분	내용										
등차수열	앞항에 일정한 수를 더하면 다음 항이 얻어지는 수열										
	예	1	→	3	→	5	→	7	→	9	→	11
			+2		+2		+2		+2		+2	
	※ 각 항에 더하는 일정한 수를 '공차'라고 함(위의 예시에서 공차는 +2)										
등비수열	앞항에 일정한 수를 곱하면 다음 항이 얻어지는 수열										
	예	1	→	3	→	9	→	27	→	81	→	243
			×3		×3		×3		×3		×3	
	※ 각 항에 곱하는 일정한 수를 '공비'라고 함(위의 예시에서 공비는 ×3)										
계차수열	• 등차 계차수열 : 앞의 항과 다음 항의 차가 등차를 이루는 수열										
	예	1	→	2	→	4	→	7	→	11	→	16
			+1	→	+2	→	+3	→	+4	→	+5	
				+1		+1		+1		+1		
	• 등비 계차수열 : 앞의 항과 다음 항의 차가 등비를 이루는 수열										
	예	1	→	3	→	7	→	15	→	31	→	63
			+2	→	+4	→	+8	→	+16	→	+32	
				×2		×2		×2		×2		
피보나치수열	앞의 두 항의 합이 그다음 항이 되는 수열										
	예	1	→	1	→	2	→	3	→	5	→	8
						(1+1)		(1+2)		(2+3)		(3+5)
조화수열	각 항의 역수가 등차를 이루는 수열										
	예	1	→	$\frac{1}{3}$	→	$\frac{1}{5}$	→	$\frac{1}{7}$	→	$\frac{1}{9}$	→	$\frac{1}{11}$
		역수		3	→	5	→	7	→	9	→	11
					+2		+2		+2		+2	
	※ 어떤 수 n에 대하여 1을 그 수로 나눈 수 1/n을 역수라고 함										

3) 특수수열

구분	내용
반복수열	• 앞의 항과 다음 항 사이에 여러 개의 연산이 반복적으로 적용된 수열
	예
	• 앞의 항과 다음 항 사이에 여러 개의 연산기호가 반복적으로 적용된 수열
	예
분수수열	• 분모는 분모대로 분자는 분자대로 규칙을 가지는 수열
	예
기타수열	• 홀수 번째 항에 적용되는 연산과 짝수 번째 항에 적용되는 연산이 각각 일정한 규칙으로 변화하는 수열
	예
	• 앞 항에 두 개 이상의 연산을 적용시키면 다음 항이 얻어지는 수열
	예

반복수열 예 1:

1	→	3	→	9	→	11	→	33	→	35	→	105
	+2		×3		+2		×3		+2		×3	

반복수열 예 2:

1	→	3	→	6	→	4	→	6	→	12	→	10
	+2		×2		−2		+2		×2		−2	

분수수열 예:

$\frac{1}{2}$	→	$\frac{2}{4}$	→	$\frac{3}{8}$	→	$\frac{4}{16}$	→	$\frac{5}{32}$	→	$\frac{6}{64}$
분자	+1		+1		+1		+1		+1	
분모	×2		×2		×2		×2		×2	

기타수열 예 1:

1	→	2	→	4	→	6	→	7	→	18	→	10
홀수	+3			+3			+3				
	짝수		×3			×3				

기타수열 예 2:

1	→	3	→	8	→	19	→	42	→	89
	×2+1		×2+2		×2+3		×2+4		×2+5	

4) 문자수열

구분	내용								
기본 자음 순서	ㄱ	ㄴ	ㄷ	ㄹ	ㅁ	ㅂ	ㅅ		
	1	2	3	4	5	6	7		
	ㅇ	ㅈ	ㅊ	ㅋ	ㅌ	ㅍ	ㅎ		
	8	9	10	11	12	13	14		

구분	내용									
쌍자음 포함 순서	ㄱ	ㄲ	ㄴ	ㄷ	ㄸ	ㄹ	ㅁ	ㅂ	ㅃ	ㅅ
	1	2	3	4	5	6	7	8	9	10
	ㅆ	ㅇ	ㅈ	ㅉ	ㅊ	ㅋ	ㅌ	ㅍ	ㅎ	
	11	12	13	14	15	16	17	18	19	

구분	내용									
기본 모음 순서	ㅏ	ㅑ	ㅓ	ㅕ	ㅗ	ㅛ	ㅜ	ㅠ	ㅡ	ㅣ
	1	2	3	4	5	6	7	8	9	10

구분	내용						
이중모음 포함 순서	ㅏ	ㅐ	ㅑ	ㅒ	ㅓ	ㅔ	ㅕ
	1	2	3	4	5	6	7
	ㅖ	ㅗ	ㅘ	ㅙ	ㅚ	ㅛ	ㅜ
	8	9	10	11	12	13	14
	ㅝ	ㅞ	ㅟ	ㅠ	ㅡ	ㅢ	ㅣ
	15	16	17	18	19	20	21

구분	내용								
알파벳 순서	A	B	C	D	E	F	G	H	I
	1	2	3	4	5	6	7	8	9
	J	K	L	M	N	O	P	Q	R
	10	11	12	13	14	15	16	17	18
	S	T	U	V	W	X	Y	Z	
	19	20	21	22	23	24	25	26	

예 다음 규칙을 고려할 때 빈칸에 들어갈 문자는?

ㄱ		ㄷ		ㅁ		ㅅ		ㅈ		( )		ㅍ

기본 자음 순서에 대응하는 숫자로 치환해 보면 순서대로 1, 3, 5, 7, 9, ( ), 13이 된다. 따라서 빈칸의 숫자는 11이며 이에 대응하는 자음은 'ㅋ'이다.

06 원리합계

1) 원리합계의 정의

원금과 이자의 합계를 말한다.

2) 예금 및 적금

구분	내용
예금	일정 계약기간 동안 원하는 금액을 한 번에 맡긴 후 약정계약 만료 시점에 원금+이자를 받는 형식 예 10만 원을 연이율 5%로 예금했을 때 1년 후 받는 총금액은? → 원금 10만 원+이자 5천 원=총 10만 5천 원
적금	일정 금액을 매월 일정 기간 동안 납입한 후 약정계약 만료 시점에 원금+이자를 받는 예금 형식 예 10만 원을 연이율 5%로 매년 적금했을 때 3년 후 받는 총 금액은? • 이자계산 방식

연차	이자
1년차	10만 원×5%×3년=15,000원
2년차	10만 원×5%×2년=10,000원
3년차	10만 원×5%×1년=5,000원

→ 1년차에 넣은 10만 원에 대해 넣었다면 3년치 이자가 모두 붙음
→ 2년차에 넣은 10만원에 대해 1년차를 뺀 나머지 2년치 이자만 붙음
→ 3년차에 넣은 10만원에 대해 1년차, 2년차를 뺀 나머지 1년치 이자만 붙음
→ 원금 30만 원+이자 2만 5,000원=총 32만 5,000원

3) 단리법 및 복리법

① 단리법 : 원금에 대해서만 이자가 계산되는 방식

$$a원을 연이율 r\%로 n년간 단리로 예금했을 때 받는 총 금액 = a(1+nr)$$

예 10만 원을 연이율 5%로 예금했을 때 3년 후 받는 총 금액은? (단, 단리법을 적용한다.)

원금 10만 원+이자 1만 5,000원(5,000원×3년)=총 11만 5,000원(≒ 공차가 5인 등차수열)

② **복리법** : 원금에 대한 이자뿐만 아니라 이자에 대한 이자까지 계산하는 방식

> a원을 연이율 r%로 n년간 복리로 예금했을 때 받는 총 금액 $= a(1+r)^n$

> 예 10만 원을 연이율 5%로 예금했을 때 3년 후 받는 총 금액은? (단, 복리법을 적용한다.)
>
> ▼ 이자 계산방식
>
> | 연차 | 이자 | 총 금액 |
> |---|---|---|
> | 1년차 | 10만 원×5%=5,000원 | 10만 5,000원 ← 10만 원×(1+5%) |
> | 2년차 | 10만 5,000원×5%=5,250원 | 11만 250원 ← 10만 원×(1+5%)(1+5%) |
> | 3년차 | 11만 250원×5%=5,512원 | 11만 5,762원 ← 10만 원×(1+5%)(1+5%)(1+5%) |
>
> 원금 10만 원+이자 1만 5,762원=총 11만 5,762원

③ **기수불 및 기말불**

기수불	• 각 단위기간의 첫 날에 적립하는 방식 예 매월 초, 매년 초 • 마지막에 적립한 금액에도 이자가 붙음
기말불	• 각 단위가간 마지막 날에 적립하는 방식 예 매월 말, 매년 말 • 마지막에 적립한 금액에는 이자가 붙지 않음

> 예 매년 말에 10만 원을 연이율 5%로 적금했을 때 3년 후 받는 총 금액은?
>
> ▼ 회차별 적금액의 변화
>
> | 구분 | 1년차 | | 2년차 | | 3년차 | |
> |---|---|---|---|---|---|---|
> | | 연초 | 연말 | 연초 | 연말 | 연초 | 연말 |
> | 적금 1회차 | | 10만 원 | | 10만 원×(1+3%) | | 10만 원×(1+3%)^2 |
> | 적금 2회차 | | | | 10만 원 | | 10만 원×(1+3%) |
> | 적금 3회차 | | | | | | 10만 원 |
>
> • 적금 1회차의 3년 만기 시 금액=10만 원×(1+3%)^2=10만 6,090원
> • 적금 2회차의 3년 만기 시 금액=10만 원×(1+3%)=10만 3,000원
> • 적금 3회차의 3년 만기 시 금액=10만 원
> ∴ 총 30만 9,090원

07 도형

1) 원 둘레길이

원	부채꼴
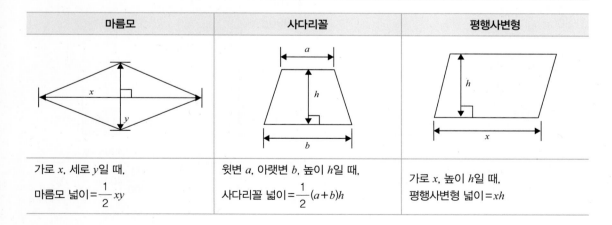	
반지름이 r일 때, 원 둘레 길이 $=2\pi r$	반지름이 r, 중심각이 $x°$일 때, 부채꼴 둘레 길이 $=2\pi r \times \dfrac{x}{360} + 2r$

2) 기본도형의 넓이

원	삼각형	직사각형
반지름 r일 때, 원 넓이 $=\pi r^2$	가로 x, 높이 h일 때, 삼각형 넓이 $=\dfrac{1}{2}xh$	가로 x, 세로 y일 때, 직사각형 넓이 $=xy$

마름모	사다리꼴	평행사변형
가로 x, 세로 y일 때, 마름모 넓이 $=\dfrac{1}{2}xy$	윗변 a, 아랫변 b, 높이 h일 때, 사다리꼴 넓이 $=\dfrac{1}{2}(a+b)h$	가로 x, 높이 h일 때, 평행사변형 넓이 $=xh$

3) 입체도형의 넓이 및 부피

구	원기둥	직육면체
(구 그림)	(원기둥 그림)	(직육면체 그림)
반지름 r일 때, • 구 넓이 $=4\pi r^2$ • 구 부피 $=\dfrac{4}{3}\pi r^3$	반지름 r, 높이 h일 때, • 원기둥 넓이 $=2\pi rh+2\pi r^2$ • 원기둥 부피 $=\pi r^2 h$	가로 x, 세로 y, 높이 h일 때, • 직육면체 넓이 $=2(xy+xh+yh)$ • 직육면체 부피 $=xyh$

기적의 TIP 피타고라스의 정리

• 직각삼각형에서 직각을 끼고 있는 두 변의 제곱의 합은 빗변 길이의 제곱과 같다.
• $a^2+b^2=c^2$

바로 확인문제

10%의 소금물 400g과 16%의 소금물을 섞어 14%의 소금물을 만들었다. 이때 16% 소금물의 양은 몇 g인가?

① 600g
② 700g
③ 800g
④ 900g

해설

16%의 소금물의 양을 xg이라 할 때,

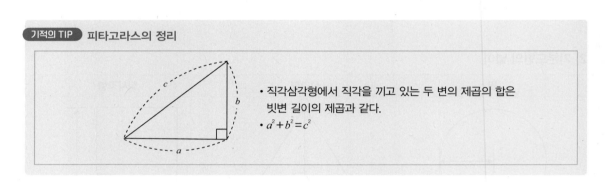

소금물의 농도	10%	+	16%	=	14%
소금물의 양	400g		xg		$(400+x)$g
소금의 양	$(\dfrac{10}{100}\times400)$g		$(\dfrac{16}{100}\times x)$g		$(\dfrac{10}{100}400+\dfrac{16}{100}x)$g

소금물 농도 공식에서 '농도(%)$=\dfrac{\text{소금의 양}}{\text{소금물의 양}}\times100$'이므로, 섞은 소금물의 농도 $14\%=\dfrac{\dfrac{10}{100}400+\dfrac{16}{100}x}{400+x}$ 를 만족해야 합니다.

따라서 $x=800$가 되어 16%의 소금물은 800g만큼 섞어야 함을 알 수 있습니다.

정답 ③

기초통계능력 개요

① 통계란

• 통계란 어떤 현상을 양으로 반영하는 숫자이며, 특히 사회집단의 상황을 숫자로 표현한 것이다.

• 근래에는 통계적 방법의 급속한 진보와 보급에 따라, 자연적인 현상이나 추상적인 수치의 집단도 포함해서 일체의 집단적 현상을 숫자로 나타낸 것을 통계라고 한다.

② 직장에서의 통계

• 직장인은 업무 수행 과정에서 다양한 자료를 접하게 되며 자료에 제시된 수치들의 정확한 해석을 위해 백분율, 평균, 확률과 같은 기초적인 통계 능력을 활용할 필요가 있다.

• 특히, 급변하는 사회환경 속에서 통계 능력을 발휘해 자료의 특성과 경향성을 파악하는 것이 더욱 중요해지고 있다.

③ 통계의 중요성

결과적으로 직장 생활에서 마주할 다수의 불확실한 상황에서 합리적인 의사결정을 해야 할 때 기초적인 통계기법을 활용하여 판단하는 것이 매우 효과적일 수 있으며, 이러한 관점에서 직장인의 기초통계능력 함양 노력은 필수적이라 할 수 있다.

통계조사 과정에서는 정보의 양과 질, 시간과 비용을 고려해 전수조사 또는 표본조사를 활용하고 있다.

01 통계조사의 종류

① **전수조사** : 전체(= 모집단)로부터 직접적으로 정보를 입수하는 방법
② **표본조사** : 전체를 대표하는 일부(= 표본)가 모집단을 적절히 대표한다는 가정하에 표본의 특성을 토대로 모집단의 특성을 추론하는 방법

구분	전수조사	표본조사
조사 대상의 크기	작음	큼
시간 및 비용	작음	큼
모집단의 분산	큼(매우 이질적)	작음(다소 이질적)

02 통계의 기능

① 많은 수량적 자료를 처리 가능하고 쉽게 이해할 수 있는 형태로 축소가 가능하다.
② 표본을 통해 연구대상 집단의 특성을 유추할 수 있다.
③ 의사결정의 보조수단이 된다.
④ 관찰 가능한 자료를 통해 논리적으로 어떠한 결론을 추출하거나 검증이 가능하다.

03 업무 상황에서의 대표적 통계 활용

① 고객과 소비자의 정보를 조사하여 자료의 경향성을 제시하는 경우
② 연간 상품 판매실적을 제시하는 경우
③ 업무비용을 다른 조직과 비교해야 하는 경우
④ 업무결과를 제시하는 경우
⑤ 상품판매를 위한 지역 조사를 실시하는 경우
⑥ 판매전략을 수립하고 시장관리를 하여야 하는 경우
⑦ 판매를 예측하여 목표를 수립하여야 하는 경우
⑧ 거래처 관리를 하여야 하는 경우
⑨ 판매활동의 효율화를 도모하여야 하는 경우
⑩ 마케팅 분석을 하여야 하는 경우
⑪ 재무관리와 이익관리를 하여야 하는 경우

통계용어

직업인은 업무를 수행할 때 다양한 통계치를 활용하게 된다. 특히 자료를 요약할 때 가장 빈번히 활용하는 것으로 평균과 표준편차 등이 있다.

1) 빈도 및 빈도분포

① 빈도 : 어떤 사건이 일어나거나 증상이 나타나는 정도
② 빈도분포 : 빈도를 표나 그래프로 종합적이면서도 일목요연하게 표시하는 것

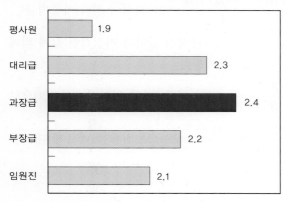

▲ 직급별 주평균 야근 빈도(일)

2) 백분율

① 전체의 수량을 100으로 하여 나타내려는 수량이 그중 몇이 되는가를 가리키는 수

② 기호는 %(퍼센트)이며 100분의 1이 1%에 해당된다.

③ 오래전부터 실용계산의 기준으로 널리 사용되고 있으며 원형 그래프 등을 이용하면 더욱 쉽게 이해할 수 있다.

3) 산포도

값이 흩어져 있는 정도(범위, 분산 표준편차 등)

4) 범위

① 관찰값의 흩어진 정도를 나타내는 도구로, 최고값과 최저값을 통해 파악할 수 있다.

② 범위＝(최고값－최저값)＋1

   예 관찰값이 {3, 4, 6, 7}일 때, 범위는 $7-3+1=5$가 됨

5) 평균

① 관찰값 전부에 대한 정보를 담고 있어 대상집단의 성격을 함축적으로 나타낼 수 있는 값

② 산술평균 및 가중평균으로 구분한다.

산술평균	전체 관찰값을 모두 더한 후 관찰값의 개수로 나눈 값
가중평균	각 관찰값에 자료의 상대적 중요도(가중치)를 곱하여 모두 더한 값을 가중치의 합계로 나눈 값

   예 A학생의 시험 성적이 영어 70점, 수학 60점일 때, 두 과목의 평균 점수는 $\frac{70+60}{2}=65$점이 된다(산술평균). 만약 일주일에 영어 강의가 5회, 수학 강의가 3회라고 있었다고 했을 때, 중요도에 따라 가중치를 곱해 평균을 재산정하면 $\frac{(70 \times 5)+(60 \times 3)}{5+3}=66.25$점이 된다(가중평균).

③ 단, 평균은 관찰값(자료값) 전부에 대한 정보를 담고 있으나 극단적인 값이나 이질적인 값에 의해 쉽게 영향을 받아 전체를 바르게 대표하지 못할 가능성도 존재한다.

   예 관찰값이 {1, 2, 3, 4, 5}일 때 평균은 $\frac{1+2+3+4+5}{5}=3$이 되나, 만약 관찰값 5가 100으로 바뀌어 {1, 2, 3, 4, 100}가 된다면 평균은 $\frac{1+2+3+4+100}{5}=22$으로 전체를 바르게 대표한다고 보기 어렵다.

6) 분산

① 자료의 퍼져 있는 정도를 구체적인 수치로 알려주는 도구

② 관찰값과 평균값과의 제곱을 모두 더한 값을 총 횟수(관찰값의 개수, 변량)로 나누어 구한다.

$$분산 = \frac{(편차)^2의\ 총합}{변량의\ 개수}$$

예 관찰값이 {3, 4, 6, 7}일 때 평균은 5이며, 이때의 분산을 구하는 식은 다음과 같다.

$$분산 : \frac{(3-5)^2+(4-5)^2+(6-5)^2+(7-5)^2}{4}=2.5가\ 된다.$$

7) 편차

변량에서 평균을 뺀 값

8) 표준편차

① 평균으로부터 얼마나 떨어져 있는지를 나타낸다.

② 표준편차는 분산값의 제곱근 값으로 계산한다(표준편차 $=\sqrt{분산}$).

③ 평균편차의 개념과 개념적으로는 동일하다.

예 관찰값이 {3, 4, 6, 7}일 때 평균은 5가 된다. 이때 분산은 2.5이며 여기서 표준편차는 2.5의 제곱근의 값인 $\sqrt{2.5}$가 된다.

다섯 숫자 요약

1) 다섯 숫자 요약의 개념

자료를 해석할 때 평균과 표준편차 두 개의 요약값만으로는 원자료의 전체적인 형태를 추측하기 어렵다. 수리능력에서는 주로 '최솟값, 최댓값, 중앙값, 하위 25% 값, 상위 25% 값' 등을 활용하며 이를 다섯 숫자 요약(Five Number Summary)라고 부른다.

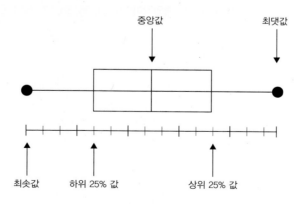

구분	내용	
최솟값	원자료 중 값의 크기가 가장 작은 값	
최댓값	원자료 중 값의 크기가 가장 큰 값	

중앙값	정확하게 중간에 있는 값(= 관찰값을 최솟값부터 최댓값까지 크기에 의하여 배열했을 때 순서상 중앙에 위치하는 관찰값)
	• 자료의 개수(n)가 홀수인 경우
	  → 중앙값 : 중앙에 있는 값(예 1, 2, 3, 4, 5 의 중앙값은 3)
	    중앙값 $= \dfrac{n+1}{2}$ 번째 값
	• 자료의 개수(n)가 짝수인 경우
	  → 중앙값 : 중앙에 있는 두 값의 평균(예 1, 2, 3, 4의 중앙값은 2.5)
	    중앙값 $= \dfrac{n}{2}$ 번째 값과 $(\dfrac{n}{2}+1)$번째 값의 산술평균 값	

하위 25% 값	원자료를 크기순으로 배열하여 4등분 했을 때, 하위 25%의 값 → 중앙값을 기준으로 할 때, 왼쪽 값들의 중앙값 → 제1사분위수, 제25백분위수라고도 한다.	
상위 25% 값	원자료를 크기순으로 배열하여 4등분 했을 때, 상위 25%의 값 → 중앙값을 기준으로 할 때, 오른쪽 값들의 중앙값 → 제3사분위수, 제75백분위수라고도 한다.	

예 원자료 '25, 28, 29, 29, 30, 34, 35, 35, 37, 38'에서 다섯 숫자 요약 값을 구하면?

• 최솟값 : 25
• 최댓값 : 38
• 중앙값 : 자료의 개수(n)가 총 10개로 짝수이므로 '짝수 중앙값 계산식' 적용

$\dfrac{n}{2}$ 번째 값	30	$(\dfrac{n}{2}+1)$번째 값	34

∴ 중앙값은 $\dfrac{30+34}{2}=32$

• 하위 25% 값 : 중앙값 32를 기준으로 왼쪽 값들의 중앙값이므로 25, 28, 29, 29, 30의 중앙값인 29가 하위 25% 값이 된다.
• 상위 25% 값 : 중앙값 32를 기준으로 오른쪽 값들의 중앙값이므로 34, 35, 35, 37, 38의 중앙값인 35가 하위 25% 값이 된다.

2) 다섯 숫자 요약 상자그림(=상자수염그림)

다섯 숫자 요약을 시각적으로 표현하기 위한 방법으로 상자그림이 가장 자주 활용된다.

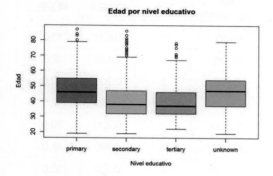

기적의 TIP

필기시험에서 통계자료 해석과 관련된 문제를 접하게 될 경우, 질문에서 등장한 용어에 집중해야 합니다. 특히 자주 등장하는 '평균, 중앙값, 최빈값(관찰값 중에서 가장 자주 나오는 값)'과 관련하여서는 각각 서로 다른 개념이므로 어떤 값을 사용했는지 명확히 제시할 수 있어야 합니다. 또한 정확한 계산을 위해 교재에 등장한 각종 통계 용어들의 정확한 의미와 계산 방법에 대해 숙지하는 것이 무엇보다 중요합니다.

도수분포

통계자료를 기술하는 방법으로 변량을 적당한 폭으로 나눈 계급으로 계열화한 것을 이 변량에 대한 도수분포라고 한다. 도수분포는 통계집단의 분포를 나타내며 계급 크기 순으로 나열할 때, 중앙에 오는 값을 대푯값이라 한다.

01 용어

구분	내용
변량	자료를 수량으로 나타낸 것
계급	변량을 일정하나 간격으로 나눈 구간
계급의 크기	구간의 너비
계급값(대푯값)	계급을 대표하는 값으로 계급의 중앙값
도수	각 계급에 속하는 자료의 개수
상대도수	도수의 총합에 대한 각 계급의 도수의 비율 • 상대도수＝전체 도수의 개수÷해당 계급의 도수 • 상대도수의 합은 반드시 1임
누적도수	처음 계급의 도수부터 어느 계급의 도수까지 차례로 더한 도수의 합 • 누적도수＝앞 계급까지의 누적도수＋해당 계급의 도수 • 마지막 계급의 누적도수는 도수의 총합과 같음

예 주어진 자료로 도수분포표 제작하기

마트 방문 고객이 지출한 금액(단위 : 만 원)

| 22 | 12 | 9 | 8 | 33 | 32 | 31 | 33 | 8 | 11 |

| 21 | 16 | 12 | 15 | 37 | 30 | 16 | 22 | 12 | 24 |

| 18 | 25 | 37 | 16 | 25 | 28 | 25 | 18 | 9 | 28 |

| 25 | 28 | 26 | 15 | 12 | 35 | 38 | 16 | 24 | 31 |

➡

계급 (이상~미만)	도수	상대도수	백분율
5~10	4	0.100	10.0
10~15	5	0.125	12.5
15~20	8	0.200	20.0
20~25	5	0.125	12.5
25~30	8	0.200	20.0
30~35	6	0.150	15.0
35~40	4	0.100	10.0
합계	40	1	100.0

- 변량의 수 : 40   • 계급의 수 : 7   • 계급의 크기 : 5
- 계급값(대푯값) : 7.5, 12.5, 17.5, 22.5, 27.5, 32.5, 37.5

02 도수분포표의 계산식

구분	계산식
평균	$\dfrac{(계급값) \times (도수)의\ 총합}{(도수)의\ 총합}$
분산	$\dfrac{(편차)^2 \times (도수)의\ 총합}{(도수)의\ 총합}$ (※편차＝계급값－평균)
표준편차	$\sqrt{분산} = \sqrt{\dfrac{(편차)^2 \times (도수)의\ 총합}{(도수)의\ 총합}}$

예 다음 도수분포표에서 평균, 분산, 표준편차 각각 구하기

▼ 마트 방문 고객이 지출한 금액(단위 : 만 원)

계급	도수	상대도수	백분율
5이상 10 미만	4	0.100	10.0
10이상 15 미만	5	0.125	12.5
15이상 20 미만	8	0.200	20.0
20이상 25 미만	5	0.125	12.5
25이상 30 미만	8	0.200	20.0
30이상 35 미만	6	0.150	15.0
35이상 40 미만	4	0.100	10.0
합계	40	1	100.0

- 평균 : $\dfrac{\{(7.5\times4)+(12.5\times5)+(17.5\times8)+(22.5\times5)+(27.5\times8)+(32.5\times6)+(37.5\times4)\}}{40}=22.75$
- 분산 : $\dfrac{(7.5-22.75)^2\times4}{40}+\dfrac{(12.5-22.75)^2\times5}{40}+\dfrac{(17.5-22.75)^2\times8}{40}+\dfrac{(22.5-22.75)^2\times5}{40}+\dfrac{(27.5-22.75)^2\times8}{40}$
  $+\dfrac{(32.5-22.75)^2\times6}{40}+\dfrac{(37.5-22.75)^2\times4}{40}=82.4375$
- 표준편차 : $\sqrt{82.4375}=$ 약 9.0795

바로 확인문제

아래 자료는 A공항에서 연착된 비행기의 연착 현황을 조사하여 나타낸 도수분포표이다. 이에 대한 설명인 〈보기〉의 내용 중 적절한 것을 모두 고르면?

〈A공항 연착 현황〉

연착 시간	도수(대)
5분 이상 10분 미만	25
10분 이상 15분 미만	18
15분 이상 20분 미만	6
20분 이상 25분 미만	1
합계	50

〈보기〉

ㄱ 연착 시간이 15분 이상인 비행기는 전체의 14%이다.
ㄴ 연착 시간이 20분 미만인 비행기는 총 49대이다.
ㄷ 연착 시간이 가장 긴 비행기의 연착 시간은 24분이다.

① ㄱ   ② ㄱ, ㄴ
③ ㄴ, ㄷ   ④ ㄱ, ㄴ, ㄷ

해설

ㄱ 연착 시간이 15분 이상인 비행기는 15분 이상 20분 미만 6대와 20분 이상 25분 미만 1대를 합한 총 7대입니다. 도수의 총합 50대 중 7대이므로 그 비율은 14%임을 알 수 있습니다.
ㄴ 연착 시간이 20대 미만인 비행기는 전체 50대에서 20분 이상인 비행기 대수 1대를 뺀 49대가 됩니다.
ㄷ 연착 시간이 가장 긴 비행기는 20분 이상 25분 미만의 1대일 것입니다. 그리고 해당 비행기의 연착 시간은 20~24분 중 하나가 될 것입니다. 따라서 비행기의 연착 시간이 정확히 24분인지는 본 자료만으로는 알 수 없습니다.

정답 ②

SECTION 04

도표분석능력

도표분석능력 개요

① 도표분석능력이란

업무를 수행할 때 도표는 다양한 목적으로 광범위하게 활용되며, 상황에 따라 활용되는 도표의 종류 역시 다양하다. 따라서 도표분석능력은 업무 상황에서 그림, 표, 그래프 등의 의미를 파악하고 필요한 정보를 해석하는 능력을 의미한다.

② 직장에서의 도포분석능력

- 직장인에게 도표는 관리나 문제해결의 과정에서 다양하게 활용되며, 활용되는 국면에 따라 사용되는 도표의 종류를 달리할 필요가 있다.
- 따라서 직장인으로서 업무수행을 원활하게 하기 위해서는 다양한 도표의 종류까지는 암기하지 않더라도 각각의 도표를 활용하여야 하는 경우에 대해서는 숙지하고 있을 필요가 있다.

도표는 목적·용도·형상별 도표로 구분하며 이 3가지를 적절히 조합하여 하나의 도표로 작성한다.

목적별	용도별	형상별
• 관리(계획 및 통제) • 해설(분석) • 보고	• 경과 그래프 • 내역 그래프 • 비교 그래프 • 분포 그래프 • 상관 그래프 • 계산 그래프	• 선(절선) 그래프 • 막대 그래프 • 원 그래프 • 점 그래프 • 층별 그래프 • 레이더 차트

1) 선(절선) 그래프

① 시간적 변화를 표시하는 용도로 쓰인다.

② 시간적 추이(시계열 변화)에 의한 변화를 꺾은선 기울기로 나타낸 그래프

③ 경과, 비교, 분포(도수, 곡선 그래프)를 비롯하여 상관관계 등을 나타내는 용도로도 쓰인다.

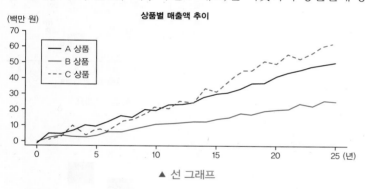

▲ 선 그래프

2) 막대 그래프

① 비교하고자 하는 수량을 막대 길이로 표시하고 그 길이를 비교하여 각 수량 간의 대소관계를 나타내고자 할 때 활용하는 그래프

② 여러 항목의 크기 변화 및 차이를 한눈에 파악하는 용도로 쓰인다.

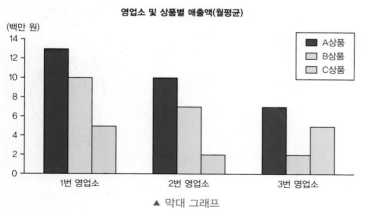

▲ 막대 그래프

3) 원 그래프

① 하나의 원을 전체 수량에 대한 부분의 비율에 따라 비례하는 면적의 부채꼴로 나타내는 그래프

② 각 항목의 구성비에 따라 중심각이 정해지고 중심각 360°가 100%에 대응한다.

③ 구성비(%) = $\dfrac{\text{중심각}}{360°} \times 100$

④ 내역, 내용의 구성비 등을 분할하여 나타내고자 할 때 쓰인다.

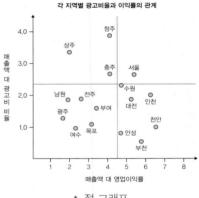

제품별 매출액 구성비

▲ 원 그래프

4) 점 그래프

① 가로축과 세로축에 각각의 요소를 두고, 각기 다른 데이터들이 어떤 위치에 있는지 그 분포를 점으로 나타내는 그래프

② 지역분포를 비롯하여 도시, 지방, 기업, 상품 등의 평가나 위치, 성격 등을 표시하는 데 쓰인다.

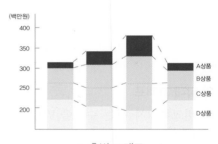

각 지역별 광고비율과 이익률의 관계

▲ 점 그래프

5) 층별 그래프

① 선 그래프의 변형된 형태로, 크기를 뜻하는 선과 선 사이의 데이터 변화를 나타내는 그래프

② 선의 움직임보다는 선과 선 사이의 크기로써 데이터 변화를 나타낸다.

③ 합계와 각 부분의 크기를 백분율이나 실수로 나타내고 시간적 변화를 확인하는 용도로 쓰인다.

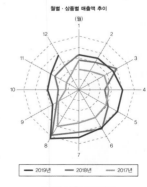

▲ 층별 그래프

6) 방사형 그래프

① 원 그래프의 일종으로 비교하는 수량을 직경 또는 반경으로 나누어 원의 중심에서의 거리에 따라 각 수량의 관계를 나타내는 그래프

② 레이더 차트, 거미줄 그래프라고도 한다.

③ 다양한 요소를 한 번에 비교하거나 경과를 나타내는 용도로 쓰인다.

월별 · 상품별 매출액 추이

▲ 방사형 그래프

7) 띠 그래프

① 각 요소의 구성비를 띠 모양으로 나타냄으로써 전체에 대한 각 부분의 비율을 알아보기 쉽게 표현한 그래프

② 막대 전체를 100%로 두고 각 항목의 구성비에 따라 막대의 내용을 구별하여 시각적으로 표현한다.

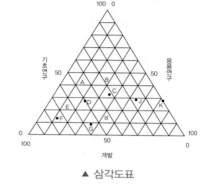

▲ 띠 그래프

8) 삼각도(삼각도표)

① 정삼각형의 각 변을 10등분한 눈금을 넣어 3가지 항목의 전체에 대한 구성비를 내부에 점으로 표현한 그래프

② 자료가 세 가지 요소로 구분 가능할 때 사용한다.

③ 정삼각형 내부의 어느 위치에 점을 찍더라도 세 가지 항목의 구성비 합계는 100%가 된다.

▲ 삼각도표

도표 해석상의 유의사항

도표를 읽고 해석하는 일은 쉽지 않은 경우가 많으며, 잘못 해석하여 실제와 다른 오류를 발생시키기도 한다. 따라서 효과적인 도표 해석을 위해서는 사전에 많은 연습이 필요하다.

1) 요구되는 지식의 수준

도표의 해석은 특별한 지식을 요구하지 않는 경우가 대부분이다. 다만, 직업인으로서 자신의 업무와 관련된 기본적인 지식은 미리 습득해둠으로써 도표 해석 과정에서 시간을 단축시키고 정확성을 높일 수 있다.

2) 도표에 제시된 자료의 의미에 대한 정확한 숙지

주어진 도표를 무심코 해석하다 보면 자료가 지니는 진정한 의미를 확대하여 해석하는 경우도 발생한다. 예를 들어 K사의 지원자 수가 많았다는 것이 반드시 K사의 근로자 수가 많다는 것을 의미하지 않는데 두 가지를 같은 것으로 오인할 수 있다.

3) 도표로부터 알 수 있는 것과 없는 것의 구별

주어진 도표로부터 알 수 있는 것과 알 수 없는 것을 완벽하게 구별할 필요가 있다. 즉, 주어진 도표로부터 의미를 확대하여 해석하여서는 곤란하며, 주어진 도표를 토대로 자신의 주장을 충분히 추론할 수 있는 보편타당한 근거를 제시해야 한다.

4) 총량의 증가와 비율 증가의 구분

비율이 같다고 하더라도 총량에 있어서는 많은 차이가 있을 수 있다. 또한, 비율에 차이가 있다고 하더라도 총량이 표시되어 있지 않은 경우, 비율 차이를 근거로 절대적 양의 크기를 평가할 수 없기 때문에 이에 대한 세심한 검토가 요구된다.

5) 백분위수와 사분위수의 이해

① 백분위수는 크기순으로 배열한 자료를 100등분 하는 수의 값을 의미한다. 예를 들어, 제p백분위수란 자료를 크기순으로 배열하였을 때 p%의 관찰값이 그 값보다 작거나 같고, $(100-p)$%의 관찰값이 그 값보다 크거나 같게 되는 값을 의미한다.

② 사분위수란 자료를 4등분한 것으로 제1사분위수는 제25백분위수(=하위 25% 값), 제2사분위수는 제50백분위수(=중앙값), 제3사분위수는 제75백분위수(=상위 25% 값)에 해당한다.

> 예 '1, 2, 2, 3, 3, 3, 4, 4, 4, 4'에서 제1사분위수, 제2사분위수, 제3사분위수를 구하면?
>
> • 제2사분위수(중앙값) : 다섯 번째 수와 여섯 번째 수의 평균 = $\dfrac{3+3}{2}=3$
>
> • 제1사분위수 : 중앙값의 왼쪽 부분의 중앙값 (1, 2, 2, 3, 3의 중앙값)=2
>
> • 제3사분위수 : 중앙값의 오른쪽 부분의 중앙값 (3, 4, 4, 4, 4의 중앙값)=4

도표 해석 방법

01 변동률(증감률)

1) 변동량과 변동률의 개념

변동량은 어떤 수치의 기준 시점에 대한 비교 시점에서의 증감량을, 변동률은 그 비율을 의미한다.

> • 변동량＝비교시점의 수치－기준시점의 수치
>
> • 변동률(%)＝$\dfrac{\text{비교시점의 수치}-\text{기준시점의 수치}}{\text{기준시점의 수치}}\times100$

예 2014년 최저시급이 5,210원, 2024년 최저시급이 9,860원이라 할 때, 2014년 대비 2024년의 최저시급 변동량과 변동률은?

- 'A대비 B'라는 표현은 $\dfrac{B의\ 값 - A의\ 값}{A의\ 값}$ 으로 이해하여 계산해야 한다.
- 최저시급 변동량 = 2024년 최저시급 − 2014년 최저시급 = 9,860 − 5,210 = 4,650원
- 최저시급 변동률 = $\dfrac{2024년\ 최저시급 - 2014년\ 최저시급}{2014년\ 최저시급} \times 100 = \dfrac{9,860 - 5,210}{5,210} \times 100 = $ 약 89.3%

2) 변동량과 변동률의 관계

변동률이 높다고 해서 변동량(증감량, 변화량)이 항상 많은 것은 아니다.

예 A의 연봉은 2,000만 원에서 6,000만원으로, B의 연봉은 1억 원에서 2억 원으로 올랐다고 할 때, A, B 각각의 연봉 변동량과 변동률은?

- A의 연봉 변동량 = 6,000만 원 − 2,000만 원 = 4,000만 원
- A의 연봉 변동률 = $\dfrac{6,000만\ 원 - 2,000만\ 원}{2,000만\ 원} \times 100 = 200\%$
- B의 연봉 변동량 = 2억 원 − 1억 원 = 1억 원
- B의 연봉 변동률 = $\dfrac{2억\ 원 - 1억\ 원}{1억\ 원} \times 100 = 100\%$

∴ 변동률은 A가 더 높지만 변동량은 B가 더 많음을 알 수 있다.

02 퍼센트(%)와 퍼센트포인트(%p)

퍼센트는 일반적으로 백분율로 계산하며 전체를 100이라 할 때, 해당 수량이 차지하는 비중을 나타내고자 할 때 사용한다. 퍼센트포인트는 이러한 퍼센트 간의 차이를 표현한 것을 의미한다.

예 시중 금리가 기존 2%에서 현재 4%로 상승하였다고 할 때, 금리는 각각 몇 %, 몇 %p가 상승한 것인가?

- 문제풀이 시, '%'인지 '%p'인지 명확히 구분하여 계산해야 한다.
- 퍼센트(%) 변동률 = $\dfrac{기존\ 금리 - 현재\ 금리}{기존\ 금리} \times 100 = 100\%$
- 퍼센트포인트(%p) = 4 − 2 = 2%p

03 단위당 양

1) 단위당 양의 의미
자동차 100대당 교통사고 건수, 평당 가격 등과 같이 정해진 단위량에 대한 상대치를 의미한다.

2) 단위당 양 계산방법

> • x, y를 바탕으로 x당 y를 구할 때, x당 $y = \dfrac{y}{x}$
>
> • x당 y 및 x를 바탕으로 y를 구할 때, $y = x \times (x$당 $y)$
>
> • x당 y 및 y를 바탕으로 x를 구할 때, $x = y \div (x$당 $y)$

기적의 TIP

필기시험 수리능력 파트에서는 도표를 제시하고 관련 내용을 정확히 해석하여야만 답을 구할 수 있는 문제가 다수 출제되고 있습니다. 문제를 보다 효과적으로 풀기 위해 다음과 같은 방법을 숙지해 둘 필요가 있습니다.

• 본격적인 문제 풀이 전, 제시된 자료의 소재와 형태를 미리 확인하기
• 시계열 자료가 제시된 경우 → 항목별 추세 파악하기
• 시계열이 아닌 형태의 자료가 제시된 경우 → 항목간 관계 파악하기
• 계산이 필요 없는 선택지가 정답이 될 수도 있으므로 선택지를 먼저 확인함으로써 불필요한 계산 과정 줄이기 (→ 계산이 필요한 보기를 가장 마지막에 확인하기)

---

04 빠른 계산 노하우

1) 19단 계산법
① 10 이상 19 이하 두 자리 자연수 간의 계산을 빠르게 해야 할 때 활용하는 계산법
② **계산 방법**
   ⊙ 앞의 수와 뒤의 수 일의 자리 수를 더한 값에 ×10을 한다.
   ⊙ 앞 수의 일의 자리 수와 뒷 수의 일의 자리 수를 곱한 값을 ⊙의 값에 더한다.
   예 $12 \times 13 = \{(12+3) \times 10\} + (2 \times 3) = 156$
   예 $15 \times 19 = \{(15+9) \times 10\} + (5 \times 9) = 285$

2) 분수 크로스 비교법
① 두 분수의 대소를 빠르게 비교하고자 할 때 활용하는 계산법
② **계산 방법**
   ⊙ $\dfrac{b}{a}$, $\dfrac{d}{c}$ 를 비교해야 할 때, ad와 bc를 활용해 대각선으로 곱한다.
   ⊙ 각 수를 비교하여 분자 기준으로 큰 값이 더 큰 분수가 된다.
   예 $\dfrac{5}{8}$ 와 $\dfrac{7}{12}$ 의 대소를 확인하고자 할 때, $8 \times 7 = 56$과 $5 \times 12 = 60$을 비교하여 $\dfrac{5}{8} > \dfrac{7}{12}$ 가 됨

3) 보수 계산법

① 보수 : 보충을 해주는 수(현재 숫자에서 뒷자리를 0으로 만들 수 있는 수)

② 정해진 값이 있는 것은 아니며 계산의 편리를 위해 임의로 설정하는 수이다.

③ 보수의 활용
- 덧셈 : $983 + 538 = (\underline{1,000} - 17) + 538$ → 983에 보수 17을 활용해 1,000을 만듦
- 뺄셈 : $1,083 - \underline{689} = 1,083 - (\underline{700} - 11)$ → 689에 보수 11을 활용해 700을 만듦
- 곱셈 : $\underline{19} \times 57 = (\underline{20} - 1) \times 57 = 20 \times 57 - 57$ → 19에 보수 1을 활용해 20을 만듦
- 나눗셈 : $\underline{665} \div 7$ → $(\underline{7 \times 100}) - 5 = \underline{665}$ → 7의 100배수하여 665에 가까워지게 만듦

※ 단, 보수를 활용한 나눗셈 계산은 수가 더욱 복잡해질 수 있기 때문에 활용 빈도가 낮다.

바로 확인문제

다음 그래프는 ○○음료회사의 3개월간 음료수 매출 현황을 나타낸 것이다. 자료를 본 A, B, C, D 4명이 〈보기〉와 같이 이야기를 나누었다고 할 때, 다음 중 그래프의 내용을 잘못 이해한 사람은?

〈○○음료회사 매출 점유율〉

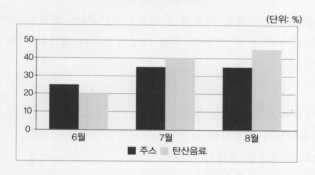

〈보기〉
- A : "6월만 본다면 주스의 점유율이 더 높네요."
- B : "3개월간의 평균 점유율은 주스가 더 높네요."
- C : "탄산음료의 경우 6월에 비해 8월 점유율이 25%p나 증가했네요."
- D : "주어진 자료로 볼 때, 두 제품이 ○○사의 음료수 매출의 절반 이상으로 주력 제품이네요."

① A   ② B

③ C   ④ D

해설

3개월간의 평균 점유율을 계산하면 주스의 경우 $\dfrac{25+35+35}{3} =$ 약 31.7, 탄산음료의 경우 $\dfrac{20+40+45}{3} = 35$로 탄산음료의 평균 점유율이 더 높음을 알 수 있습니다.

한편, 6월에 비해 8월 점유율은 각각 주스가 10%p, 탄산음료가 25%p 증가했음을 알 수 있습니다.

정답 ②

도표작성능력

도표작성능력 개요

① **도표작성능력이란**

도표작성능력은 업무 상황에서 도표를 이용하여 결과를 제시하는 능력을 의미한다. 직장인들은 직업생활에서 업무의 결과를 정리할 때 도표를 직접 작성함으로써 결과를 더욱 효과적으로 제시할 수 있다.

② **도표작성 사례**

- 업무결과를 도표를 사용하여 제시하는 경우
- 업무의 목적에 맞게 계산결과를 묘사하는 경우
- 업무 중 계산을 수행하고 결과를 정리하는 경우
- 업무에 소요되는 비용을 시각화해야 하는 경우
- 고객과 소비자의 정보를 조사하고 결과를 설명하는 경우

③ **도표작성능력의 중요성**

- 이처럼 직장인이 도표를 활용하는 경우는 매우 다양하다. 또한, 도표마다 그 작성 순서와 방법에도 차이가 존재한다.
- 따라서 직장인은 각각의 목적과 특성에 맞게 올바른 작성 방법을 숙지함으로써 도표를 효과적으로 활용할 수 있도록 해야 한다.

도표작성 절차

직업인에게 도표는 업무결과를 시각화하여 제시할 수 있게 해주는 매우 중요한 수단이며, 도표를 작성할 때에 일반적으로 지켜야 하는 절차가 존재한다.

01 도표작성 절차

[1단계] 어떠한 도표로 작성할 것인지를 결정	• 주어진 자료를 면밀히 검토하여 어떠한 도표를 활용하여 작성할 것인지를 결정하는 단계 • 도표는 목적이나 상황에 따라 올바르게 활용할 때 실효를 거둘 수 있으므로 어떠한 도표를 활용할 것인지를 결정하는 일이 선행되어야 한다.
[2단계] 가로축과 세로축에 나타낼 것을 결정	• 주어진 자료를 활용하여 가로축과 세로축에 무엇을 나타낼 것인지를 결정하는 단계 • 일반적으로 가로축에는 명칭 구분(연, 월, 장소 등), 세로축에는 수량(금액, 매출액 등)을 나타내며 축의 모양은 L자형이다.
[3단계] 가로축과 세로축의 눈금 크기를 결정	• 주어진 자료를 가장 잘 표현할 수 있도록 가로축과 세로축의 눈금의 크기를 결정하는 단계 • 한 눈금의 크기가 너무 크거나 작으면 자료의 변화를 잘 표현할 수 없으므로 자료를 가장 잘 표현할 수 있도록 한 눈금의 크기를 정하는 것이 바람직하다.
[4단계] 가로축과 세로축이 만나는 곳에 자료 표시	• 자료 각각을 결정된 축에 표시하는 단계 • 이때 가로축과 세로축이 만나는 곳에 정확히 표시하여야 정확한 그래프를 작성할 수 있으므로 주의하여야 한다.
[5단계] 표시된 점에 따라 도표 작성	• 표시된 점들을 활용하여 실제로 도표를 작성하는 단계 • 선 그래프라면 표시된 점들을 선분으로 이어 도표를 작성하며, 막대 그래프라면 표시된 점들을 활용하여 막대를 그려 도표를 작성하게 된다.
[6단계] 도표의 제목 및 단위 표시	도표를 작성한 후에 도표의 상단 혹은 하단에 제목과 함께 단위를 표기하는 마지막 단계

02 도수분포표 작성 절차

① 자료의 최댓값과 최솟값을 찾아 범위(=최댓값−최솟값) 구하기
② 자료의 수와 범위를 고려하여 계급의 수를 잠정적으로 결정하기
③ 잠정적으로 계급의 폭($=\dfrac{\text{범위}}{\text{계급의 수}}$)를 올림으로 소수를 정리한 후 계급의 폭 조정하기
④ 첫 계급의 하한과 마지막 계급의 상한 조정하기(계급의 시작은 0, 1, 5, 10으로, 상한은 0, 5, 9, 10으로 정하는 것이 바람직하다.)
⑤ 각 계급에 속하는 도수 등을 계산하기

도표를 작성할 때에는 도표의 종류별로 유의하여야 할 사항들이 존재하며 이를 준수할 때 더욱 효과
적으로 업무수행결과를 제시할 수 있다.

01 선(절선) 그래프 작성 시 유의점

① 선(절선) 그래프를 작성할 때에는 가로축에 명칭 구분(연, 월, 장소 등), 세로축에 수량(금액, 매
  출액 등)을 제시하고, 축의 모양은 L자형으로 하는 것이 일반적이다.
② 선 그래프에서는 선의 높이에 따라 수치를 파악하는 경우가 많으므로 세로축의 눈금을 가로축의
  눈금보다 크게 하는 것이 효과적이다.
③ 특히 선이 두 종류 이상인 경우에는 반드시 무슨 선인지 그 명칭을 기입해야 하며, 그래프를 보기
  쉽게 하기 위해 중요한 선을 다른 선보다 굵게 한다든지 그 선만 색을 다르게 할 수 있다.
 예 표 → 선 그래프 작성

표 2-2 서울과 수도권의 1949년부터 2010년까지 인구증가율

구분	서울	수도권
1949~1955	9.12	-5.83
1955~1960	55.88	32.22
1960~1966	55.12	32.76
1966~1970	45.66	28.76
1970~1975	24.51	22.93
1975~1980	21.38	21.69
1980~1985	15.27	18.99
1985~1990	10.15	17.53
1990~1995	-3.64	8.54
1995~2000	-3.55	5.45
2000~2005	-0.93	6.41
2005~2010	-1.34	3.71

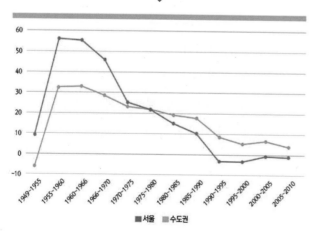

▲ 출처 : 국가통계포털

02 막대 그래프

1) 막대 그래프 작성 시 유의점

① 막대를 세로로 할 것인가 가로로 할 것인가의 선택은 개인의 취향에 따라 다르나, 세로로 하는 것이 보다 일반적이다.

② 축은 L자형이 일반적이나, 가로 막대 그래프는 사방을 틀로 싸는 것이 좋다.

③ 가로축은 명칭구분(연, 월, 장소 등)으로, 세로축은 수량(금액, 매출액 등)으로 정하며, 막대 수가 부득이하게 많은 경우에는 눈금선을 기입하는 것이 알아보기 쉽다.

④ 막대의 폭은 반드시 모두 같게 하여야 한다.

예 표 → 막대 그래프 작성

표 2-1 서울과 수도권의 1949년부터 2010년까지 인구 수 추이

구분	서울		수도권	
	명	%	명	%
1949	1,437,670	7.1%	4,171,614	20.7%
1955	1,568,746	7.3%	3,928,304	18.3%
1960	2,445,402	9.8%	5,194,167	20.8%
1966	3,793,280	13.0%	6,895,605	23.6%
1970	5,525,262	17.6%	8,878,534	28.2%
1975	6,879,464	19.8%	10,914,171	31.5%
1980	8,350,616	22.3%	13,280,951	35.5%
1985	9,625,755	23.8%	15,803,288	39.1%
1990	10,603,250	24.4%	18,573,937	42.8%
1995	10,217,177	22.9%	20,159,295	45.2%
2000	9,853,972	21.4%	21,258,062	46.2%
2005	9,762,546	20.8%	22,621,232	48.1%
2010	9,631,482	20.1%	23,459,570	48.9%

자료: 국가통계포털(kosis.kr)
주 : '%'은 전국 인구대비 서울 및 수도권의 인구비중

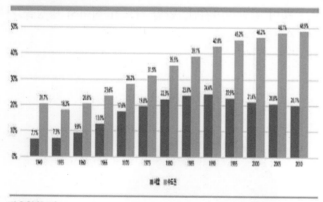

그림 2-1 전국 인구 중 서울 및 수도권 인구가 차지하는 비중 추이

자료: 국가통계포털(kosis.kr)

▲ 출처 : 국가통계포털

2) 막대 그래프 vs 히스토그램 비교

막대 그래프	
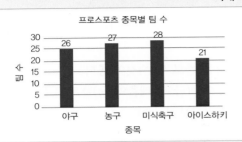	한 축에는 계급을, 다른 한 축에는 도수를 두고 자료의 도수에 비례하여 계급의 축에 막대형으로 그린 그래프
히스토그램	
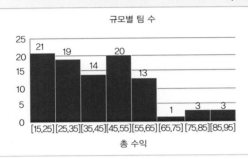	각 막대들이 떨어져 있는 막대 그래프와 달리 막대들이 붙여 있는 형태의 그래프

03 원 그래프 작성 시 유의점

① 원 그래프를 작성할 때에는 정각 12시의 선을 시작선으로 하며, 이를 기점으로 하여 시계 방향으로 그리는 것이 일반적이다.

② 분할선은 구성비율이 큰 순서로 그리되, '기타' 항목은 구성비율의 크기에 관계없이 가장 뒤에 그리는 것이 좋다.

③ 각 항목의 명칭은 같은 방향으로 기록하는 것이 일반적이지만, 만일 각도가 적어서 명칭을 기록하기 힘든 경우에는 별도의 지시선을 써서 기록할 수 있다.

예 표 → 원 그래프 작성

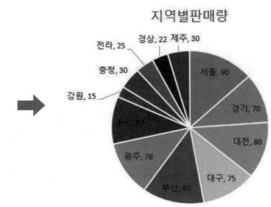

04 층별 그래프

1) 층별 그래프 작성 시 유의점

① 층별을 세로로 할 것인가 가로로 할 것인가 하는 것은 작성자의 기호나 공간에 따라 판단하나, 구성비율 그래프는 가로로 작성하는 것이 일반적이다.

② 눈금은 선 그래프나 막대 그래프보다 적게 하고 눈금선을 넣지 않아야 하며 층별로 색이나 모양이 모두 완전히 다른 것이어야 한다.

③ 같은 항목은 옆에 있는 층과 선으로 연결하여 보기 쉽도록 하는 것이 좋다.

④ 세로 방향일 경우 위로부터 아래로, 가로 방향일 경우 왼쪽에서 오른쪽으로 나열하는 것이 보기에 좋다.

예 표 → 층별 그래프 작성

야채가게 월별 판매현황

제품명	1월	2월	3월	4월	5월	6월
상추	548,600	364,000	414,700	456,170	481,000	514,800
토마토	190,400	312,800	392,800	432,080	316,800	323,200
오이	249,000	192,750	289,500	318,450	212,250	355,500
양파	378,100	273,600	450,300	495,330	363,850	235,600
마늘	97,200	88,800	133,200	146,520	294,600	170,400
배추	928,800	494,400	696,000	765,600	690,100	820,300

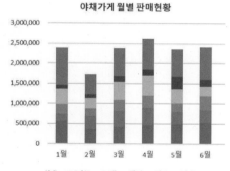

2) 엑셀프로그램을 활용한 그래프 작성 순서

[1단계]	자료 입력하기
[2단계]	[삽입]의 차트 선택하기
[3단계]	그래프의 종류 선택하고 그리기
[4단계]	데이터의 범위와 계열 수정하기
[5단계]	범례 수정하기
[6단계]	제목 및 그래프의 색깔 수정하기

기적의 TIP 데이터 시각화의 필요성

• 많은 양의 데이터를 한 눈에 볼 수 있다.

• 데이터 분석에 대한 전문 지식 없이도 누구나 쉽게 데이터 인사이트를 발굴할 수 있다.

• 요약된 통계치보다 정확한 데이터 분석 결과를 도출할 수 있다.

• 효과적인 데이터 인사이트 공유를 통해 데이터 기반의 의사결정을 가능케 한다.

• 데이터 시각화를 활용할 수 있는 분야와 방법이 무궁무진하다.

기적의 TIP 수리능력 필기시험 주요 출제유형 정리

① 기본공식 연산
- 속력, 농도, 경우의 수 등 기본적인 연산 공식을 대입해 값을 계산하는 문제
- 도형별 넓이나 부피의 계산 공식을 활용하는 문제
- 방정식을 세우고 미지수의 값을 계산하는 문제

② 수열 및 추론
- 등차수열, 등비수열 등 나열된 숫자에 적용된 규칙을 찾는 문제
- 모음, 자음 등 문자별 대응되는 숫자를 활용해 규칙을 찾는 문제
- 제시된 문제만의 새로운 규칙을 발견하고 이를 통해 n번째 숫자를 추론하는 문제

③ 자료의 분석 및 활용
- 자료를 분석하여 자료 내용이 적절한지 확인하는 문제
- 자료의 수치를 통해 전년대비 증감률, 비율 등을 계산하는 문제
- 도표의 수치 및 각종 그래프와의 복합 연산을 요하는 문제

④ 자료의 도표 및 그래프 변환
- 제시된 자료의 도표 및 그래프 변환 문제
- 자료의 특성을 감안해 막대형, 방사형 등 적절한 그래프의 유형을 예측하는 문제

바로 확인문제

그래프 작성 시 유의점에 대한 설명으로 적절하지 <u>않은</u> 것은?

① 선 그래프를 작성할 때는 세로축에는 수량(금액, 매출액 등), 가로축에는 명칭구분(연, 월, 장소 등)으로 정하는 것이 좋다.
② 막대 그래프를 작성할 때는 세로축에는 명칭구분(연, 월 장소 등), 가로축에는 수량(금액, 매출액 등)으로 정하는 것이 좋다.
③ 원 그래프를 작성할 때는 일반적으로 정각 12시의 선을 기점으로 해서 시계 방향으로 그린다.
④ 층별 그래프를 작성할 때는 눈금선을 넣지 않아야 하며 층별로 색이나 모양을 모두 완전히 다르게 표시해야 한다.

해설
막대 그래프를 작성할 때는 가로축은 명칭 구분(연, 월, 장소 등)으로, 세로축은 수량(금액, 매출액 등)으로 정하는 것이 바람직하며, 막대 수가 부득이하게 많은 경우에는 눈금선을 기입함으로써 알아보기 쉽게 표현합니다.

정답 ②

01 다음과 같이 일정한 규칙으로 수를 나열할 때, 빈칸에 들어갈 수로 적절한 것은?

13	14	20	31	47	68	94	( )

① 120
② 125
③ 130
④ 135
⑤ 140

02 ○○편의점에서 판매하는 아이스크림 A와 아이스크림 B의 판매가는 각각 2,500원 3,000원이다. 이 가격으로 판매를 하면 편의점 점주는 아이스크림 A에 대해 판매가의 10%, 아이스크림 B에 대해 판매가의 20%의 수익이 생긴다고 한다. 어느 날 편의점에서 두 아이스크림 모두 합쳐 32개를 판매하고 15,000원의 수익이 발생했다고 할 때, 아이스크림 A가 팔린 개수는?

① 12개
② 16개
③ 20개
④ 24개
⑤ 28개

03 7%의 소금물과 3%의 소금물 240g을 섞었더니 6%의 소금물이 되었다고 한다. 이때 7%의 소금물의 양은 몇 g인가?

① 240g
② 360g
③ 480g
④ 600g
⑤ 720g

04 가로가 25m, 세로가 18m, 깊이가 20m인 저수지가 있으며 저수지 안에는 물이 3,600kL채워져 있다. 물의 깊이를 2m 낮추기 위해 퍼내야 하는 물은 총 몇 L인가?

① 900L
② 9,000L
③ 90,000L
④ 900,000L
⑤ 9,000,000L

05 회사의 연말 결산 작업을 A사원이 진행하면 18일 만에 마칠 수 있다. 반면 B사원이 진행하면 30일이 걸린다고 한다. 이 일을 처음에는 A사원이 맡아서 진행하다가 B사원이 연달아 진행하여 모두 22일 만에 마쳤다고 할 때, A사원은 총 며칠 일을 하였는가?

① 10일
② 12일
③ 14일
④ 16일
⑤ 18일

06 아래 그림과 같이 공이 담긴 주머니가 있다.

- 주머니 안에 흰 공 6개, 검은 공 4개가 들어 있다.
- 주머니 밖에서 주머니 안쪽 공의 색깔은 확인할 수 없다.
- 공의 숫자가 줄어들거나 늘어나는 경우는 없다.
- 주머니 밖으로 꺼냈을 때 비로소 공의 색을 확인할 수 있다.

A는 주머니에서 공을 하나씩 꺼내어 색을 확인하고 다시 집어 넣었다. 이때 A가 꺼낸 첫 번째 공과 두 번째 공의 색이 같을 확률은 얼마인가?

① $\dfrac{11}{50}$

② $\dfrac{8}{25}$

③ $\dfrac{21}{50}$

④ $\dfrac{13}{25}$

⑤ $\dfrac{17}{50}$

07 어떤 강의 상류와 하류 지점은 20km가 떨어져 있다. A는 이 강을 배를 타고 왕복하였고, 그 결과 내려갈 때는 1시간, 올라갈 때는 2시간이 걸렸다. 다음 중 배의 속도와 강의 유속의 합으로 적절한 것은? (단, 배의 속도와 강의 유속은 항상 일정하다.)

① 18km/h

② 20km/h

③ 22km/h

④ 24km/h

⑤ 26km/h

08 신발 매장에서 정가 6,000원인 신발을 인터넷 쇼핑몰에서는 정가의 5% 할인하여 판매한다. 인터넷 쇼핑몰의 배송비가 2,500원일 때, 신발을 최소 몇 개 이상 주문해야 인터넷 쇼핑몰이 더 저렴한가? (단, 배송비는 항상 한 번만 부과된다.)

① 7개
② 8개
③ 9개
④ 10개
⑤ 11개

09 다음 중 A에서 출발해 B에 도착하는 최단거리의 수는 모두 몇 가지인가?

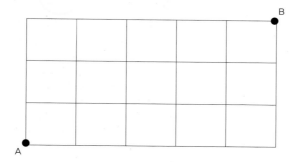

① 40가지
② 48가지
③ 56가지
④ 64가지
⑤ 72가지

10 ○○대학 총학생회는 회장과 부회장, 그리고 집행위원 A, B, C, D로 총 6명으로 구성되어 있다. 총학생회에서 아래와 같은 회의실 테이블에서 회의를 진행하려 할 때, 앉을 수 있는 방법은 모두 몇 가지인가? (단, 회장과 부회장은 서로 이웃하지 않도록 앉아야 한다.)

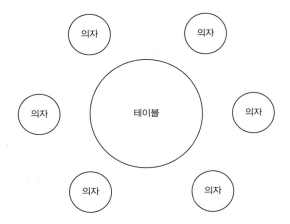

① 48가지
② 72가지
③ 84가지
④ 96가지
⑤ 120가지

11 다음은 통계 용어에 관한 설명이다. 다음 중 빈칸 ㉠~㉣에 들어갈 용어로 적절하게 나열한 것을 고르면?

- (㉠) : 집단에 속한 수 전체의 합을 집단의 숫자로 나눈 값
- (㉡) : Mode라고도 부르며, 도수분포에서 최대 도수를 가지는 변량의 값이다. 예를 들어, 어느 학생의 7회에 걸친 성적이 각각 40점, 42점, 45점, 46점, 45점, 45점, 45점이었다면, 이 성적 집단의 (㉡)은 45점이다.
- (㉢) : 변량들을 크기 순으로 정렬했을 때 가운데에 위치한 값을 말한다. 예를 들어, 주사위 한 개를 다섯 번 던져 나온 눈의 수가 [1, 1, 2, 4, 6]이라면 여기서 2가 이 집단의 (㉢)이 된다.
- (㉣) : 각 변량이 그 평균을 중심으로 흩어진 정도를 말한다.

	(㉠)	(㉡)	(㉢)	(㉣)
①	평균	중앙값	최빈값	표준편차
②	평균	중앙값	최빈값	상대도수
③	평균	최빈값	중앙값	상대도수
④	분산	최빈값	중앙값	표준편차
⑤	평균	최빈값	중앙값	표준편차

12 ○○대학 교양 수업 조교 담당 M은 중간고사 이후 엑셀로 중간고사 성적을 정리하려고 하였다. 하지만 오름차순으로 정리하는 과정에서 일부가 누락되어 버렸다. 이때 중앙값이 85점, 최빈값이 83점이라면 이번 중간고사의 평균은 몇 점인가? (단, 해당 교양과목을 수강하는 총원은 8명이다.)

학생	A	B	C	D	E	F	G	H
점수(점)	79	( )	( )	83	( )	89	92	92

① 82점
② 83점
③ 84점
④ 85점
⑤ 86점

13 스마트폰 생산업체인 ○○전자 마케팅팀에 근무하고 있는 P대리는 상사로부터 글로벌 6대 스마트폰 생산업체별 점유율 비교 자료를 만들라는 지시를 받았다. P대리가 아래와 같은 생산업체별 스마트폰 판매량 자료를 참고할 때, 6대 생산업체의 판매량 대비 각 생산업체의 점유율(100%)을 기준으로 비교하기에 가장 적절한 그래프는 무엇인가?

생산업체	판매량(단위 : 백만 대)
A	74.3
B	35.1
C	20.3
D	15.8
E	14.5
F	135.3

① 막대 그래프

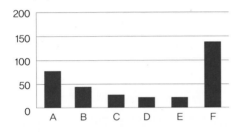

② 꺾은선 그래프

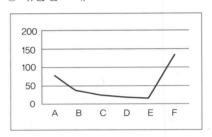

③ 파이 그래프

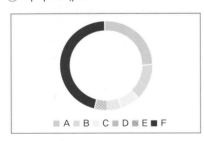

④ 점 그래프

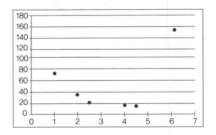

⑤ 방사형 그래프

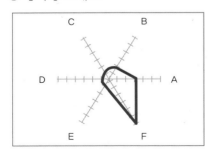

14 ○○공사 인사팀 B대리는 최근 사업 확장에 따라 직원급여 체계를 정비하기 위해 회의를 진행하고자 한다. 다음 B대리의 자료를 이해한 내용으로 적절하지 <u>않은</u> 것은?

부서	성별	직원 수(명)					평균 근속연수 (년)	연간급여 총액 (백만 원)
		사무 행정직		전문 기술직		합계		
		(계약직)	전체	(계약직)	전체			
총무부	남	–	11,238	–	88	11,326	13.1	–
	여	83	2,409	2	(㉠)	2,432	8.4	–
사업부	남	–	19,774	–	200	(㉡)	11.4	–
	여	80	7,653	–	31	7,684	9.2	–
연구부	남	–	33,210	3	168	33,378	10.3	–
	여	198	14,207	1	17	14,224	9.9	–
기타	남	–	7,381	1	128	7,509	13.6	–
	여	93	1,985	–	29	2,014	9.2	–
합계	남	–	71,603	4	584	72,187	11.4	3,466,811
	여	454	26,254	3	100	26,354	9.5	1,000,236
총계		454	97,857	7	684	98,541	10.9	4,467,047

① ㉠에 해당하는 근로자는 총 23명이다.
② ㉡에 해당하는 근로자는 총 19,974명이다.
③ 사업부의 남성 직원 수는 여성 직원 수의 약 2.6배이다.
④ 사무 행정직과 전문 기술직의 계약직 중에서 여성의 비율이 더 높은 분야는 전문 기술직이다.
⑤ 전체 남성 직원의 근무기간은 여성 직원보다 약 2년 더 길다.

15 다음 표는 ○○상사의 2023~2024년 수출액 순위 상위 5개 품목에 대한 자료이다. 다음 중 적절한 설명을 고르면? (단, '수출단가＝수출액/수출량'으로 계산한다.)

〈○○상사 수출액 순위 상위 5개 품목〉

(단위 : 천 톤, 백만 달러)

순위	2023년			2024년		
	품목	수출량	수출액	품목	수출량	수출액
1	녹용	0.7	37.8	녹용	0.5	22.3
2	꿀	5.7	17.1	배	6.5	20.5
3	포도	7.7	15.4	감귤	1.6	17.6
4	김	0.8	8.1	꿀	7.0	14.0
5	섬유	1.1	8.0	섬유	2.4	8.8

① 2024년 포도의 수출량은 전년에 비해 감소했다.
② 2024년 섬유의 수출량은 전년대비 200% 이상 증가하였다.
③ 2024년 꿀의 수출단가는 전년에 비해 상승하였다.
④ 2024년 감귤의 수출단가는 톤당 약 11달러이다.
⑤ 2023년 수출액 순위 상위 5개 품목의 수출량에서 김이 차지하는 비율은 약 5%이다.

16 ○○공사 기획처 투자계획업무 담당직원 A과장은 〈COVID-19 이전 한국 및 미국 기준금리 변동 추이〉 자료의 가독성을 높이기 위해 그래픽 작업을 수행하려 한다. 다음 중 해당 자료를 가장 적절하게 나타낸 그래프는? (단, 제시된 자료 이외의 조건을 고려하지 않는다.)

〈COVID-19 이전 한국 및 미국 기준금리 변동 추이〉

한국		미국	
기간	기준금리(%)	기간	기준금리(%)*
2018. 6.~2019. 12.	1.25	2018. 12.~2019. 12.	0.50~0.75
2017. 6.~2018. 5.	1.50	2017. 12.~2018. 11.	0.25~0.50
2017. 3.~2017. 5.	1.75	2014. 1.~2017. 11.	0~0.25
2016. 10.~2017. 2.	2.00		
2016. 8.~2016. 9.	2.25	*단, 미국의 기준금리는 상한선과 하한선이 있음	
2015. 5.~2016. 7.	2.50		
2014. 10.~2015. 4.	2.75		
2014. 7.~2014. 9.	3.00		
2014. 1.~2014. 6.	3.25		

①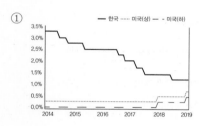

②

③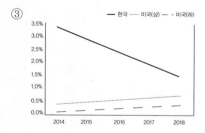

④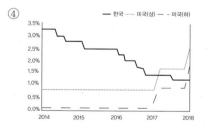

⑤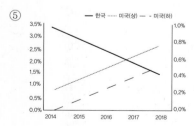

17 한국에 있는 ○○상사 해외사업팀 J사원은 유럽에 있는 고객 A로부터 1,000유로를, 일본에 있는 고객 B로부터 60,000엔을 송금 받았다. 현재일 기준 우리나라의 환율 정보가 다음과 같을 때, J사원이 한화로 송금 받은 총 금액으로 적절한 값은? (단, 거래는 현재일 시점으로 이루어지며 환전 시 거래 수수료는 고려하지 않는다.)

구분	매매기준율 (원)	전일대비 (원)	송금(원)		현찰(원)	
			보낼 때	받을 때	살 때	팔 때
미국 USD	1,182.00	0	1,193.40	1,170.60	1,202.68	1,161.32
일본 YPY(100엔)	951.16	+ 2.21	960.38	941.94	967.80	934/52
유럽연합 EUR	1,309.08	+ 24.42	1,322.17	1,295.99	1,335.26	1,282.90
캐나다 CAD	901.19	6.11	910.20	892.18	919.21	883.17

① 1,843,612원
② 1,861,154원
③ 1,872,555원
④ 1,879,776원
⑤ 1,898,398원

18 다음 자료를 토대로 할 때, A~D 중 적절하지 <u>않은</u> 설명을 한 사람은 모두 몇 명인가?

〈성별에 따른 결혼할 의향이 없는 1인 가구의 비율〉

구분	2020년		2021년	
	남자	여자	남자	여자
20대	8.2%	4.2%	15.1%	15.5%
30대	6.3%	13.9%	18.8%	19.4%
40대	18.6%	29.5%	22.1%	35.5%
50대	24.3%	45.1%	20.8%	44.9%

〈연도별 향후 1인 생활 지속기간 유지 여부 예상 비율 (단위 : %)〉

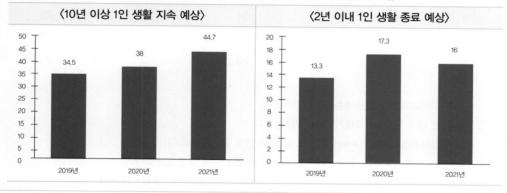

A : "2021년 조사에서 남자 중 앞으로 결혼할 의향이 없는 1인 가구의 비율은 50대가 20대에 비해 45% 이상 많아."

B : "2020년 조사에서 여자는 연령대가 높아질수록 결혼할 의향이 없다는 1인 가구의 비율이 높아져."

C : "2021년 조사에서 2년 이내 1인 생활 종료를 예상한 사람의 비율은 전년보다 1.3%p 줄어들었네."

D : "제시된 자료에서 1인 생활을 10년 이상 지속할 것이라고 예상하는 사람의 비율은 갈수록 늘어나고 있어."

① 0명
② 1명
③ 2명
④ 3명
⑤ 4명

19 다음 표는 영국 프로축구 리그인 프리미어리그(Premierleague)의 현재 14라운드까지 진행된 시즌 순위표이다. 아래 자료를 근거로 할 때, 다음 설명 중 적절하지 <u>않은</u> 것은?

순위	팀	경기 수	승점	승	무	패	득점	실점
1	맨체스터 시티	13	28	9	1	3	35	16
2	아스널	13	28	8	4	1	28	10
3	리버풀	14	27	8	3	3	18	14
4	애스턴빌라	14	25	6	7	1	16	9
5	토트넘	14	23	6	5	3	15	9
6	뉴캐슬	14	23	7	2	5	22	17
7	맨체스터 유나이티드	14	21	5	6	3	19	16
8	웨스트햄	14	21	6	3	5	20	18
9	첼시	14	20	6	2	6	18	17
10	브라이턴	14	20	5	5	4	20	20

- 프리미어리그에 속한 팀 수는 전체 20개이다.
- 각 팀은 매주 1경기씩 치르기로 되어 있다.
- 모든 팀은 Home 경기, Away 경기로 팀간 두 번씩 경기를 치른다.
- 승−무−패에 주어지는 점수는 '3−1−0'이고 승점은 이의 합산 점수이다.
- 승점이 같을 경우 득실차가 높은 팀이 높은 순위가 된다. (득실차＝득점−실점)

① 프리미어리그에 속한 각 팀은 38주간 경기를 치른다.
② 1위부터 10위까지의 순위는 득실차가 높은 순서와 동일하다.
③ 이번 주 경기를 치르지 않은 10위권 내 팀은 두 곳이다.
④ 맨체스터 시티와 아스널의 득실차의 차이는 7위부터 10위까지 팀들의 순위 간 득실차의 차이와 동일하다.
⑤ 만약 다음 라운드에서 애스턴빌라가 승리를 거두고 리버풀이 패배한다면 두 팀간의 순위는 뒤바뀌게 된다.

20 ○○연구소 연구원 K는 A메트로의 승강기 사고 원인 및 사고 발생 현황과 그로 인한 사고 피해 현황을 조사하였다. 다음 조사 내용을 토대로 사고 예방 전략을 계획할 때 가장 적절한 것은?

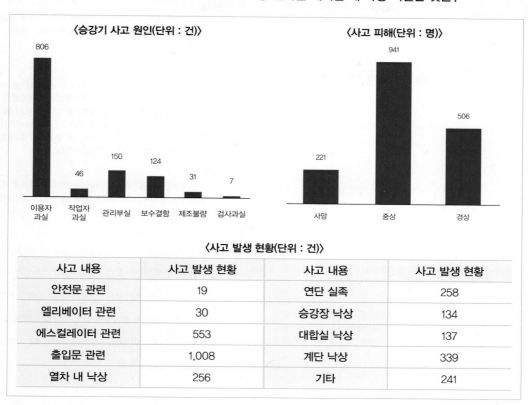

〈승강기 사고 원인(단위 : 건)〉

이용자 과실	작업자 과실	관리부실	보수결함	제조불량	검사과실
806	46	150	124	31	7

〈사고 피해(단위 : 명)〉

사망	중상	경상
221	941	506

〈사고 발생 현황(단위 : 건)〉

사고 내용	사고 발생 현황	사고 내용	사고 발생 현황
안전문 관련	19	연단 실족	258
엘리베이터 관련	30	승강장 낙상	134
에스컬레이터 관련	553	대합실 낙상	137
출입문 관련	1,008	계단 낙상	339
열차 내 낙상	256	기타	241

① 모든 지하철의 에스컬레이터를 제거한다.
② 출입문의 수를 제한하여 사고를 예방한다.
③ 이용자 안전을 위한 교육 및 공지를 강화한다.
④ 사고를 줄이기 위해 하루 승강기 사용 인원을 제한한다.
⑤ 일단 안전문의 수를 늘린다.

01 ②	02 ①	03 ⑤	04 ④	05 ②
06 ④	07 ②	08 ③	09 ③	10 ②
11 ⑤	12 ⑤	13 ③	14 ④	15 ⑤
16 ①	17 ②	18 ②	19 ②	20 ③

01 ②

왼쪽 수에서 오른쪽 수로 갈 때 다음과 같은 규칙이 있음을 확인할 수 있다.

13	→	14	→	20	→	31	→
	+1		+6		+11		+16
		+5		+5		+5	
47	→	68	→	94	→	( )	
	+21		+26		+31		
+5		+5		+5			

즉, 인접한 두 수의 차가 5의 공차를 이루는 계차수열이다. 따라서 빈 칸에 들어갈 수는 94+31=125임을 알 수 있다.

오답 피하기

제시된 숫자 간의 규칙을 찾아야 하는 수추리 문제의 경우, 기본적으로 등차수열 또는 등비수열 규칙이 존재하는지 확인한다. 이후 계차수열, 피보나치수열 등 특수한 수열의 성립 여부를 확인해 보며 규칙을 찾아야 한다.

02 ①

A, B아이스크림을 각각 1개씩 판매한다고 했을 때 수익은 A가 250원, B가 600원이다. 구해야 하는 값인 'A아이스크림이 팔린 개수'를 x개라고 할 때, B는 $(32-x)$개를 판매하게 되며, 이 때의 수익금은 '$250x+600(32-x)$'으로 계산할 수 있다. 즉, $250x+600(32-x)=15{,}000$을 만족하는 x는 12로, 아이스크림 A가 판매된 개수는 총 12개이다.

오답 피하기

원가, 판매가에 대한 개념을 이해하고 있어야 하며, 실제 풀이 과정에서는 구해야 하는 것을 미지수로 둔 뒤 조건을 만족하는 정확한 방정식을 세우는 것이 중요하다.

03 ⑤

구해야 하는 값인 '7%의 소금물의 양'을 xg이라 할 때, 소금물의 농도, 소금물의 양, 소금의 양은 각각 다음과 같이 정리할 수 있다.
- 소금물의 농도=7%+3%=6%
- 소금물의 양=xg+240g=$(x+240)$g
- 소금의 양=$(\frac{7}{100}×x)$g+$(\frac{3}{100}×240)$g=$(\frac{7}{100}x+\frac{3}{100}240)$g

소금물 농도 공식에서 '농도(%)=$\frac{\text{소금의 양}}{\text{소금물의 양}}×100$'이므로, 섞은 소금물의 농도 6%=$\frac{\frac{7}{100}x+\frac{3}{100}240}{x+240}$를 만족한다. 따라서 $x=720$가 되어 7%의 소금물은 720g만큼 섞어야 함을 알 수 있다.

오답 피하기

농도를 계산하는 기본 공식을 이해하고 있어야 하며 실제 풀이 과정에서는 구해야 하는 것을 미지수로 둔 뒤 조건을 만족하는 정확한 방정식을 세우는 것이 중요하다.

04 ④

부피 계산식을 통해 해결하는 문제이다. 저수지의 물의 깊이를 xm 낮춘다는 것은 곧 xm만큼 물을 퍼낸다는 것을 의미하며 이때 물의 양은 '25m(가로)×18m(세로)×xm(높이)'로 계산할 수 있다. 따라서 물의 깊이를 2m 낮추기 위해 필요한 물의 양은 25m×18m×2m=900kL가 됨을 알 수 있다(1m³=1kL). 다만, 문제에서는 총 몇 L인지 물어보고 있으므로 kL를 L로 환산한 900,000L가 정답이 된다.

오답 피하기

도형의 넓이와 부피를 구하는 공식에 대해 이해하고 있어야 하며 단위 환산법에 맞춰 문제가 요구하는 단위의 값을 실수하지 않고 고를 수 있어야 한다.

05 ②

전체 일의 양을 1이라 할 때, A사원과 B사원의의 1일 작업량은 각각 $\frac{1}{18}$, $\frac{1}{30}$이 된다. 구해야 하는 값인 'A사원이 일한 날 수'를 x일이라 할 때, A사원이 수행한 작업량은 $\frac{1}{18}x$, B사원이 수행한 작업량은 $\frac{1}{30}(22-x)$일이 된다. 따라서 함께 일한 값이 전체 일의 양인 1과 같으므로 $\frac{1}{18}x+\frac{1}{30}(22-x)=1$이 성립하며, 이때 $x=12$이다. 따라서 A사원이 일을 한 날은 총 12일임을 알 수 있다.

오답 피하기

작업량과 관련된 문제는 항상 전체 일의 양을 1로 둔 뒤, 등장인물의 단위 시간당 일의 양을 분수로 나타내어 조건을 만족하는 정확한 방정식을 세우는 것이 중요하다.

06 ④

첫 번째 꺼낸 공과 두 번째 꺼낸 공의 색이 같을 확률은 '흰 공을 꺼냈다가 넣고 다시 흰 공을 꺼내는 확률'과 '검은 공을 꺼냈다가 넣고 다시 검은 공을 꺼내는 확률'을 더한 확률이다. 각각의 확률을 계산하면 다음과 같다.

흰 공 → 흰 공	$\frac{6}{10}×\frac{6}{10}=\frac{36}{100}$
검은 공 → 검은 공	$\frac{4}{10}×\frac{4}{10}=\frac{16}{100}$

두 확률을 더한 값은 $\frac{36}{100}+\frac{16}{100}=\frac{52}{100}$가 되며 이를 약분한 최종 값은 $\frac{13}{25}$이다.

오답 피하기

경우의 수 및 확률 계산에서는 먼저 첫 번째 일어난 사건이 뒤이어 발생하는 사건에 영향을 미치는지 확인하는 것이 중요하다(독립사건, 종속사건의 유무). 이후 전체 사건과 조건에 부합하는 해당 사건의 수를 파악하여 올바른 계산식을 수립할 수 있어야 한다.

07 ②

구해야 하는 값인 '배의 속도'를 $x$km/h, '유속'을 $y$km/h라고 할 때, 거리, 속력, 시간 간의 관계에 근거해 다음과 같이 정리할 수 있다.

구분	거리	속력	시간
내려갈 때	20km	$(x+y)$km/h	1h
올라갈 때	20km	$(x-y)$km/h	2h

즉, '거리=속력×시간'임을 활용해 각각을 방정식으로 정리하면,
- 내려갈 때 : $20=(x+y)×1$
- 올라갈 때 : $20=(x-y)×2$

가 성립하며 이를 연립하면 x는 15km/h가, y는 5km/h임을 알 수 있다. 즉, 배의 속도와 강의 유속의 합은 20km/h가 된다.

거리, 속력, 시간을 구하는 다음의 식을 반드시 이해하고 있어야 한다.
- 거리=속력×시간
- 속력=거리÷시간=$\dfrac{거리}{시간}$
- 시간=거리÷속력=$\dfrac{거리}{속력}$

08 ③

구해야 하는 값인 '신발의 최소 주문 개수'를 x개라고 할 때, 배송비를 감안한 인터넷 쇼핑몰에서의 할인 구매가가 매장에서 정가로 구매하는 것보다 저렴해지는 주문 개수는 다음과 같은 부등식으로 계산할 수 있다.

매장 구매	6,000원×x개
인터넷 쇼핑몰 구매	(6,000원×95%×x개)+배송비 2,500원

이를 계산하면 $x > 8.33$이므로 인터넷 쇼핑몰에서 9개 이상부터 주문해야 매장에서 정가로 구매하는 것보다 저렴해진다.

'최소 ~이상', '최대 ~이하' 등이 제시되는 유형은 부등식의 개념을 이해하고 있는지를 확인하는 문제이다. 실제 풀이 과정에서는 구해야 하는 것을 미지수로 둔 뒤 조건을 만족하는 정확한 부등식을 세우는 것이 중요하다.

09 ③

온전한 사각형의 경우 조합을 활용해 최단거리의 수를 빠르게 계산할 수 있다. 즉, 제시된 그림은 세로로 3블록, 가로로 5블록이 존재하는 상황이므로 이를 공식에 대입하면 $\dfrac{(3+5)!}{3!5!}=56$가지임을 알 수 있다.

최단거리의 수는 덧셈 방식과 조합 활용 방식 두 가지 방법으로 계산할 수 있다. 다만, 온전한 사각형이면서 제시된 도형의 개수가 많을수록 조합을 활용한 계산 방법이 시간 단축에 더욱 효과적일 수 있다.

10 ②

서로 다른 6명을 원형으로 배열하는 원순열의 형태이다. 먼저 6명이 앉을 수 있는 총 경우의 수는 (6−1)!=120가지이다. 그러나 회장과 부회장은 서로 이웃해서 앉지 않아야 한다. 이때는 각각을 따로 구하는 것보다는 전체 경우의 수에서 회장과 부회장이 이웃해 앉게 되는 경우의 수를 빼는 것으로 구하는 것이 빠르다. 이웃한 회장과 부회장을 한 명으로 간주해 총 5명을 원형으로 배열하는 것으로 계산하면 (5−1)!=24가지가 되며, 여기에서 회장과 부회장만 서로 자리를 바꾸어 앉는 경우도 고려해야 하므로, 회장과 부회장이 이웃하여 앉게 되는 총 경우의 수는 24×2=48가지이다. 따라서 문제가 요구하는 회장과 부회장이 이웃하지 않는 경우의 수는 120−48=72가지가 된다.

서로 다른 n개를 원형으로 배열하는 원순열 공식을 이해하고 있어야 한다. 단, 문제에 '이웃'이나 '나란히'와 같은 조건이 존재할 경우 전체 경우의 수에서 해당 사건이 일어난 경우의 수만을 제외한 여집합의 개념으로 접근하는 것이 효과적일 수 있다.

11 ⑤

통계에 자주 활용되는 각 용어의 정의에 대해 이해할 필요가 있다. 평균은 집단에 속한 수 전체의 합을 집단의 숫자로 나눈 값을 의미하며, 도수분포에서 최대 도수를 가지는 변량의 값은 최빈값이다. 또한, 변량들을 크기 순으로 정렬했을 때 가운데에 위치한 값은 중앙값이 되며, 각 변량이 그 평균을 중심으로 흩어진 정도를 표준편차라고 한다.

12 ⑤

제시된 용어를 활용해 빈칸의 값을 구할 수 있어야 한다. 전체 학생들의 점수를 오름차순으로 정리한 상황에서 중앙값이 85점이라고 했으므로 E의 점수가 87점이 되어야 함을 알 수 있다. 또한, 최빈값이 83점이 되기 위해서는 전체 8명의 점수 중 83점이 가장 많이 있어야 하며, 따라서 B와 C의 점수 모두 83점이 되어야 함을 알 수 있다. 이를 반영해 표를 완성하면 다음과 같다.

학생	A	B	C	D
점수(점)	79	(83)	(83)	83
학생	E	F	G	H
점수(점)	(87)	89	92	92

즉, 8명의 평균은 $\dfrac{79+83+83+83+87+89+92+92}{8}=86$점이다.

자료의 개수(n)가 홀수인 경우 중앙값은 $\dfrac{n+1}{2}$번째 값이며, 자료의 개수가 짝수인 경우 중앙값은 $\dfrac{n}{2}$번째 값과 ($\dfrac{n}{2}$+1)번째 값의 산술평균 값이다.

13 ③

차트(그래프)를 통해 수치를 보다 효과적으로 제시할 수 있다. 시장 점유율을 나타내는 데 가장 효과적인 차트는 파이 그래프이다.

① 막대 그래프 : 다수의 데이터를 한 눈에 비교·분석해야 할 때 효과적이다.
② 꺾은선 그래프 : 시간·기간 등에 따라 변화하는 연속적인 데이터의 추이를 파악해야 할 때 효과적이다.
④ 점 그래프 : 두 개의 데이터 그룹 간의 상관관계를 시각화하고자 할 때 효과적이다.
⑤ 방사형 그래프 : 여러 개의 변수를 비교하며 유사한 값이 있는 변수를 시각화하거나 변수 사이에 차이가 있을 때 효과적이다.

14 ④

계약직 중 여성비율은 사무 행정직이 $\frac{454}{454} \times 100$으로 100%, 전문 기술직이 $\frac{3}{7} \times 100$으로 약 42.9%임을 알 수 있다. 따라서 여성의 비율이 더 높은 분야는 사무 행정직이다.

① 2,432에서 2,409를 뺀 값으로 계산할 수 있다.
② 19,774와 200을 더한 값으로 계산할 수 있다.
③ 사업부의 남성 직원 수는 총 19,974명으로 7,764명인 여성 직원 수보다 약 2.6배 더 많다.
⑤ 전체 남성 직원의 근무기간은 11.4년으로 여성 직원의 근무기간인 9.5년보다 약 2년 더 길다.

15 ⑤

2023년 수출액 순위 상위 5개 품목의 수출량에서 김이 차지하는 비율은 $\frac{0.8}{0.7+5.7+7.7+0.8+1.1} \times 100 = 5\%$이다.

① 제시된 표는 수출액을 기준으로 상위 5개 품목을 1위부터 내림차순으로 제시하고 있다. 따라서 2024년에 포도의 수출량은 정확히 알 수 없다(2024년 표에 제시되지 않았다고 해서 반드시 그 양이 적어진 것이 아니라는 것에 주의한다).
② 1.1의 100%는 1.10이다. 즉, 섬유는 2023년 대비 2024년에 약 118% 증가했음을 알 수 있다(% 표기 시 약 118%, 단순 숫자 표기 시 약 2.2배 증가했음을 알 수 있다).
③ 꿀의 경우 2023년 수출단가는 $\frac{17.1}{5.7} = 3$백만 달러/톤, 2024년 수출단가는 $\frac{14.0}{7.0} = 2$백만 달러/톤임을 알 수 있다. 따라서 2024년 수출단가는 전년에 비해 감소했다.
④ 감귤의 2024년 수출단가는 $\frac{17.6}{1.5} = 11$백만 달러/톤임을 알 수 있다. 숫자 자체는 맞지만 단위의 표기가 적절하지 않다.

16 ①

한국의 경우 2014년 1월부터 기간에 따라 계단식으로 감소하고 있음을 알 수 있다. 반면 미국의 경우 2024년 1월부터 오랜 기간 동안 낮은 금리로 변화가 없었지만, 2017년부터 두 차례 점진적인 계단식 상승이 있었다. 이를 가장 잘 나타낸 그래프는 ①이다.

④ 미국 기준금리의 상한선과 하한선의 값이 적절하지 않다. 수치를 그래프로 나타낼 때는 축, 축의 값과 단위에 집중할 필요가 있다.

17 ②

먼저 A고객으로부터 1,000유로를 받았으므로 이를 '1유로당 송금받을 때' 환율로 계산하면 1,000EUR×1,295.99원이 되어 한화로는 1,295,990원이 된다. B고객으로부터는 60,000엔을 송금받았으므로, '100엔당 송금받을 때' 환율로 계산하면 600엔×941.94원이 되어 한화로는 565,164원이 된다. 즉, 두 금액을 합하면 1,861,154원이 됨을 알 수 있다.

'송금 받은 총 금액'을 묻고 있기 때문에 현찰을 사거나 파는 경우는 따로 고려하지 않아도 된다. 또한 매매기준율과 같이 종종 등장하는 문제 풀이와 관계 없는 정보들에 시간을 빼앗기지 않도록 주의해야 한다.

18 ②

A : 2021년 조사에서 결혼할 의향이 없는 남자 1인 가구의 비율은 50대가 20.8%, 20대가 15.1%로 50대가 20대보다 $\frac{20.8-15.1}{15.1} \times 100$ =약 37.7% 정도 더 많은 것으로 조사되었다.

B : 첫 번째 표의 2020년 조사 결과에서 여자의 경우 20대에서 50대로 갈수록 각각 4.2%, 13.9%, 29.5%, 45.1%의 비율을 보이며 연령대가 높아질수록 결혼할 의향이 없다는 1인 가구의 비율이 높아짐을 알 수 있다.
C : 두 번째 제시된 그래프에서 2년 이내 1인 생활 종료를 예상한 사람의 비율은 2020년이 17.3%, 2021년이 16%로 1년 새 1.3%p가 감소했음을 알 수 있다.
D : 첫 번째 그래프에서 1인 생활을 10년 이상 지속할 것이라고 예상하는 사람의 비율이 2019년 34.5%, 2020년 38%, 2021년 44.7%로 조사되었다.

19 ②

각 팀의 순위와 득실차를 정리하면 다음과 같다.

순위	팀	득실차
1	맨체스터 시티	19
2	아스널	18
3	리버풀	4
4	애스턴빌라	7
5	토트넘	6
6	뉴캐슬	5
7	맨체스터 유나이티드	3
8	웨스트햄	2
9	첼시	1
10	브라이턴	0

따라서 순위와 득실차의 순서가 동일하지 않음을 알 수 있다.

① 각 팀은 매주 1경기씩 자신을 제외한 나머지 19팀과 경기하며 팀당 2경기씩 치르기 때문에 1주에 1경기씩 진행하게 될 경우 총 38주간 경기를 치르게 된다.

③ 경기 수에서 알 수 있듯 1위인 맨체스터 시티와 2위인 아스널이 아직 경기를 치르지 않았음을 알 수 있다.

④ 1위 맨체스터 시티와 2위 아스널의 득실차는 각각 19, 18로 그 차이는 1이다. 마찬가지로 7위부터 10위까지의 각 팀의 득실차는 3, 2, 1, 0으로 그 차이 역시 1임을 알 수 있다.

⑤ 만약 현재 승점 25점인 4위 애스턴빌라가 승리를 거두고 승점 27점인 3위 리버풀이 패배한다면 각각 승점 28점, 27점이 되어 애스턴빌라가 리버풀을 누르고 3위로 등극하게 된다.

20 ③

첫 번째 차트에서 승강기 사고 원인의 대부분을 차지하는 것이 이용자 과실임을 확인할 수 있다. 따라서 이용자의 안전을 위한 교육 및 공지를 강화하는 것이 사고 예방을 위해 적절한 전략임을 알 수 있다.

①⑤ 극단적인 해결책은 문제를 더욱 악화시키는 원인이 될 수 있다.

②④ 표에서 출입문 관련 사고와 엘리베이터 관련 사고가 다수를 차지하고 있다고 하였으므로, 얼핏 보면 출입문의 수를 제한하거나 승강기 사용 인원을 제한하는 것이 적절한 방법으로 보일 수 있다. 하지만 해당 사고들이 출입문이나 에스컬레이터의 수가 부족해서 발생한 것인지 알 수 없으며, 오히려 출입문의 수와 승강기 사용 인원의 수를 제한함으로써 적은 곳으로 더 많은 승객들이 몰려 더 큰 사고가 발생할 수도 있다. 따라서 이는 적절한 전략이라고 볼 수 없다.

PART
03

문제해결능력

📍 문제해결능력이란?

갈수록 고도화되는 경쟁 환경 속에서 직장인들을 기존에 경험해 보지 못한 새로운 문제들을 맞닥뜨리며 이를 효과적으로 해결해야 하는 상황에 놓이고 있습니다. 이러한 관점에서 문제해결능력이란 업무를 수행함에 있어 문제 상황이 발생하였을 경우, 창조적이고 논리적인 사고를 통하여 이를 올바르게 인식하고 적절히 해결하는 능력을 의미합니다.

차례

문제해결능력 소개

문제해결능력 개요

① 문제해결능력의 필요성

오늘날과 같이 기업 환경이 격변하는 시대적 상황 속에서 직장인들은 해결해야 할 많은 문제를 안고 있다. 복잡화되어 나타나는 문제들은 다양한 형태로 나타나기도 하며 경우에 따라 과거의 성공 경험이 전혀 도움이 되지 않기도 한다. 따라서 새로운 문제를 신속히 발견하고 복잡한 형태의 문제에 대처하기 위해서는 정확한 해결책을 창출할 수 있는 문제해결능력을 향상시키는 일이 필수적이다.

② 직장에서의 문제해결능력

- 직장인이 갖춰야 할 문제해결능력은 직업생활에서 문제 상황이 발생하였을 경우, 창조적이고 논리적인 사고를 통하여 이를 올바르게 인식하고 적절히 해결하는 능력을 의미한다.
- 직장인은 문제해결능력을 통해 업무에서 발생한 문제를 인식하고 처리하기까지 타당한 근거를 바탕으로 새로운 방식을 고안할 수 있어야 한다.

③ 문제해결을 위한 사고

때때로 직장인들은 해결 방법이나 해답을 얻는 데 필요한 일련의 행동을 알지 못하는 문제 상태에 봉착하기도 한다. 그렇기에 업무 수행 중 발생하는 여러 문제를 창조적·논리적·비판적 사고를 통해 올바르게 인식하고 문제를 방치하지 않고 도전하여 해결하려 노력하는 자세를 갖추는 것이 무엇보다 중요하다고 할 수 있겠다.

문제해결능력 구성

문제해결능력은 직업생활에서 발생한 문제를 올바르게 인식하고 적절히 해결할 수 있는 능력을 의미한다. 이러한 문제해결능력은 사고력과 문제처리능력 2가지 하위능력으로 구성된다.

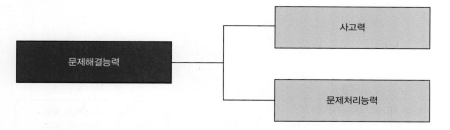

1) 사고력

① 의미
업무와 관련된 문제를 인식하고 해결함에 있어 창조적·논리적·비판적으로 생각하는 능력

② 세부요소
- 창의적 사고
- 논리적 사고
- 비판적 사고

2) 문제처리능력

① 의미
업무와 관련된 문제의 특성을 파악하고 대안을 제시·적용하며 그 결과를 평가하여 피드백하는 능력

② 세부요소
- 문제 인식
- 대안 선택
- 대안 적용
- 대안 평가

직장인은 업무를 수행하는 동안 다양한 문제 상황에 직면하게 된다. 그러나 정작 자신이 문제에 직면해 있다는 사실을 알지 못해 종종 곤란을 겪기도 한다. 이는 업무 수행 중 겪는 문제를 '문제'로 인식하지 못하기 때문이다.

01 문제의 정의

구분	내용
문제	• 문제는 목표와 현상 사이의 차이를 의미 • 원활한 업무수행을 위해 해결해야 하는 질문이나 의논 대상
문제점	• 문제의 근본 원인이 되는 사항으로, 문제해결에 필요한 열쇠인 핵심 사항 • 개선해야 할 사항이나 손을 써야 할 사항, 그에 의해서 문제가 해결될 수 있고 문제의 발생을 미리 방지할 수 있는 사항
문제상태	• 해결하기를 원하지만 실제로 해결해야 하는 방법을 모르는 상태 • 얻고자 하는 해답이 있지만 그 해답을 얻는 데 필요한 일련의 행동을 알지 못한 상태

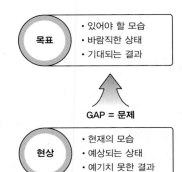

- 목표
  - 있어야 할 모습
  - 바람직한 상태
  - 기대되는 결과

GAP = 문제

- 현상
  - 현재의 모습
  - 예상되는 상태
  - 예기치 못한 결과

예 난폭 운전으로 인해 전복사고가 발생한 상황

문제	문제점	문제상태
전복사고의 발생	난폭 운전	난폭 운전을 어떻게 해결할 수 있는지 방법을 모름

02 문제의 유형

기능에 따른 문제	해결방법에 따른 문제	시간에 따른 문제	업무수행 과정 중 발생한 문제
• 제조 문제 • 판매 문제 • 자금 문제 • 인사 문제 • 경리 문제 • 기술상 문제	• 창의적 문제 • 논리적 문제	• 과거 문제 • 현재 문제 • 미래 문제	• 발생형 문제 • 탐색형 문제 • 설정형 문제

1) 해결 방법에 따른 문제의 유형

구분	창의적 문제	분석적 문제
문제제시 방법	• 현재는 문제가 없더라도 보다 나은 방법을 찾기 위한 탐구 • 문제 자체가 명확하지 않음	• 현재 문제 또는 미래에 예상되는 문제에 대한 탐구 • 문제 자체가 명확함
해결 방법	창의력에 의해 도출된 다양한 아이디어를 통한 해결	분석, 논리, 귀납과 같은 논리적 방법을 통한 해결
해답 수	• 해답 수가 많음 • 다양한 답 중 보다 나은 것 선택	• 해답 수가 적음 • 한정된 답에서 선택
특징	주관적, 직관적, 감각적, 정성적, 개별적, 특수적	객관적, 논리적, 이성적, 정량적, 일반적, 공통적

2) 업무 수행 과정 중 발생한 문제의 유형

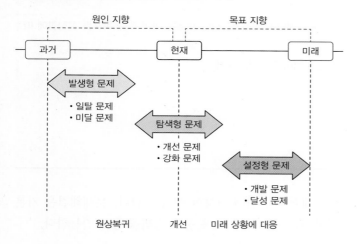

① 발생형 문제(보이는 문제)

• 이미 발생되어 당장 걱정하고 해결하기 위해 고민하는 문제. 눈에 보이는 이미 일어난 문제
• 문제 원인이 내재되어 있어 '원인지향적 문제'라고도 불린다.
• 구분 : 일탈 문제, 미달 문제

일탈 문제	어떤 기준을 일탈함으로써 생기는 문제
미달 문제	기준에 미달하여 생기는 문제

예 생산 설비의 고장

② 탐색형 문제(찾는 문제)

• 현재의 상황을 개선하거나 효율을 높이기 위한 문제. 눈에 보이지 않는 문제
• 방치하면 뒤에 큰 손실이 따르거나 결국 해결할 수 없는 문제로 확대된다.

- 구분 : 잠재 문제, 예측 문제, 발견 문제

잠재 문제	숨어있는 문제(조사 및 분석을 통해 발견 가능)
예측 문제	지금 현재는 문제가 아니지만 계속해서 현재 상태로 진행할 경우를 가정하고 앞으로 일어날 수 있는 문제
발견 문제	현재로서는 담당 업무에 아무런 문제가 없으나 유사한 타 기업의 업무방식이나 선진 기업의 업무 방법 등의 정보를 얻음으로써 지금보다 좋은 제도나 기법, 기술을 발견하여 개선, 향상시킬 수 있는 문제

　예　작업자의 품질 개선 활동, 현업 부서의 업무 생산성 제고 활동

③ **설정형 문제(미래 문제)**
- 미래 상황에 대응하는 장래 경영전략의 문제. 눈에 보이지 않는 문제
- 앞으로 어떻게 할 것인가와 관련되어 있다.
- 구분 : 목표지향적 문제, 창조적 문제

목표지향적 문제	지금까지 해오던 것과 전혀 관계없이 미래지향적인 새로운 과제 또는 목표를 설정함에 따라 발생하는 문제
창조적 문제	문제해결에 많은 창조적인 노력이 요구되는 문제

　예　신규 사업전략

　문제해결사고

직장인은 업무 수행 중 문제가 발생하면 이를 해결하기 위해 다양한 생각을 한다. 문제해결은 기본적으로 전략적 사고, 분석적 사고, 발상의 전환, 내외부자원의 활용 등의 방법을 통해 가능하다.

01 문제해결의 개념 및 의의

1) 개념
목표와 현상을 분석하고 분석 결과를 토대로 주요과제를 도출한 뒤, 바람직한 상태나 기대되는 결과가 나타나도록 최적의 해결안을 찾아 실행·평가해 가는 활동을 의미한다.

2) 의의
문제해결은 조직, 고객, 자신 세 가지 측면에서 기여한다.

조직 측면	자신의 속한 조직의 관련 분야에서 세계 일류수준을 지향하며, 경쟁사 대비 탁월한 우위 확보를 위해 끊임없는 문제해결이 요구됨
고객 문제	고객이 불편하게 느끼는 부분을 찾아 개선과 고객감동을 통한 고객만족을 높이는 측면에서 문제해결이 요구됨
자기 자신 측면	불필요한 업무를 제거하거나 단순화하여 업무를 효율성을 높임으로써 자신을 경쟁력 있는 사람으로 만들어 나가는 데 문제해결이 요구됨

02 문제해결의 필수 요소

1) 체계적인 교육훈련
① 교육을 통해 고정관념과 편견 등 심리적 타성과 기존의 패러다임을 극복해야 한다.
② 새로운 아이디어를 효과적으로 낼 수 있는 창조적 스킬을 습득해야 한다.

2) 전문 영역에 대한 지식
① 일반 문제 외에 조직 내에서 본인이 담당하는 전문 영역에 대한 지식 습득이 필요하다.
② 풍부한 업무 경험을 통해 담당 분야에 대한 다양한 문제해결방법 및 사고력을 키워야 한다.

3) 문제의 구분
① 문제를 조직 전체 관점의 및 각 기능 단위별 관점으로 구분할 수 있어야 한다.
② 스스로 해결할 수 있는 부분 및 조직 전체의 노력을 통해서 해결할 수 있는 부분으로 구분할 수 있어야 한다.

4) 도전 의식과 끈기
도전 의식과 새로운 것을 추구하는 태도, 위기를 이겨내려는 태도 등을 갖춰야 한다.

문제해결을 위한 기본적 사고

구분	내용		
전략적 사고	• 현재 당면하고 있는 문제와 그 해결방법에만 집착하지 않음 • 해당 문제와 해결방안이 상위 시스템 또는 다른 문제와 어떻게 연결되어 있는지를 연결지어 생각하고자 노력함		
분석적 사고	• 전체를 각각의 요소로 나누어 그 요소의 의미를 도출한 다음 우선순위를 부여하고 구체적인 문제해결 방법을 실행하는 것이 요구됨 • 문제 성격에 따라 다음과 같은 세 가지 사고가 요구됨		
	성과 지향의 문제	기대하는 결과를 명시하고 효과적으로 달성하는 방법을 사전에 구상하고 실행하라.	
	가설 지향의 문제	현상 및 원인분석 전에 지식과 경험을 바탕으로 일의 과정이나 결과, 결론을 가정한 다음 검증 후 사실일 경우 다음 단계의 일을 수행하라.	
	사실 지향의 문제	일상 업무에서 일어나는 상식·편견을 타파하여 객관적 사실로부터 사고와 행동을 출발하라.	
발상의 전환	사물과 세상을 바라보는 인식의 틀을 전환하여 새로운 관점에서 바라보는 사고를 지향해야 함		
내외부자원의 활용	문제해결 시 기술, 재료, 방법, 사람 등 필요한 자원 확보 계획을 수립하고 내부 및 외부자원을 효과적으로 활용해야 함		

1) 문제를 철저하게 분석하지 않는 경우

① 문제를 접한 다음 문제가 무엇인지 문제의 구도를 심도 있게 분석하지 않으면 문제해결이 어려워
   지게 된다.

② 어떤 문제가 발생하면 직관으로 성급하게 판단하여 문제의 본질을 명확하게 분석하지 않고 대책
   안을 수립·실행함으로써 근본적인 해결을 하지 못하거나 새로운 문제를 야기하는 결과를 초래할
   수 있으므로 주의해야 한다.

2) 고정관념에 얽매이는 경우

① 상황이 무엇인지를 분석하기 전에 개인적인 편견이나 경험, 습관 등의 고정관념에 갇힌다.

② 정확한 증거와 논리에도 불구하고 정해진 규정과 틀에 얽매여서 새로운 아이디어와 가능성을 무
   시해 버릴 수 있으므로 주의해야 한다.

3) 쉽게 떠오르는 단순한 정보에 의지하는 경우

① 문제해결에 있어 종종 우리가 알고 있는 단순한 정보들에 의존하는 경향이 있다.

② 단순한 정보에 의지하면 문제를 해결하지 못하거나 오류를 범하게 되므로 주의해야 한다.

4) 너무 많은 자료를 수집하려고 노력하는 경우

① 자료를 수집하는 데 있어 구체적인 절차를 무시하고 많은 자료를 얻으려는 노력에만 온 정열을
   쏟는 경우가 있다.

② 무계획적인 자료 수집은 무엇이 제대로 된 자료인지를 알지 못하는 우를 범할 우려가 있으므로
   주의해야 한다.

1) "이 문제의 좋은 점은 무엇인가?"

문제 그 자체에 집중한 나머지 그 문제를 통해 자신이 경험한 유익한 부분은 간과해 버리는 경향이
있다. 하지만 우리가 조금만 객관적으로 본다면, 자신을 괴롭히는 문제라 할지라도 그것을 통해 얻
은 유익이 반드시 있다는 사실을 알 수 있게 된다.

2) "아직 완전하지 않은 부분은 어느 곳인가?"

문제를 만나면 해결하려고 노력하기보다는 회피하거나 그냥 놔두려는 경향이 있다. 중요한 것은 우
리가 그 문제를 해결하려는 의지를 가지고 문제를 통해 보다 완전해질 수 있다는 확신을 갖는 것이
다. 해결할 수 없는 문제란 이 세상에 존재하지 않는다.

3) "이 일을 내가 원하는 방향으로 해결하기 위해서 무엇을 할 수 있는가?"

문제를 해결하기 위해 선택할 수 있는 행동과 결정사항을 꼽아보는 것이 필요하다. 문제해결을 위해 자신이 선택할 수 있는 대안을 있는 대로 모두 생각해 봐야 하며, 때로는 객관적인 시각에서 대안을 생각해낼 수 있는 누군가의 도움을 받는 것도 하나의 방법이 될 수 있다.

4) "이 일을 내가 원하는 방향으로 해결하기 위해서 무엇을 포기할 수 있는가?"

문제를 해결하기 위해 실행에 옮겨야 하는 영역이 있는 반면, 반드시 포기해야 하는 부분이 존재할 수도 있다. 감정적인 측면이나 실제적인 이익, 또는 생각의 전환 등 기존에 내가 소유하고 있는, 혹은 소유하려고 했던 것들에 모두 집착해서는 결코 문제를 해결할 수 없다.

5) "이 일을 내가 원하는 방향으로 해결하기 위해서 필요한 일을 하는 동안, 어떻게 하면 그 과정을 즐길 수 있을까?"

문제에 봉착했을 때 그것을 해결하지 못하는 가장 큰 원인은 그 문제가 가져다주는 감정적 상처와 아픔을 감당하지 못하기 때문이다. 문제해결을 위해 선택할 수 있는 여러 방법 중 우리가 즐기면서 할 수 있는 방법을 선택한다면, 그 과정이 더욱 쉽게 다가올 수 있을 것이다.

문제해결 전략

문제해결을 위한 구체적인 실행 전략으로 소프트 어프로치, 하드 어프로치, 퍼실리테이션 방법을 활용할 수 있다.

01 소프트 어프로치(Soft Approach)

1) 개념
① 무언가를 시사하거나 암시를 통하여 의사를 전달하고 기분을 서로 통하게 함으로써 문제해결을 도모하는 방식
② 소프트 어프로치에서는 문제해결을 위해서 직접적으로 표현하는 것이 바람직하지 않다고 여긴다.
③ 대부분의 기업에서 볼 수 있는 전형적인 문제해결 유형이다.

2) 소프트 어프로치 실행과정
① 전제 : 조직 구성원들은 같은 문화적 토양을 가지고 서로를 이심전심으로 이해하는 상황을 가정한다.
② 과정 : 코디네이터 역할을 하는 제3자가 결론으로 끌고 갈 지점을 미리 머릿속에 그려가면서 권위나 공감에 의지하여 의견을 중재하고 타협과 조정을 통하여 해결을 도모한다.
③ 결론 : 결론이 애매하게 끝나는 경우가 적지 않으나 그것은 그것대로 이심전심을 유도하여 파악하면 된다.

02 하드 어프로치(Hard Approach)

1) 개념
서로의 생각을 직설적으로 주장하고 논쟁이나 협상을 통해 의견을 조정해 가는 방식

2) 하드 어프로치 실행과정
① 전제 : 상이한 문화적 토양을 가지고 있는 구성원임을 가정한다.
② 과정 : 중심적 역할을 하는 것은 논리, 즉 사실과 원칙에 근거한 토론이 된다. 제 3자는 이것을 기반으로 구성원에게 지도와 설득을 하고 전원이 합의하는 일치점을 찾아내고자 노력한다.
③ 결론 : 매우 합리적인 방법이나, 잘못하면 단순한 이해관계의 조정에 그칠 수 있어 그것만으로는 창조적인 아이디어나 높은 만족감을 이끌어내기 어렵다는 단점도 존재한다.

03 퍼실리테이션(Facilitation)

1) 개념
① 깊이 있는 커뮤니케이션을 통해 서로의 문제점을 이해하고 공감함으로써 창조적인 문제해결을 도모하는 방식
② 퍼실리테이션이란 '촉진'을 의미하며, 어떤 그룹이나 집단이 의사결정을 잘 할 수 있도록 도와주는 일을 가리킨다.

2) 원활한 퍼실리테이션을 위해 요구되는 능력
① 문제의 탐색과 발견 능력
② 문제해결을 위한 구성원 간의 커뮤니케이션 조정 능력
③ 합의를 도출하기 위한 구성원들 사이의 갈등 관리 능력

3) 퍼실리테이션의 대두
① 최근 많은 조직에서는 보다 생산적인 결과를 가져올 수 있도록 그룹이 나아갈 방향을 알려 주고, 주제에 대한 공감을 이룰 수 있도록 능숙하게 도와주는 퍼실리테이터를 활용하고 있다.
② 소프트 어프로치나 하드 어프로치 방법은 타협점의 단순 조정에 그칠 수 있으나, 퍼실리테이션에 의한 방법은 초기에 생각하지 못했던 창조적인 해결 방법까지 도출할 수 있다.
③ 동시에 구성원의 동기가 강화되고 팀워크도 한층 강화시킬 수 있다.
④ 퍼실리테이션을 활용한 문제해결은 구성원이 자율적으로 실행하는 것이며, 제3자가 합의점이나 줄거리를 준비해 놓고 예정대로 결론이 도출되어 가도록 해서는 안 된다.

퍼실리테이션 의사결정방법

1) 다중투표법(Multi-Voting)

① '멀티보팅'이라고도 불리며 복수의 안에 투표하는 방식

② 참가자에게 대안의 30%에 해당하는 투표권을 부여하며 각 투표권당 대안 하나씩에 투표한다.

> 예 대안이 6개인 상황 → 참가자 각자 2개의 투표권을 가지며 각각 다른 대안에 투표함 → 다수의 표를 받은 대안을 선정함

③ 다중투표를 반복함으로써 대안의 수를 합리적으로 줄일 수 있다.

2) 가중투표법(Green Dot-Voting)

① '그린닷보팅'이라고도 불리며 점 스티커를 사용한 데서 유래한 투표 기법

② 투표권을 대안의 1.5배 정도 부여하되 하나의 대안에 가진 표의 과반을 초과하는 수만큼은 투표하지 못한다.

> 예 대안이 4개인 상황 → 참가자 각자 6개의 투표권을 가지며 대안에 투표하되, 하나의 대안에 4개 이상의 표를 줄 수는 없음 → 다수의 표를 받은 대안을 선정함

③ 참가자의 선호도를 충분히 반영할 수 있다.

바로 확인문제

다음 글의 빈칸에 들어갈 단어로 가장 적절한 것은?

( ) 문제란 실제 문제가 발생하지 않았고 자신의 업무 역시 원활히 진행되고 있으나 항상 지금의 성과 수준에 불만을 가지고 더 높은 수준을 갈구함으로써 의식적으로 만들어진 문제를 말한다. 대표적 예시로는 작업자의 품질 개선 활동, 협업 부서의 업무 생산성 제고활동 등이 있다.

① 탐색형 ② 발생형
③ 창의형 ④ 설정형

해설

탐색형 문제란 이상적 목표 수준을 현재 수준보다 더 높게 끌어올림으로써 의식적으로 만들어 내는 문제를 의미합니다. 탐색형 문제는 방치하면 뒤에 큰 손실이 따르거나 결국 해결할 수 없는 상황으로 확대되므로 신속한 해결이 중요하며 잠재 문제, 예측 문제, 발견 문제 세 가지 유형으로 구분될 수 있습니다.

정답 ①

(사고력 개요)

① **사고력의 필요성**

사고력은 일상생활뿐 아니라 공동체 생활의 문제를 해결하기 위하여 요구되는 기본요소로, 창의적, 논리적, 비판적으로 생각하는 능력을 의미한다. 우리에게 주어진 무수한 정보 중에서 이를 알맞게 선택하고 다른 사람과 의견을 공유하기 위해서는 창의적, 논리적, 비판적 사고가 필수적이며, 이러한 사고력은 다양한 형태의 문제에 대처하고 자신들의 의견 및 행동을 피력하는 데 중요한 역할을 한다.

② **직장에서의 사고력**

- 직업 생활에서 맞닥뜨리는 다양한 문제 상황의 해결은 물론, 각종 기획 회의나 발표에 있어 차별화된 성과를 내기 위해서는 주어진 상황뿐만 아니라 앞으로 발생할 수 있는 다양한 변수들에 대해 다각적으로 사고할 수 있어야 한다.
- 따라서 직장인으로서 문제해결을 위한 사고력에 대해 이해하고 이를 활용하는 방법을 숙지하는 것은 필수적이다. 그중에서도 창의적 사고, 논리적 사고, 비판적 사고에 대해 명확히 알아두는 것은 장기적 관점에서 조직 내 인정받는 구성원이 되는 원동력이 될 수 있을 것이다.

창의적 사고

대부분의 사람들은 창의적 사고를 아주 특별한 사람만이 가지고 있다는, 자신과 무관한 능력이라고 생각하기도 한다. 그러나 창의력은 누구에게나 있는 능력으로 일상생활에서 끊임없이 이를 발휘하고 있다.

01 창의적 사고의 의미

① 창의적 사고란 당면한 문제를 해결하기 위해 이미 알고 있는 경험과 지식을 해체하여 다시 새로운 정보로 결합함으로써 가치 있고 참신한 아이디어를 산출하는 사고를 의미한다.
② 창의적 사고는 발산적(확산적) 사고로서, 아이디어가 많고 다양하고 독특한 것을 의미한다.
③ 창의적 사고는 새롭고 유용한 아이디어를 생산해 내는 정신적인 과정이다.
④ 창의적 사고는 통상적인 것이 아니라 기발하거나 신기하며 독창적인 것이다.
⑤ 창의적인 사고는 유용하고 적절하며 가치가 있어야 한다.
⑥ 창의적인 사고는 기존의 정보(지식, 상상, 개념 등)들을 특정한 요구조건에 맞거나 유용하도록 새롭게 조합시킨 것이다.

02 창의적 사고의 특징

1) 정보와 정보의 조합
정보는 주변에서 발견할 수 있는 지식(내적 정보)과 책이나 밖에서 본 현상(외부 정보)의 두 가지 형태를 의미하는데, 이러한 정보를 조합하여 최종적인 해답으로 통합하는 것이 창의적 사고의 출발점이다.

2) 새로운 가치의 창출
창의적 사고는 개인이 갖춘 창의적 사고와 사회적으로 새로운 가치를 가지는 창의적 사고의 두 가지로 구분할 수 있다. 개인이 발휘한 창의력은 경우에 따라 사회발전을 위한 원동력을 제공하기도 하고, 새로운 사회 시스템을 구축하는 데 쓰이기도 한다.

3) 교육 훈련을 통한 개발 가능성
창의적인 사고는 창의력 교육훈련을 통해서 개발할 수 있으며 모험심, 호기심, 적극적, 예술적, 집념과 끈기, 자유분방함 등이 보장될수록 높은 창의력을 보인다.

> **기적의 TIP** 창의적 사고의 범위
> 창의적 사고에는 문제를 사전에 찾아내는 힘, 문제해결에 있어서 다각도로 힌트를 찾아내는 힘, 그리고 문제해결을 위해 끈기 있게 도전하는 태도뿐만 아니라 사고력을 비롯해서 성격, 태도에 걸친 전인격적인 가능성까지도 포함된다.

03 창의적 사고의 개발방법

창의적으로 사고하기 위해서는 문제에 대한 다양한 사실이나 아이디어를 창출할 수 있는 발산적 사고가 필요하다. 이러한 발산적 사고의 개발방법으로는 자유연상법, 강제연상법, 비교발상법 등이 있다.

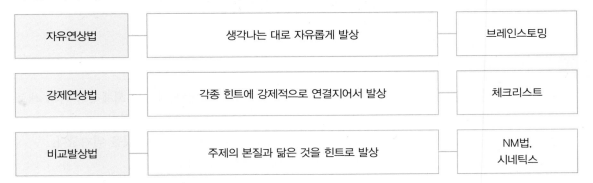

자유연상법	생각나는 대로 자유롭게 발상	브레인스토밍
강제연상법	각종 힌트에 강제적으로 연결지어서 발상	체크리스트
비교발상법	주제의 본질과 닮은 것을 힌트로 발상	NM법, 시네틱스

1) 자유연상법

자유연상법은 어떤 생각에서 다른 생각을 계속해서 떠올리는 작용을 통해 어떤 주제에서 생각나는 것을 계속해서 열거해 나가는 발산적 사고 중 하나의 방법을 의미한다.

예 브레인스토밍

> "신차 출시"라는 주제에 대해 "홍보를 통해 판매량을 늘린다.", "회사 내 직원들의 반응을 살핀다.", "경쟁사의 자동차와 비교한다" 등 자유롭게 아이디어를 창출한다.

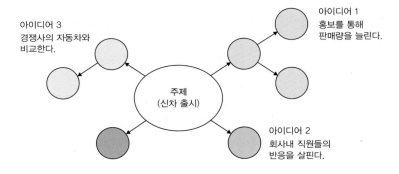

2) 강제연상법

강제연상법은 각종 힌트에서 강제로 연결지어 발상하는 방법을 의미한다.

예 체크리스트

> "신차 출시"라는 주제에 대해 판매방법, 판매대상 등의 힌트를 통해 사고 방향을 미리 정해서 발상을 하게 된다. 이 때 판매방법이라는 힌트에 대해서는 "신규 해외 수출 지역을 물색한다."라는 아이디어를 떠올릴 수 있다.

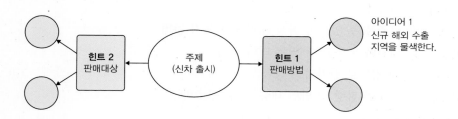

3) 비교발상법

① 주제와 본질적으로 닮은 것을 힌트로 하여 새로운 아이디어를 얻는 방법을 의미한다.

② 본질적으로 닮은 것이란 단순히 겉만 닮은 것이 아니고 힌트와 주제가 제시한 개별 아이디어 자체의 의미를 잃지 않는 수준에서 닮았다는 것을 의미한다.

예 NM법, 시네틱스

> "신차 출시"라는 주제에 대해 신차는 회사에서 새롭게 생산해 낸 제품을 의미한다. 따라서 새롭게 생산해 낸 제품에 대한 힌트를 먼저 찾고, 만약 지난달에 판매실적이 뛰어난 신상품 비누가 있었다면, "지난달 신상품인 비누의 판매 전략을 토대로 신차의 판매 전략을 어떻게 수립할 수 있을까?"하는 아이디어를 도출하게 된다.

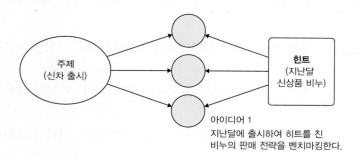

04 창의적 사고 방법

1) 브레인스토밍(Brainstorming)

① **의미** : 두뇌에 폭풍을 일으킨다는 뜻으로 집단의 효과를 살려 아이디어의 연쇄반응을 일으켜 자유분방한 아이디어를 내고자 하는 방법

② **진행방법**
- [1단계] 구체적이고 명확한 주제 선정
- [2단계] 구성원들이 얼굴을 마주볼 수 있도록 좌석 배치&큰 용지 준비
- [3단계] 구성원들의 다양한 의견을 도출할 수 있는 리더 선출
- [4단계] 다양한 분야의 5~8명 정도로 참가자 구성
- [5단계] 구성원들의 자유로운 발언 진행 및 발언 내용 기록, 구조화
- [6단계] 독자성 및 실현가능성 고려한 최종 아이디어 채택

③ **장단점**

장점	단점
• 다양한 주제 선정 가능 • 아이디어 수렴 과정에서의 시너지 효과 • 비판과 비난을 자제한 표현의 자유 • 효율적 시간관리 가능(40분~1시간)	• 경청 과정에서의 산출방해 발생 가능 • 경직된 분위기에서의 평가불안 작용 • 무임승차 또는 태만의 발생 • 목적이 불명확한 경우 시간 낭비 가능성

④ **유의사항**
- 브레인스토밍 4대 원칙
  - 비판금지 : 다른 사람의 아이디어는 절대로 비판하지 않는다. 특히 아이디어를 내는 과정에서도 비판하거나 평가하지 않아야 한다.
  - 자유분방 : 자유분방한 분위기에서 창의적인 아이디어가 등장할 확률이 높다. 어리석게 보이는 아이디어도 의무적으로 제출시켜야 한다.
  - 질보다 양 : 아이디어의 수가 많으면 그중에 좋은 아이디어 발생할 확률이 높다. 가능한 많은 아이디어를 제출시켜야 한다.
  - 결합과 개선 : 다양한 아이디어의 조합으로 또 다른 아이디어가 도출될 수 있다. 시너지 효과 기대 가능하다.
- 링겔만 효과(= 집단 속에 참여하는 개인의 수가 늘어갈수록 성과에 대한 1인당 공헌도가 오히려 떨어지는 현상)를 경계해야 한다.

2) 브레인라이팅(Brainwriting)

① 의미 : 브레인 스토밍의 서술형 버전으로 아이디어를 종이에 기록하여 제출하는 방법(6명이 아이디어 3개를 5분마다 생각한다고 하여 6-3-5 기법이라 불리기도 한다)

② **진행방법**

- [1단계] 구체적이고 명확한 주제 선정
- [2단계] 참가자 원탁 착석 후 주제 적혀있는 용지 개인별 배부
- [3단계] 참가자 각자 주제에 대한 3개의 아이디어 용지에 기재
- [4단계] 본인 용지를 오른쪽 사람에게 전달(본인은 왼쪽 사람으로부터 받음)
- [5단계] 왼쪽 사람 용지에 이미 적힌 내용을 감안하여 추가로 3개의 아이디어 기재
- [6단계] 참가자들의 아이디어가 떨어질 때까지 해당 과정을 반복

예 브레인라이팅 용지 양식

구분	아이디어 1	아이디어 2	아이디어 3
김영진	A	B	C
이기적	A+	B+	C+
박필기	A++	B++	C++
최시험	D++	D++	D++

③ **장단점**

장점	단점
• 말하는 것이 어색한 참가자가 있는 경우 유리 • 침묵 상황에서 진행되므로 사고가 방해되지 않음 • 모두에게 공정한 진행 가능	참가자 간 서로 자극하는 상승효과를 기대하기는 어려움

3) 체크리스트(Check List)

① 의미 : 창의적 아이디어를 위해 막연하게 생각하기보다는 발상을 재촉하는 중요한 포인트를 미리 정해두고 순서대로 체크해 가는 방법

② **진행방법[오스본(Alex F. Osborn)의 체크리스트 9가지 체크 항목]**

항목	내용
전용 (Diversion)	"다른 방법으로 사용할 수는 없을까?" → 기존에 있던 것을 개량하여 다른 용도로 사용할 방법이 없는지 생각하는 방법
차용 (Borrowing)	"다르게 응용해 볼 수는 없을까?" → 아이디어를 빌릴 수 없는지 또는 흉내낼 수 있는 것은 없는지 생각하는 방법
변경 (Change)	"다르게 변경해 보면 어떨까?" → 어떤 것의 의미, 색, 소리, 움직임, 형태, 양식 등을 변화시키는 방법
확대 (Magnification)	"확대해보면 어떨까?" → 빈도, 강도, 높이, 길이, 가치, 재료 등을 확대하고 과장하는 방법
축소 (Reduction)	"축소시켜보면 어떨까?" → 작게, 낮게, 짧게, 생략, 분할하는 방법
대용 (Substitution)	"다른 것으로 대용이 가능할까?" → 사람, 물건, 재료, 소재, 기법, 동력, 장소 등을 바꿔보는 방법
대체 (Alternation)	"다른 것을 대체해 보면 어떨까? → 위치, 장소, 사람, 소재, 표기방법 등을 대체해 보며 아이디어를 발상하는 방법
역전 (Reversion)	"거꾸로 해보면 어떨까?" → 상하, 좌우, 전후 역할을 바꾸는 방법
결합 (Compounding)	"다른 것들과 결합시켜 보면 어떨까?" → 목적이나 단위, 아이디어, 브랜드를 결합해 보는 방법

4) NM법

① 의미 : 일본의 나카야마 마사가스(Nakayama Masakazu)가 고안한 방법으로, 주제가 떠오를 때 먼저 주제의 본질을 키워드로 나타내며 연상된 유추를 기본으로 다양한 아이디어를 생각해 내고, 이 중 적합한 방법을 골라 해결책을 찾는 기법

② **진행방법**

- [1단계] 과제 설정 예 레고의 판매율 하락
- [2단계] 키워드 정리 예 레고의 강점 키워드는 '조립'임
- [3단계] 키워드 기반의 유추 발상 예 '조립'을 통해 '합체'를 유추함
- [4단계] 유추 배경 이해 예 합체 로봇을 통해 '업그레이드가 가능한 레고'를 떠올림
- [5단계] 아이디어 발상 예 새로운 세트 구매 시 이전 세트에 조립 및 합체가 가능한 레고 아이템
- [6단계] 해결안 정리 예 업그레이드를 통해 새로운 세트의 구매욕을 끌어올릴 수 있음

5) 시네틱스(Synectics)

① **의미** : 서로 관련이 없어 보이는 것들을 조합하여 새로운 것을 도출해 내는 방법

② **진행방법(유추 기반의 4가지 사고방식 진행)**

직접유추	객관적으로 직접 비교하면서 주어진 문제를 전혀 다른 사물이나 현상으로 유추하는 방법 **예** 벨의 전화기 발명 당시 사람의 입과 귀에 착안하여 송화기와 수화기 발명
의인유추	자신이 문제의 대상이 되었다고 상상하며 문제를 해결하는 방법 **예** 탁구공을 찾을 때 내가 탁구공이라면 어떻게 움직여서 어디에 있을지를 고민하며 찾음
상징유추	서로 모순되어 보이는 두 단어에서 사고를 시작하여 다양한 유추를 하는 방법 **예** 타이어 광고기획 시, '부드러움'과 '강함'이라는 모순된 조합을 토대로 새로운 카피 고안
환상유추	공상이나 꿈을 결부시켜서 문제를 해결하는 방법 **예** 라이트 형제가 '새처럼 하늘을 날고 싶다'라는 공상을 바탕으로 인류 최초로 비행기를 발명

6) 스캠퍼(SCAMPER) 기법

① **의미** : 발상의 전환을 이끌어내는 키워드를 제시하고 이를 중심으로 아이디어를 제안하는 기법

② **진행방법**

③ **스캠퍼(SCAMPER) 7단계 사고방식**

	사고방식	내용
S	대체하기 (Substitute)	• 현재 사용 중인 요소나 아이디어를 다른 것으로 대체하는 것 • 기존 아이디어나 해결책을 더 나은 것으로 바꾸는 방법을 찾을 때 활용
C	결합하기 (Combine)	• 기존 요소나 아이디어를 합치거나 결합하여 새로운 아이디어를 도출하는 것 • 다양한 아이디어나 자원을 융합시켜 더 효과적인 솔루션을 찾을 때 활용
A	적용하기 (Adapt)	• 기존 아이디어나 해결책을 다른 문맥이나 상황에 맞게 조정하거나 변형하는 것 • 기존 아이디어를 다른 분야에 적용하여 새로운 가치를 창출할 때 활용
M	수정하기 (Modify)	• 기존 아이디어나 요소를 변경하거나 조정하여 더 나은 결과를 얻는 것 • 제품, 서비스, 프로세스 등을 더욱 효율적이고 효과적으로 개선하고자 할 때 활용
P	용도 바꾸기 (Put to Other Use)	• 기존 아이디어나 제품을 원래의 용도 이외의 다른 용도나 문제 해결에 활용하는 과정 • 혁신을 촉진하고 자원을 더 효율적으로 활용할 수 있는 아이디어를 찾을 때 활용
E	제거하기 (Eliminate)	• 기존 아이디어나 요소 중에서 불필요한 부분을 제거하거나 간소화하는 과정 • 효율성을 높이고 복잡성을 줄이며, 더 간결하고 효과적인 해결책을 찾을 때 활용
R	역발상하기 (Reverse)	• 기존 아이디어나 문제 해결 방법을 역전시켜 보고 새로운 관점을 찾는 과정 • 기존의 방식들을 역으로 생각하여 문제의 다른 측면을 탐구할 때 활용

7) 고든법

① **의미** : 미국의 고든(Gordon)이 브레인스토밍의 단점을 보완하기 위해 만든 것으로 주어진 주제를 리더만 알고 나머지 사람들은 모르는 채로 진행자의 진행에 따라 자신의 생각을 자유롭게 제시하는 방법

② **진행방법**
- [1단계] 리더만 주제를 알고 있는 상황에서 자유롭게 발언하는 분위기 형성
- [2단계] 참가자들은 리더가 제시한 테마에 대해 자유롭게 의견 공유
- [3단계] 문제해결 관련 아이디어가 등장하기 시작했을 때 리더는 주제 공유
- [4단계] 제시된 아이디어를 바탕으로 대안의 발전 및 구체화
- [5단계] 최종 아이디어 선택

③ **유의사항**
- 주어진 테마가 추상적일수록 참가자들의 사고가 폭넓게 퍼질 수 있으나, 동시에 참가자의 아이디어들이 예측을 벗어날 수 있다.
- 대화의 방향이 주제와 너무 멀어지지 않도록 적당한 리더의 역할이 중요하다.

8) 마인드맵(Mind Map)

① **의미** : 새로운 아이디어를 창출하고 기록하기 위해 연상을 이용하여 자기 자신의 사고 패턴을 그리며 창의성 유발을 촉진하는 개인적 시각화 촉진기법

② **진행방법** : 중심 이미지 설정 → 주가지 작성 → 부가지 작성 → 세부가지 작성

③ **유의사항**
- 주제별로 가지 위에 한 단어(이미지)만 나타내는 것이 좋다.
- 방사형 계층 구조 또는 가지에 포함된 요점은 일관성을 유지해야 한다.

예 마인드맵 이미지

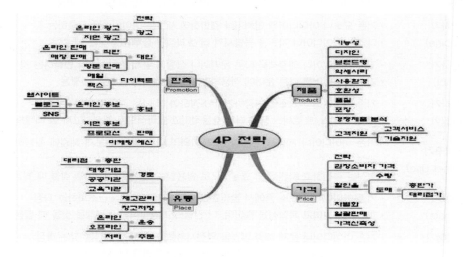

논리적 사고

자신의 계획이나 주장을 이해시키기 위하여 다른 사람을 설득해야 하는 경우, 똑같은 내용을 전달하는 경우라도 논리적인 설명을 하느냐 그렇지 못하느냐에 따라 받아들이는 사람의 반응이 많이 달라질 수 있다. 이는 우리가 논리적 사고를 바탕으로 상대방도 공감할 수 있는 내용으로 설득할 수 있는지의 문제와 연결될 수 있다.

01 논리적 사고의 의미와 구성요소

1) 논리적 사고의 의미

논리적 사고는 공동체 생활에서 지속적으로 요구되는 능력으로 사고의 전개에서 전후 관계가 일치하고 있는가를 살피고 아이디어를 평가하는 능력을 의미한다.

2) 논리적 사고의 구성요소

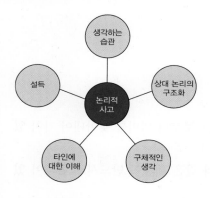

구성요소	내용
생각하는 습관	• 논리적 사고 실천을 위한 가장 기본적 자세 • 일상적인 대화, 회사의 문서, 신문의 사설 등 접하는 모든 것들에 대해 언제 어디에서나 생각하는 자세가 필요함 ⑩ "이것은 재미있지만, 왜 재미있는지 알 수 없다."라는 의문이 들었을 때, 계속해서 왜 그런지에 대해 생각해 보는 것
상대 논리의 구조화	• 다른 사람을 설득하는 과정에서 거부당할 수 있으며 이때 상대의 논리를 구조화하는 것이 필요함 • 상대 논리에서 약점을 찾고 자신의 생각을 재구축함으로써 상대를 설득할 수 있음
구체적인 생각	상대가 말하는 것을 잘 알 수 없을 경우, 구체적 이미지를 떠올리거나 숫자를 활용하여 표현하는 등 다양한 방법을 활용해 생각해야 함
타인에 대한 이해	상대의 주장에 반론할 경우에는 상대 주장 전부를 부정하지 않고, 동시에 상대의 인격을 존중하는 것이 중요함
설득	• 논리적인 사고는 고정된 견해나 자신의 사상을 강요하는 것이 아님 • 설득은 논쟁이 아닌 논증을 통해 이루어져야 함 • 진정한 설득이란 나의 주장을 다른 사람에게 이해시켜 공감시키고 그 사람이 내가 원하는 행동을 하게 만드는 것

가장 흔히 사용되는 방법으로 피라미드 구조화 방법과 So What 방법 두 가지가 있다.

1) 피라미드 구조화 방법

하위 사실이나 현상부터 사고함으로써 상위의 주장을 만들어가는 방법으로, 보조 메시지들을 통해 주요 메인 메시지를 얻고, 다시 메인 메시지를 종합한 최종 정보를 도출해 낸다.

> ⓔ 판매 부서에서 발견할 수 있는 현상(보조 메시지)이 제품 A의 판매 부진(a), 고객들의 불만 건수 증가(b), 경쟁사의 제품 B의 매출 증가(c)라고 할 때, 이를 통해 제품 A에 대한 홍보가 부족하고 고객의 만족도가 떨어지고 있다(1)는 메인 메시지를 도출할 수 있다.

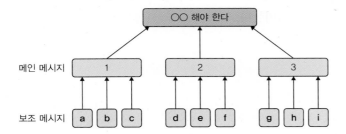

2) So What 방법

① "그래서 무엇이지?"하고 자문자답하는 것으로, 눈앞에 있는 정보로부터 의미를 찾아내어 가치 있는 정보를 이끌어 내는 사고 방법이다.

② So What 방법에는 "어떻게 될 것인가", "어떻게 해야 한다"와 같은 내용이 반드시 포함되어 있어야 한다.

> ⓔ 상황에 따른 So What 논리적 사고방식 평가
> - 상황
>   - ㄱ : 우리 회사의 자동차 판매량이 창사 이래 처음으로 전년 대비 마이너스를 기록한 상황
>   - ㄴ : 우리나라 자동차 업계 전체는 전년 대비 일제히 적자 결산을 발표한 상황
>   - ㄷ : 주식 시장은 몇 주간 조금씩 하락하고 있는 상황
> - 사고방식
>   - A : 자동차 판매의 부진
>   - B : 자동차 산업의 미래
>   - C : 자동차 산업과 주식시장의 상황
>   - D : 자동차 관련 기업의 주식을 매수해서는 안 됨
>   - E : 지금이야말로 자동차 관련 기업의 주식을 매수해야 할 때임

사고방식	So What 논리성 평가
A	상황 ㄱ만 고려하고 있어 "So What?"의 사고가 원활히 이뤄지지 않았다.
B	상황 ㄷ의 주식시장에 대해서는 충분히 고려하고 있지 못하다.
C	주식 시장에 대해서도 포함하고 있으며 세 가지의 상황 모두 자동차 산업의 가까운 미래를 예측하는 데 사용될 수 있는 정보이기 때문에 모순은 없으나, 자동차 산업과 주식시장 변화에 대한 사실 전달은 어렵다.
D	"주식을 매수하지 말라."와 같이 주장하는 메시지가 명확하며, So What이 활용되었다.
E	"주식을 매수하라."와 같이 주장하는 메시지가 명확하며, So What이 활용되었다.

03 논리적 사고의 오류

논리적 사고에서 논증을 구성하거나 추론을 진행하는 데 있어 타당하지 않은 방식을 사용하는 것을 의미하며 크게 형식적 오류와 비형식적 오류 두 가지로 구분된다.

형식적 오류	비형식적 오류
논리의 형식이나 구조에 문제가 있는 오류	말의 형식이나 내용에 문제가 있는 오류

1) 형식적 오류

① **선결 문제의 오류(순환 논증의 오류)** : 결론에서 주장하고자 하는 바를 전제로 제시하는 오류
　　예 이 책에 쓰인 내용은 사실이다. 왜냐하면 이 책에 그렇게 적혀있기 때문이다.

② **자가 당착의 오류(비정합성의 오류)** : 앞, 뒤의 주장이나 전제와 결론 사이에 모순이 발생함으로써 일관된 논점을 갖지 못하는 오류
　　예 모든 방패를 뚫을 수 있는 창, 모든 창을 막을 수 있는 방패

③ **선언지 긍정의 오류** : 어느 전제의 대상이 A일수도 있고 B일수도 있으나 A라고 해서 B가 아니라고 단정을 짓는 오류
　　예 김영진은 수학을 잘하거나 영어를 잘한다. 김영진은 수학을 잘한다. 따라서 영어는 못한다.

④ **전건 부정의 오류**
• 전건을 부정하여 후건 부정을 타당한 결론으로 도출해내는 오류
• 명제 'A(전건)이면 B(후건)이다'에서 A가 아니면 B도 아니다.

⑤ **후건 긍정의 오류**
- 후건을 긍정하여 전건 긍정을 타당한 결론으로 도출해내는 오류
- B이므로 A이다.

📌 전건 부정 및 후건 긍정의 오류 사례

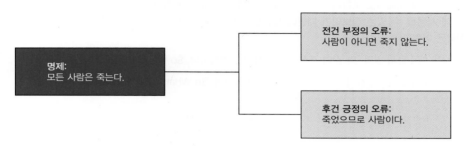

명제:
모든 사람은 죽는다.

전건 부정의 오류:
사람이 아니면 죽지 않는다.

후건 긍정의 오류:
죽었으므로 사람이다.

2) 비형식적 오류
비형식적 오류는 심리적 오류, 자료적 오류, 언어적 오류로 구분된다.

① 심리적 오류

종류	내용
감정에 호소하는 오류	동정, 연민, 공포, 증오 등 감정에 호소하여 논지를 받아들이게 하는 오류 📌 "나는 어제 시험 성적을 나쁘게 받았으니까 오늘은 스트레스를 풀기 위해 놀아도 돼."
사적 관계에 호소하는 오류	정 때문에 논지를 받아들이게 하는 오류 📌 "넌 나와 제일 친한 사이잖아. 그러니 네가 나를 도와줘야지."
위력에 호소하는 오류	지위, 관직, 학위 등을 이용하여 상대방에게 공포감을 주어 자신의 주장을 관철하는 오류 📌 "김과장님, 이번 달 매출 분발하셔야겠습니다. 그래야 다음 달에도 회사에서 볼 수 있죠."
군중에 호소하는 오류	군중 심리(여론)으로 자극하여 논지를 받아들이게 하는 오류 📌 "이 책은 베스트셀러니까 읽을 만한 책이다."
부적합한 권위에 호소하는 오류	논지와 직접적인 관련이 없는 권위자의 견해를 근거로 신뢰하게 하는 오류 📌 "이 가방은 연예인이 사용하는 것이니까 좋은 가방일 거야."
원천 봉쇄의 오류	반론이 일어날 수 있는 원천을 비판·봉쇄함으로써 반론의 제기를 불가능하게 하며 자신의 논지를 옹호하는 오류 📌 "얘야, 빨리 가서 자야지. 늦게 자는 어린이는 착한 어린이가 아니야."
피장파장의 오류	비판받은 내용이 비판하는 사람에게도 역시 동일하게 적용됨을 근거로 비판에서 벗어나려는 오류 📌 "저 사람도 무단횡단을 했는데 왜 나만 단속하는 거예요?"
인신공격의 오류	사람의 인품이나 성격을 비난함으로써 그 사람의 주장이 잘못되었다고 하는 오류 📌 "저 사람은 전과자라서 믿을 수가 없다."

② 자료적 오류

종류	내용
성급한 일반화의 오류	제한된 정보, 부적합한 증거, 대표성이 결여된 사례 등을 근거로 일반화하는 오류 예 "걔 벌써 두 번이나 회의에 지각했어. 그러니까 걔랑은 어떤 약속을 해서는 안 돼."
무지에의 호소 오류	증명할 수 없거나 알 수 없음을 거짓이라고 추론하는 오류 예 "하느님의 존재를 밝힌 바 없으므로 하느님은 없다."
논점일탈의 오류	논점과 관계 없는 것을 제시하여 무관한 결론에 이르게 되는 오류 예 "요즘 무분별한 소비 문화가 만연해 있으니 우리는 자식들을 엄하게 키워야 해."
잘못된 유추의 오류	비유를 부당하게 적용함으로써 발생하는 오류 예 "컴퓨터와 사람은 유사한 점이 많습니다. 그러므로 컴퓨터도 사람처럼 감정을 느낄 수 있을 것입니다."
의도 확대의 오류	의도하지 않은 결과를 의도가 있다고 판단하여 생기는 오류 예 "붐비는 버스에서 앞사람의 가방에 부딪힌 경우, 그 사람은 일부러 부딪치기 위해 버스를 탔을 것이다."
잘못된 인과관계의 오류	단순한 선후 관계를 인과 관계로 추리하는 오류 예 "포도주가 오래될수록 맛이 깊어지는 것처럼 인간관계도 오래될수록 깊어지는 거야."
우연의 오류 (원칙 혼동의 오류)	상황에 따라 적용되어야 할 원칙이 다른데도 이를 혼동해서 생기는 오류 예 "거짓말하는 것은 죄악이다. 그러므로 의사가 환자에게 거짓말을 하는 것은 어떠한 상황이든 당연히 죄악이다."
복합 질문의 오류	수긍할 수 없거나 수긍하고 싶지 않은 것을 전제하고 질문함으로써 수긍하게 만드는 오류 예 "이제는 담배를 끊을 거지?" (Yes – 이제까지 피웠다고 받아들여짐, No – 계속 피우겠다고 받아들여짐)
흑백 논리의 오류	A 아니면 B, 어떤 집합의 원소가 두 개밖에 없다고 여기고 추론하는 오류 예 "그는 나를 사랑하지 않아. 그러니까 증오하고 있는 것이 분명해."
허수아비 공격의 오류	상대방의 주장과는 전혀 상관없는 별개의 논리를 만들어 공격하는 오류 예 (사형제도를 반대하는 자에게) "너는 사회에 범죄자가 마음껏 날뛰어도 괜찮다는 거구나?"
결합의 오류	부분의 속성을 전체의 속성으로 보는 오류 예 "머리카락 하나가 빠지면 대머리가 되지 않는다. 100개가 빠져도 그렇다. 따라서 1만 개가 빠져도 대머리가 되지 않을 것이다."
분할의 오류	전체의 속성을 부분도 가진다고 추론하는 오류 예 "한 트럭에 실린 모래가 무겁기 때문에 한 알의 모래도 무거울 것이다."

③ 언어적 오류

종류	내용
애매어의 오류	둘 이상의 의미를 가진 말을 애매하게 사용함으로써 생기는 오류 예 "모든 인간은 죄인이다. 따라서 모든 인간은 감옥에 가야한다."
애매문장의 오류	문장의 의미가 두가지 이상으로 해석되는 오류 예 "그는 나보다 돈을 더 좋아한다."
은밀한 재정의의 오류	용어의 의미를 자의적으로 재정의하여 사용함으로써 생기는 오류 예 "요즘 세상에 뇌물을 받다니, 그 사람 병원에 가봐야 하는 것 아냐?"
강조의 오류	어떤 주장을 하거나 의견을 제출함에 있어서 특정 부분을 강조함으로써 그 본래의 뜻을 왜곡하는 오류 예 "밤에 교수님께 전화거는 것이 실례라면, 밤에 선배한테 전화거는 것은 괜찮겠네요?"
사용과 언급을 혼동하는 오류	사용한 말과 언급한 말을 혼동해서 생기는 오류 예 "기독교의 교리는 성경 안에 있다. 그런데 성경은 두 글자이므로 기독교는 두 글자 안에 있다."
'이다'를 혼동하는 오류	술어적인 '이다'와 동일성의 '이다'를 혼동해서 생기는 오류 예 "인간은 동물이다. 그러므로 인간 이외는 동물이 아니다."

3) '연역법 vs 귀납법' 논리적 사고 비교

연역법	• 전체에서 시작하여 논리적인 주장을 통해 특정 결론에 도달하는 사고방식 • 사고과정 : 가설 설정 → 조작화 → 관찰 및 경험 → 검증 예 모든 사람은 죽는다. → A는 사람이다. → 그러므로 A는 죽는다.
귀납법	• 관찰이나 경험에서 시작하여 일반적인 결론에 도달하는 사고방식 • 사고과정 : 주제 선정 → 관찰 및 경험 → 유형 발견 → 임시결론(이론도출) 예 백조 1마리가 하얗다. → 백조 2, 3, ⋯, 100마리도 하얗다. → 모든 백조는 하얀색일 것이다.

기적의 TIP

논리적 사고의 오류를 고르는 문제는 실제 필기시험에서 빈번하게 출제되고 있는 유형 중 하나입니다. 각종 오류의 의미와 해당하는 예시 문장들을 명확히 구분해 숙지함으로써 문제가 요구하는 답을 정확히 선택할 수 있도록 대비해야 합니다.

비판적 사고

자신의 주장에 잘못이 없는지를 엄격히 살펴보는 비판적인 사고를 바탕으로 상황을 보다 합리적이고 객관적으로 이해할 수 있게 된다.

01 비판적 사고의 의미

① 비판적 사고는 어떤 주제나 주장 등에 대해서 적극적으로 분석하고 종합하며 평가하는 능동적인 사고를 의미하며 어떤 논증, 추론, 증거, 가치를 표현한 사례를 타당한 것으로 수용할 것인가 아니면 불합리한 것으로 거절할 것인가에 대한 결정에 필요한 사고이다.

② 비판적 사고는 문제의 핵심을 중요한 대상으로 하며 지식, 정보를 바탕으로 객관적 근거에 기초를 두고 현상을 분석하고 평가하게 된다.

02 비판적 사고의 개발방법

개발방법	내용
지적 호기심	다양한 질문이나 문제에 대한 해답을 탐색하고 원인과 설명을 구하기 위해 육하원칙에 의거한 질문을 제기한다.
객관성	결론에 도달하는 데 있어서 감정적, 주관적 요소를 배제하고 경험적 증거나 타당한 논증을 근거로 한다.
개방성	다양한 신념들이 진실일 수 있다는 것을 받아들이며 편견이나 선입견에 의하여 결정을 내리지 않기 위해 노력한다.
융통성	특정한 신념의 지배를 받는 고정성, 독단적 태도, 경직성을 배격하며 개인의 신념이나 탐구방법을 변경할 수 있다. 또한, 모든 해답을 알고 있지는 못하다는 것을 받아들인다.
지적 회의성	모든 신념은 의심스러운 것으로부터 개방하는 것이며 적절한 결론이 제시되지 않는 한 결론이 참이라고 받아들이지 않는다.
지적 정직성	어떤 진술이 신념과 대치되는 것이라 할지라도 충분한 증거가 있다면 그것을 진실로 받아들인다.
체계성	논의하고 있는 문제의 핵심에서 벗어나지 않으며 결론에 이르기까지 논리적 일관성을 유지한다.
지속성	증거, 논증의 추구를 포기함이 없이 특정 관점을 지지하며 쟁점의 해답을 얻을 때까지 끈질기게 탐색하는 인내심을 갖는다.
결단성	모든 필요 정보가 획득될 때까지 불필요한 논증, 속단을 피하며 모든 결정을 유보한다.
다른 관점에 대한 존중	내가 틀릴 수 있으며 내가 거절한 아이디어가 옳을 수 있다는 것을 기꺼이 받아들인다. 타인의 관점을 경청하고 들은 것에 대해 정확하게 반응한다.

03 비판적 사고를 위한 태도

비판적 사고를 위해서는 어떤 현상에 대한 문제의식을 바탕으로 고정관념을 버려야 한다.

1) 문제의식

우리가 처한 상황이나 현상에 대한 문제점을 찾아 그에 적극적으로 대처하려는 태도 또는 대상에 대하여 문제를 제시하고 해답을 유도해 내고자 하는 자각을 의미한다.

2) 고정관념 타파

① 사람들이 어떤 사회집단에 대해 지니고 있는 지식과 인상을 고정관념이라 하며, 고정관념을 타파함으로써 지각의 폭을 넓히는 일은 정보에 대한 개방성은 바탕으로 편견을 갖지 않는 것을 의미한다.

② 일상에서의 고정관념 타파를 위한 노력

상품	본래 용도	새로운 용도
스테이플러	서류를 정리한다.	벽에 종이를 고정한다.
드라이어	머리를 말린다.	온풍을 이용해 어깨결림을 완화한다.
칫솔	이를 닦는다.	빗의 이물질을 제거한다.
테이프	종이를 붙인다.	지문을 채취한다.

(사고력 관련 개념)

01 집합

1) 집합의 정의

① **집합** : 어떤 명확한 조건을 만족시키는 서로 다른 대상들의 모임

② **부분집합** : 두 집합 A, B에 대하여 집합 A의 모든 원소가 집합 B에 속할 때, 집합 A는 집합 B의 부분집합($A \subset B$)이 된다.

🅔 두 집합 A, B에 대하여 각각 A = {1, 2, 3}, B = {1, 2, 3, 4, 5} 일 때, 집합 A는 B의 부분집합 관계가 성립한다.

2) 집합의 특징

임의의 집합 A, B, C에 관하여 다음의 관계가 성립한다.

① 공집합(원소가 하나도 없는 집합)은 모든 집합의 부분집합이다($\emptyset \subset A$).

② 모든 집합은 자기 자신의 부분집합이다($A \subset A$).

③ 만약 A가 B의 부분집합이고 B도 A의 부분집합이면 A와 B는 같은 집합이다(A⊂B, B⊂A이면 A=B).

④ 만약 A가 B의 부분집합이고 B가 C의 부분집합이면 A는 C의 부분집합이 된다(A⊂B, B⊂C이면 A⊂C).

3) 벤다이어그램

전체집합과 부분집합의 관계, 부분집합 상호 간의 관계를 폐곡선(시작점과 끝점이 일치하는 곡선)으로 나타낸 그림

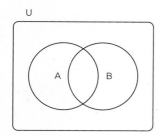 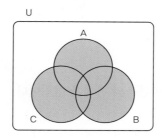

4) 합집합, 교집합, 여집합, 차집합

합집합	교집합	여집합
집합 A의 원소와 집합 B의 원소를 모두 합한 전체	2개 이상의 집합에 동시에 속하는 원소 전체의 집합	전체집합에서 주어진 집합의 원소를 제외한 원소들의 집합
A∪B	A∩B	A^c

차집합	대칭차(대칭차집합)
집합 A에는 속하지만 B에는 속하지 않는 원소 전체로 된 집합	집합 A에 속하거나 집합 B에 속하지만 동시에 둘 다에 속하지는 않는 원소의 집합
A−B	A△B

※ 집합의 서로소 : 두 집합의 교집합이 공집합인 경우 집합의 서로소라고 한다(A∩B=∅).

예 전체 20 이하의 짝수 중에서 집합 A는 20 이하의 4의 배수, 집합 B는 20 이하의 6의 배수라고 할 때, A와 B의 합집합, A와 B의 교집합, A의 여집합, A의 차집합을 각각 구하면?

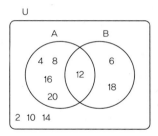

제시된 자료를 벤다이어그램으로 나타내면 왼쪽 그림과 같다. 이를 바탕으로 각각 구하면 다음과 같다.

A∪B	{4, 6, 8, 12, 16, 18, 20}
A∩B	{12}
A^c	{2, 6, 10, 14, 18}
A−B	{4, 8, 16, 20}

5) 집합의 연산법칙과 특징

전체집합 U와 임의의 집합 A, B에 관하여 다음의 관계가 성립한다.

① 교환법칙 : A∪B=B∪A, A∩B=B∩A

② 결합법칙 : (A∪B)∪C=A∪(B∪C), (A∩B)∩C=A∩(B∩C)

③ 분배법칙 : A∪(B∩C)=(A∪B)∩(A∪C), A∩(B∪C)=(A∩B)∪(A∩C)

④ 차집합의 특징 : A−B=A∩B^c

⑤ 여집합의 특징 : A∪A^c=U, A∩A^c= ø (공집합)

6) 원소의 개수

① 집합 A의 원소의 개수가 n개일 때, n(A)로 표기한다.

　　예 A={1, 2, 3, 4, 5} → n(A)=5

② 전체집합 U와 그 부분집합 A, B, C가 유한집합일 때 다음의 관계가 성립한다.

• n(A∪B)=n(A)+n(B)−n(A∩B)

• n(A∪B∪C)=n(A)+n(B)+n(C)−n(A∩B)−n(B∩C)−n(C∩A)+n(A∩B∩C)

예 전체 10 이하의 자연수 중에서 집합 A는 4의 약수, 집합 B는 6의 약수, C는 8의 약수라고 할 때, n(A∪B∪C)를 구하면?

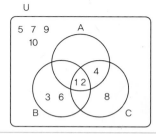

각 집합 A, B, C의 원소는 다음과 같다.

A	{1, 2, 4}
B	{1, 2, 3, 6}
C	{1, 2, 4, 8}

즉, n(A)=3, n(B)=4, n(C)=4, n(A∩B)=2, n(B∩C)=2, n(C∩A)=3, n(A∩B∩C)=2가 되어 이를 계산하면 n(A∪B∪C)=6이 된다.

7) 부분집합의 개수

원소의 개수가 n개인 집합 A에 대하여

① 집합 A의 부분집합의 개수 : 2^n개
② 집합 A의 부분집합 중 특정한 원소 k개를 반드시 포함하는 또는 포함하지 않는 부분집합의 개수 : 2^{n-k}개 (단, $k \leq n$)
③ 집합 A의 부분집합 중 특정한 원소 k개를 반드시 포함하고, 특정한 원소 m개를 포함하지 않는 부분집합의 개수 : 2^{n-k-m}(단, $k+m \leq n$)

02 명제

1) 명제의 의미

① 참과 거짓을 구별할 수 있는 문장이나 수학적 식을 명제라고 한다.
② 명제가 타당할 경우 참인 명제라고 하며, 명제가 타당하지 않을 경우 거짓인 명제라고 한다.
③ 또한 이러한 참과 거짓을 명제의 진리값이라고 한다.

예 명제인 경우

• 대한민국의 수도는 서울이다. (진리값 : 참)
• 사과는 채소의 한 종류이다. (진리값 : 거짓)

예 명제가 아닌 경우

• 감기 조심하세요.
• 영진이는 키가 크고 잘생긴 편이다.

2) 명제의 종류

① 단칭명제 : 연결사 없이 단일 내용으로만 표현된 명제 수학을 잘한다.
② 복합명제 : and, or, if, not 등과 같이 연결사를 포함하고 있는 명제

구분	기호 표현	의미
연언명제 (and)	$P \wedge Q$	P이고 (그리고) Q이다. **예** 수학도 잘하고 영어도 잘한다.
선언명제 (or)	$P \vee Q$	P이거나 (또는) Q이다. **예** 수학을 잘하거나 영어를 잘한다.
조건명제 (if)	$P \rightarrow Q$	P이면 Q이다. **예** 수학을 잘하면 영어도 잘한다.
부정명제 (not)	$\sim P$	P가 아니다. **예** 수학을 잘하지 않는다.

③ 정언명제 : 주어 개념과 술어 개념이 이루는 집합의 포함 관계를 나타낸 명제
• 정언명제 유형

전칭긍정명제	모든 P는 Q이다.
전칭부정명제	모든 P는 Q가 아니다.
특칭긍정명제	어떤 P는 Q이다.
특칭부정명제	어떤 P는 Q가 아니다.

※ 전칭 : 전체를 칭함 / 특칭 : 특정 부분만을 칭함
• 정언명제 이해하기

> 예 주어 : 강아지, 술어 : 동물 / 정언 명제의 세상과 일반 세상은 다를 수 있음을 전제로 한다.
>
>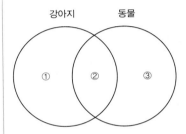

유형	예시	의미	벤다이어그램
전칭긍정명제	모든 강아지는 동물이다.	존재하는 모든 강아지가 동물이다	②
전칭부정명제	모든 강아지는 동물이 아니다.	존재하는 모든 강아지가 동물이 아니다.	③
특칭긍정명제	어떤 강아지는 동물이다.	존재하는 모든 강아지 중 동물인 강아지가 최소 한 마리 이상 있다.	②의 일부
특칭부정명제	어떤 강아지는 동물이 아니다.	존재하는 모든 강아지 중 동물이 아닌 강아지가 최소 한 마리 이상 있다.	①의 일부

④ **부정명제 이해하기**
• '이고'와 '또는'의 부정
  – 'P 이고 Q이다.'의 부정 ▶ 'P가 아니거나 또는 Q가 아니다.'
  – 'P 또는 Q이다.'의 부정 ▶ 'P가 아니고 그리고 Q도 아니다.'
• '모든'과 '어떤'의 부정
  – '모든 P는 Q이다.'의 부정 ▶ '어떤 P는 Q가 아니다.'
  – '어떤 P는 Q이다.'의 부정 ▶ '모든 P는 Q가 아니다.'

3) 명제의 역, 이, 대우

명제 'P → Q (P이면 Q이다.)'에 대해,

① **역** : 명제의 가정과 결론을 바꾼 명제[Q → P(Q이면 P이다.)]

② **이** : 명제의 가정과 결론을 둘 다 부정한 명제[~P → ~Q(P가 아니면 Q도 아니다.)]

③ **대우** : 명제의 가정과 결론을 바꾼 명제에서 가정과 결론 모두를 부정한 명제(명제의 역과 이)
  [~Q → ~P(Q가 아니면 P도 아니다.)]

> **예** 다음 명제의 역, 이, 대우 명제를 말하고 각각의 진리값(참, 거짓)을 판별하면?
>
> $$x=2이면, \ x^2=4이다.$$
>
> 위 명제에서 P(가정)은 '$x=2$', Q(결론)은 '$x^2=4$'가 된다.

구분	명제표현	진리값
역 (Q → P)	$x^2=4$이면, $x=2$이다.	x의 값으로 -2도 가능함(거짓)
이 (~P → ~Q)	$x \neq 2$이면, $x^2 \neq 4$이다.	x의 값이 -2일 때도, $x^2=4$를 만족함(거짓)
대우 (~Q → ~P)	$x^2 \neq 4$이면, $x \neq 2$이다.	$x^2 \neq 4$일 때, x의 값으로 $+2$, -2 모두 가능하지 않음. 따라서 $x \neq 2$가 성립함(참)

④ **명제의 역, 이, 대우 관계** : 명제와 대우는 참 거짓을 같이하며 역과 이도 서로 대우 관계이므로 참, 거짓을 같이한다. 단, 명제와 역, 명제와 이는 참 거짓을 함께하지 않는다.

기본명제(P → Q)가 참인 경우		기본명제(P → Q)가 거짓인 경우	
역(Q → P)	참 거짓을 알 수 없음	역(Q → P)	참 거짓을 알 수 없음
이(~P → ~Q)	참 거짓을 알 수 없음	이(~P → ~Q)	참 거짓을 알 수 없음
대우(~Q → ~P)	참	대우(~Q → ~P)	거짓

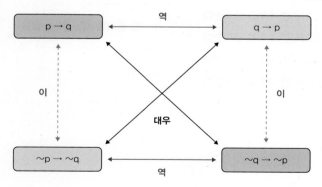

4) 삼단논법

① 정의

두 개의 명제를 전제로 하여 하나의 새로운 명제를 도출하는 추론 방식

> 명제 P → Q이고, Q → R이면, P → R이다.
> ※ 'P → Q'가 참이고 'Q → R'도 참이라면 'P → R'은 참이 된다.

예 국어를 좋아하는 사람은 영어를 좋아한다. 영어를 좋아하는 사람은 수학을 좋아한다. 따라서 국어를 좋아하는 사람은 수학을 좋아한다.

② 조건명제의 분리

분리 전	분리 후	진리값
P → (Q and R)	P → Q, P → R	참
P → (Q or R)	P → Q, P → R	무엇이 참인지 알 수 없음
(P and Q) → R	P → R, Q → R	무엇이 참인지 알 수 없음
(P or Q) → R	P → R, Q → R	참

> **예** P, Q, R 명제가 다음과 같을 때, 명제의 진리값(참, 거짓)을 판별하면?
>
> | P | Q | R |
> |---|---|---|
> | 국어를 좋아한다. | 영어를 좋아한다. | 수학을 좋아한다. |
>
> | 분리 전 | 분리 후 | 진리값 |
> |---|---|---|
> | 국어를 좋아하면 영어와 수학 모두 좋아한다. | 국어를 좋아하면 영어를 좋아한다. / 국어를 좋아하면 수학을 좋아한다. | 모두 참 |
> | 국어를 좋아하면 영어 또는 수학을 좋아한다. | 국어를 좋아하면 영어를 좋아한다. / 국어를 좋아하면 수학을 좋아한다. | 영어가 좋은 것인지 수학이 좋은 것인지 알 수 없음 |
> | 국어와 영어를 모두 좋아하면 수학을 좋아한다. | 국어를 좋아하면 수학을 좋아한다. / 영어를 좋아하면 수학을 좋아한다. | 하나만 좋아할 때는 알 수 없음 |
> | 국어 또는 영어를 좋아하면 수학을 좋아한다. | 국어를 좋아하면 수학을 좋아한다. / 영어를 좋아하면 수학을 좋아한다. | 모두 참 |

03 참말 · 거짓말

① 참말 · 거짓말 유형은 주어진 정보 속에서 진실과 거짓을 구별하고 이를 근거로 특정 결론 또는 선택지의 참과 거짓을 구별하는 유형을 의미한다.

② 이때, 주어진 진술 중 참인 것도 있고 거짓인 것도 있으므로 상호간의 관계를 잘 따져가며 문제를 해결하는 실마리인 모순되는 정보를 찾는 것이 중요하다. 또한, 결론이 하나가 아니고 여러 개인 유형 역시 존재하기 때문에 선택지 판별 시 주의해야 한다.

> 📋 필기시험 결과를 받아본 A~D 4명은 시험 결과에 대해 아래와 같이 진술하였다. 이 중 1명은 거짓을 말했다고 할 때, A~D 중 거짓말을 하고 있는 사람은?
>
> | • A : "D의 성적 순위는 내 바로 밑이네?"
> | • B : "우리 4명 중 다행히 내가 꼴찌는 아니야."
> | • C : "나는 A보다는 등수가 낮지만 그래도 B보다는 높아서 다행이야."
> | • D : "우리 4명 중에 B가 가장 성적이 낮다니 믿을 수 없네."

제시된 조건에 따른 경우의 수를 하나씩 따져가며 다른 진술과의 모순 여부를 확인해야 한다. 본 문제에서는 참말을 하는 사람이 3명, 거짓말을 하는 사람이 1명이므로 A~D 중 한 명씩 거짓말을 하는 경우를 가정하여 확인할 수 있다.

가정	확인	
A의 발언이 거짓인 경우	A(거짓)	D는 A 다음 순위가 아님
	B(참)	B는 4등이 아님
	C(참)	C의 등수는 A보다 낮고 B보다는 높음
	D(참)	B가 4등임
	→ B와 D의 모순 발생. 따라서 A는 참임	
B의 발언이 거짓인 경우	A(참)	D는 A 바로 다음임
	B(거짓)	B는 4등임
	C(참)	C의 등수는 A보다 낮고 B보다는 높음
	D(참)	B가 4등임
	→ 모순점 없음. 1등 A, 2등 D, 3등 C, 4등 B가 성립함	

따라서 거짓말을 하는 사람은 B임을 알 수 있다.

예 ○○공사 1층에는 인사팀, 재무팀, 홍보팀의 3개의 사무실이 있다. 각 사무실에는 아래와 같이 안내문이 붙어 있으며 이 중 단 하나만 거짓이라고 할 때, 101호는 어떤 팀의 사무실인가?

> • 101호 : 103호는 재무팀 또는 인사팀이다.
> • 102호 : 101호는 홍보팀이다.
> • 103호 : 102호는 재무팀이다.

경우의 수에 따라 표를 그려가며 성립 여부를 따진다.
• 101호실 안내문이 거짓인 경우(103호는 재무팀도 인사팀도 아니다.)

구분	101호	102호	103호
101호 안내문			재무팀도 인사팀도 아님
102호 안내문	홍보팀		
103호 안내문		재무팀	

→ 103호는 홍보팀만 가능하나, 102호 안내문에 따라 101호가 홍보팀이 되어야 하므로 101호실 안내문은 거짓일 수 없다.
• 102호실 안내문이 거짓인 경우(101호는 홍보팀이 아니다.)

구분	101호	102호	103호
101호 안내문			재무팀 또는 인사팀
102호 안내문	홍보팀이 아님		
103호 안내문		재무팀	

→ 101호는 인사팀 또는 재무팀이어야 하지만 재무팀은 102호이므로 인사팀은 103호로 확정된다. 따라서 102호실 안내문이 거짓인 상황은 성립하지 않는다.
• 103호실 안내문이 거짓인 경우(102호는 재무팀이 아니다.)

구분	101호	102호	103호
101호 안내문			재무팀 또는 인사팀
102호 안내문	홍보팀		
103호 안내문		재무팀이 아님	

→ 101호는 홍보팀, 102호는 인사팀, 103호는 재무팀으로 확정된다. 따라서 103호실의 안내문이 거짓인 경우 모든 조건이 충족됨 알 수 있다.

04 나열하기

① 주어진 정보를 토대로 제시된 대상들을 일렬 또는 원형으로 나열하여 그 순서를 찾아내거나 몇 번째에 있는 사람 또는 사물을 찾아내는 문제 유형이다.

② 올바른 문제 접근을 위해서는 주어진 정보를 정리한 뒤, 고정된 기준이 있는 사람 또는 다른 사람과의 위치 관계 정보가 가장 많은 사람으로 시작점을 잡는 것이 중요하다. 이후 각 관계를 기호로 표현하여 정리한 뒤 조합해 봄으로써 답을 구해야 한다.

> 예 아래 조건은 A, B, C, D, E, F 6명의 출근 순서에 대한 설명이다. 해당 자료에 비추어 볼 때, A~F 중 다섯 번째로 출근한 직원은?
>
> > • C직원은 네 번째로 출근하였다.
> > • A직원은 E직원보다 먼저 출근하였다.
> > • B직원은 A직원보다 먼저 출근하였다.
> > • E직원은 가장 마지막에 출근하지 않았다.
> > • F직원은 B직원보다 나중에 출근하지 않았다.
> > • C직원은 E직원보다 나중에 출근하지 않았다.
> > • C직원은 D직원보다 먼저 출근하였으나, B직원보다는 나중에 출근하였다.

각 설명을 정리하면 다음과 같다.

① C직원은 네 번째로 출근했다.	C=4
② A직원은 E직원보다 먼저 출근했다.	A>E
③ B직원은 A직원보다 먼저 출근했다.	B>A
④ E직원은 가장 마지막에 출근하지 않았다.	E≠6
⑤ F직원은 B직원보다 나중에 출근하지 않았다.	F>B
⑥ C직원은 E직원보다 나중에 출근하지 않았다.	C>E
⑦ C직원은 D직원보다 먼저 출근했으나, B직원보다는 나중에 출근했다.	B>C>D

※ 선후 관계에서 A가 B에 앞설 때, 일반적으로 'A>B'로 표현함

관계있는 조건끼리 정리하면,

조건	정리 내용
⑤, ③, ② 단, ④	F>B>A>E (단, E는 6위가 아님)
①, (②, ③, ④, ⑥)	C가 4위이므로 자신 앞에 3명이 있어야 하며, C>E이므로 E는 5위로 확정됨

따라서 전체 순위를 정리하면,

1위	2위	3위	4위	5위	6위
F	B	A	C	E	D

를 만족하며 다섯 번째로 출근한 직원은 E임을 알 수 있다.

예 출근한 직원 A ~ F는 회의 진행을 위해 아래 모양과 같은 원형 테이블에 모여 앉았다. 좌석 배치에 관한 정보가 아래와 같을 때, 다음 중 테이블을 기준으로 E와 마주보고 앉아 있는 직원은?

• A와 B 사이에는 D가 앉아 있다.
• C와 D는 마주보고 앉아 있다.
• C의 왼쪽에는 E가 앉아 있다.
• F의 양쪽에는 A와 C가 앉아 있다.

원탁 문제의 경우 아래와 같이 표를 그려서 해결하면 된다.
총 6명이므로 3명씩 앉는 2줄 표를 그리면,

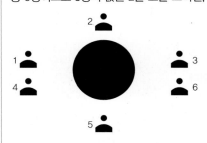

1	2	3
4	5	6

이후 위치 관계가 명확한 순서대로 고정하면,

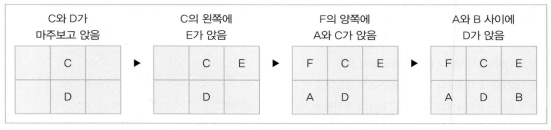

를 만족하며 E와 마주보고 앉아 있는 직원은 B임을 알 수 있다.

아래 명제가 모두 참이라고 할 때, 다음 중 항상 참인 것을 고르면?

> • 뮤지컬을 좋아하는 사람은 연극을 좋아한다.
> • 여행을 좋아하는 사람은 연극을 좋아한다.
> • 독서를 좋아하지 않는 사람은 음악감상을 좋아한다.
> • 연극을 좋아하는 사람은 독서를 좋아한다.
> • 음악감상을 좋아하는 사람은 뮤지컬을 좋아하지 않는다.

① 연극을 좋아하는 사람은 여행을 좋아한다.
② 여행을 좋아하는 사람은 뮤지컬을 좋아한다.
③ 뮤지컬을 좋아하는 사람은 독서를 좋아한다.
④ 독서를 좋아하는 사람은 음악감상을 좋아하지 않는다.

해설

제시된 조건은 다음과 같이 정리해 볼 수 있습니다.

뮤지컬을 좋아하는 사람은 연극을 좋아한다.	뮤지컬 → 연극
여행을 좋아하는 사람은 연극을 좋아한다.	여행 → 연극
독서를 좋아하지 않는 사람은 음악감상을 좋아한다.	~독서 → 음악감상
연극을 좋아하는 사람은 독서를 좋아한다.	연극 → 독서
음악감상을 좋아하는 사람은 뮤지컬을 좋아하지 않는다.	음악감상 → ~뮤지컬

이로부터 첫 번째 및 네 번째 조건에 근거해 '뮤지컬 → 연극 → 독서' 삼단논법 관계가 성립하여 ③과 같은 '뮤지컬 → 독서'의 명제가 참이 됨을 알 수 있습니다.

정답 ③

문제처리능력

문제처리능력 개요

① **문제처리능력이란**

문제가 발생한 상황에서 주어진 상황을 어떻게 인식하며 어떠한 방식으로 문제를 처리해 나갈 것인지를 결정하는 일은 매우 중요하다. 기존에 처리해 본 경험이 있는 문제라 할지라도, 과거와 현재의 조건이 달라졌을 수 있고 문제를 처리하는 사람이 바뀌었을 수도 있다. 또는 과거에 경험해 보지 못한 완전히 새로운 문제를 처리해야 하는 경우도 있을 것이다.

② **직장인의 문제처리능력**

• 문제처리능력은 업무수행 중에 발생한 문제의 원인 및 특성을 파악하고 적절한 해결책을 선택, 적용하며 그 결과를 평가하여 피드백하는 것이다. 즉, 직장인으로서 자신이 처한 상황에서의 명확한 문제 인식을 바탕으로 각종 전문적인 분석 방법을 활용해 상황에 맞는 합리적인 대안을 제시하는 것이 직장 생활에서의 올바른 문제 처리라 할 수 있겠다.

• 이처럼 문제를 어떻게 합리적이고 효율적으로 해결할 것인가 하는 능력은 기업의 성패를 결정하는 중요한 요소로서 문제처리능력을 배양함으로써 합리적인 문제 해결이 가능하게 될 것이다.

문제해결 절차

문제해결절차는 목표와 현상을 분석하고 그 분석 결과를 토대로 문제를 도출하여 최적의 해결책을 찾아 실행 및 평가하는 활동을 의미하며 그 절차는 다음과 같다.

▼ 문제해결 5단계 절차

절차	내용
[1단계] 문제 인식	• 해결해야 할 전체 문제를 파악하여 우선순위를 정하며 문제에 대한 목표를 명확히 하는 단계 • '환경 분석 → 주요 과제 도출 → 과제 선정'의 절차로 진행됨 • 'What?'을 결정함
[2단계] 문제 도출	• 선정된 문제를 분석하여 해결해야 할 것이 무엇인지를 명확히 하는 단계 • '문제 구조 파악 → 핵심 문제 선정'의 절차로 진행됨 • 현상에 대하여 문제를 분해하여 인과관계 및 구조 파악
[3단계] 원인 분석	• 핵심문제에 대한 분석을 통해 근본 원인을 도출해 내는 단계 • '이슈 분석 → 데이터 분석 → 원인 파악'의 절차로 진행됨 • 핵심 이슈에 대한 가설 설정, 가설 검증을 위해 필요한 데이터를 수집·분석하여 문제의 근본 원인 도출
[4단계] 해결안 개발	• 문제로부터 도출된 근본 원인을 효과적으로 해결할 수 있는 최적의 해결방안을 수립하는 단계 • '해결안 도출 → 해결안 평가 및 최적안 선정'의 절차로 진행됨
[5단계] 실행 및 평가	• 해결안 개발을 통해 만들어진 실행계획을 실제 상황에 적용하는 활동으로 장애가 되는 문제의 원인들을 해결안을 사용하여 제거해 나가는 단계 • '실행계획 수립 → 실행 → Follow-Up'의 절차로 진행됨

1단계 : 문제인식

문제 인식은 문제해결 절차의 시작으로서 '환경 분석 → 주요 과제 도출 → 과제 선정'의 절차를 통해 수행된다.

절차	환경 분석	주요 과제 도출	과제 선정
내용	비즈니스 시스템상 거시환경 분석	분석 자료를 토대로 성과에 미치는 영향과 의미를 검토하여 주요 과제 도출	후보 과제를 도출하고 효과 및 실행가능성 측면에서 평가하여 과제 선정

01 환경 분석

기업 경영에 영향을 미치는 환경적 요인과 그 요인이 기업에 미치는 영향을 파악하기 위한 분석 기법으로 3C 분석 방법과 SWOT 분석 방법을 실시한다.

1) 3C 분석

사업 환경을 구성하고 있는 3가지 C인 고객, 경쟁사, 자사를 분석하는 방법으로, 자사를 둘러싼 시장과 경쟁구조를 면밀히 분석하므로 경쟁 우위의 원천을 도출해 볼 수 있다.

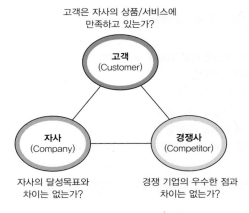

① 고객(Customer)

- 고객은 어떤 니즈(Needs)와 원츠(Wants)를 가지고 있는가?
- 고객이 해결하려는 문제점은 무엇인가?
- 어떤 요소 및 요인이 고객의 구매를 결정짓는가?
- 시장의 규모와 장래성은 어느 정도인가?
- 고객의 구매 행동 및 구매 결정 과정은 어떤 모습인가?

② 경쟁사(Competitor)

- 우리의 경쟁자는 누구인가?
- 경쟁자의 숫자는 얼마나 되는가?
- 경쟁사의 강점과 약점은 무엇인가?
- 경쟁사는 업계를 어떻게 보고 있는가?
- 고객은 경쟁사를 어떻게 생각하는가?

③ 자사(Company)

- 우리의 비즈니스 목표는 무엇인가?
- 우리가 추구하는 가치는 무엇인가?
- 우리의 강점과 약점은 무엇인가?
- 우리는 어떤 자원을 얼마나 보유하고 있는가?
- 우리의 성장 패턴은 안정적인가?

2) SWOT 분석

기업내부의 강점, 약점과 외부환경의 기회, 위협요인을 분석·평가하고 이들을 서로 연관 지어 전략을 개발하고 문제해결 방안을 개발하는 방법

		내부환경요인	
		강점 (Strengths)	약점 (Weaknesses)
외부환경요인	기회 (Opportunities)	SO 내부강점과 외부기회 요인을 극대화	WO 외부기회를 이용하여 내부약점을 강점으로 전환
	위협 (Threats)	ST 외부위협을 최소화하기 위해 내부강점을 극대화	WT 내부약점과 외부위협을 최소화

① 외부환경요인 분석(Opportunities, Threats)
- 자신을 제외한 모든 것(정보)을 기술한다.
- 좋은 쪽으로 작용하는 것은 기회, 나쁜 쪽으로 작용하는 것은 위협으로 분류한다.
- 언론매체, 개인 정보망 등을 통하여 입수한 상식적인 세상의 변화 내용을 시작으로 당사자에게 미치는 영향을 순서대로 구체화한다.
- 인과관계가 있는 경우 화살표로 연결하며 동일한 데이터라도 자신에게 긍정적으로 전개되면 기회로 부정적으로 전개되면 위협으로 구분한다.
- SCEPTIC 체크리스트를 활용하여 분석한다[SCEPTIC 체크리스트 항목 : Social(사회), Competition(경쟁), Economy(경제), Politics(정치), Technology(기술), Information(정보), Client(고객)].

② 내부환경요인 분석(Strengths, Weaknesses)
- 경쟁자와 비교하여 나의 강점과 약점을 분석한다.
- 강점과 약점의 내용 : 보유하거나 동원 가능하거나 활용 가능한 자원(Resources)
- 내부환경분석에는 MMMITI 체크리스트를 활용하여 분석한다[MMMITI 체크리스트 항목 : Man(사람), Material(물자), Money(돈), Information(정보), Time(시간), Image(이미지)].

예 아래 SWOT 분석 결과에 대응하는 WO 전략은?

강점(Strengths)	• 온라인 기반의 무료 대학 강의 서비스 • 양질의 강의 콘텐츠로 산업 내 1위 이용자 수 확보
약점(Weaknesses)	• 불안정한 수익 모델 • 갑작스런 이용자 수 증가로 잦은 트래픽 문제 발생
기회(Opportunities)	• 모바일을 활용한 인터넷 이용률 향상 • 온라인 마케팅의 강세
위협(Threats)	• 대학 자체적 온라인 강의 서비스 제공 시도 • 제공 콘텐츠의 불법 공유 증가

'불안정한 수익 모델'과 '잦은 트래픽 문제'라는 약점 요인을 '모바일을 활용한 인터넷 이용률 향상'과 '온라인 마케팅 강세'라는 기회 요인과 연결시킬 경우, WO 전략으로는 '온라인 마케팅 유치를 통한 광고 수익 모델 확립'이나 '트래픽 확대를 통한 모바일 점유율 강화' 등의 전략을 고려해 볼 수 있다.

③ 주요 분석 도구

외부 환경 분석	내부 환경 분석
PEST 분석, 5 Force 모델	맥킨지 7s 분석, 4P

• PEST 분석 : 기업의 외부 환경을 분석하는 도구로써 정치적(Political), 경제적(Economic), 사회적(Social), 기술적(Technological) 측면에 대한 분석

정치적 (Political)	– 정부 정책과 법규제에 대한 분석 – 정치적 안정성이나 정치적 변화 또한 기업 활동에 영향을 미침 ㉮ 국가별 무역 정책이 기업의 제품 생산과 판매에 영향을 줌
경제적 (Economic)	– 경제적 환경과 지표, 시장의 특성, 산업의 경쟁 상황에 대한 분석 – 인플레이션이나 환율 등 경제 지표 변화는 기업의 수익정과 직결됨 ㉮ 경기 침체로 인해 기업 수요가 감소하고 기업 경쟁력이 낮아짐
사회적 (Social)	– 사회를 구성하는 인구의 특성, 생활 습관, 가치관 등에 대한 분석 – 윤리나 환경 문제에 대한 높아진 사회적 관심은 기업의 경영 방침이나 제품, 서비스 구성 등에 영향을 미침 ㉮ 저출산, 고령화 등 인구 구조의 변화로 인한 시장 수요 변화
기술적 (Technological)	– 기술 혁신, 새로운 발명 등에 대한 분석 – 기술 혁신은 기업의 생산성, 경영 방식, 제품 개발 등에 영향을 미침 ㉮ 빅데이터, 인공지능의 발전

• 5 Force 모델 : 잠재 진입자의 위협, 대체제의 위협, 공급자의 협상력, 구매자의 협상력, 업계 내에서의 기업 간의 경쟁이라는 5가지 관점에서 업계 구조 및 시장 매력도를 평가하는 도구

공급자	구매자	경쟁자	대체재	진입자
- 공급자 수	- 구매자 수	- 경쟁자 수	- 대체재 수	- 규모의 경제성
- 공급자 규모	- 구매 규모	- 산업집중도	- 제품대체성향	- 유통망구조
- 제품차별성	- 제품차별성	- 산업성장률	- 상대적 가격	- 기술적 난이도
- 전환비용	- 전환비용	- 제품차별성	- 전환비용	- 정부 규제
- 공급자 기여도	- 가격민감도	- 브랜드 충성도	- 제품차별화 수준	- 라이센스

3) 7S 분석

전략(Strategy), 구조(Structure), 시스템(System)이라는 기업의 3가지 하드웨어적 경영자원과 기술(Skill), 직원(Staff), 스타일(Style), 가치관(Shared Value)이라는 4가지 소프트웨어적 경영자원을 바탕으로 각 기업에 가장 적합한 사업전략과 조직 운영을 결정하는 분석 도구

① 하드웨어 요인

전략(Strategy)	경쟁력 제고를 위한 기업의 전략이나 사업의 우선순위 분석
구조(Structure)	부서와 부서가 조직되는 방식으로 업무의 권한과 책임 여부 확인 가능
시스템(System)	기업의 일상적인 활동과 의사결정 방법을 보여주는 프로세스 및 절차

② 소프트웨어 요인

기술(Skill)	기업의 전략과 공유가치를 실행할 수 있는 조직의 역량
직원(Staff)	직원들의 역량 및 특성(부족한 역량에 대한 추가 직원 채용 검토)
스타일(Style)	최고경영자의 리더십 스타일
가치관(Shared Value)	직원들이 공유하는 기업의 비전, 미션, 가치관 등 기업의 핵심가치

4) 4P

상품 및 서비스의 마케팅 프로세스를 구성하는 4가지 핵심요소인 제품(Product), 가격(Price), 판매촉진(Promotion), 유통경로(Place)에 대한 분석

Product (제품)	• "우리의 상품과 서비스가 고객 요구를 충족하는가?" • 고객 니즈 충족을 위한 제품 및 서비스와 그에 따른 부가 혜택 • 주요 기능 및 브랜드, A/S, 디자인 등을 종합적으로 고려해야 함
Price (가격)	• "적절한 가격인가?" • 상품이나 서비스의 가치를 수치화한 지표가 곧 가격 • 가격 산정에는 원가, 유통 비용, 마케팅, 수수료 비용 등이 포함됨
Promotion (판매촉진)	• "고객이 쉽게 접근할 수 있는가?" • 온라인, 오프라인 등 상품이나 서비스가 고객과 접하는 지점 • 직접 판매 또는 대형 유통사나 쇼핑몰을 통한 간접 판매 방식을 활용함
Place (유통경로)	• "고객에게 잘 알려지고 있는가?" • 상품 및 서비스의 판매 촉진을 위한 활동 • 광고, 영업, PR 등의 모든 마케팅 수단을 포함함

02 주요 과제 도출

환경 분석을 통해 현상을 파악한 후 분석결과를 검토하여 주요 과제를 도출해야 한다. 과제 도출을 위해서는 한 가지 안이 아닌 다양한 과제 후보안을 도출하는 일이 선행되어야 한다. 주요 과제 도출을 위한 과제안 작성 시에는 과제안 간의 동일한 수준, 표현의 구체성, 기간 내 해결 가능성 등을 확인하는 것이 중요하다.

03 과제 선정

과제는 과제안 중 효과 및 실행 가능성 측면을 평가하여 가장 우선순위가 높은 안을 선정해야 한다. 우선순위 평가 시에는 과제의 목적, 목표, 자원현황 등을 종합적으로 고려하여 평가하는 것이 중요하다. 과제안에 대한 평가기준은 과제해결의 중요성, 과제착수의 긴급성, 과제해결의 용이성을 고려하여 여러 개의 평가기준을 동시에 설정하는 것이 바람직하다.

과제안	평가기준1	평가기준2	평가기준3	종합점수	우선순위
과제안1					
과제안2					
과제안3					
과제안4					

▲ 과제 선정 시트

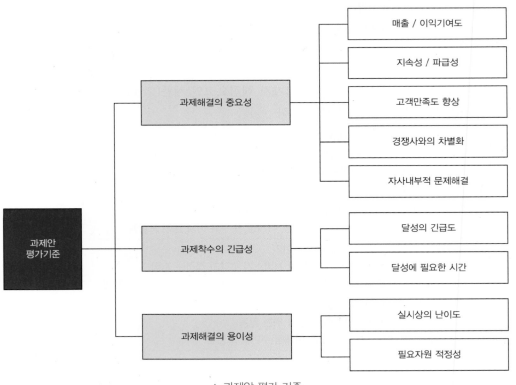

▲ 과제안 평가 기준

2단계 : 문제 도출

문제 도출은 선정된 문제를 분석하여 해결해야 할 것이 무엇인지를 명확히 하는 단계로, 현상에 대하여 문제를 분해하여 인과관계 및 구조를 파악하는 단계를 의미한다. 이러한 문제 도출은 '문제 구조 파악 → 핵심 문제 선정'의 절차를 거쳐 수행된다.

절차	문제 구조 파악	핵심 문제 선정
내용	문제를 작고, 다룰 수 있는 이슈들로 세분화	문제에 영향력이 큰 이슈를 핵심이슈로 선정

01 문제 구조 파악

1) 의미

전체 문제를 개별화된 세부 문제로 재구성하는 과정으로 문제의 내용 및 부정적인 영향 등을 파악하여 문제의 구조를 도출해내는 것을 의미한다.

2) 필요 능력

본래 문제가 발생한 배경이나 문제를 일으키는 원인을 분명히 하는 것이 중요하며 문제의 본질과 실제를 보기 위해 현상에 얽매이지 말고 다양하고 넓은 시야에서 문제를 바라보아야 한다.

3) 파악 방법

문제구조 파악을 위해 사용하는 방법에는 미씨(MECE), 로직트리(Logic Tree) 등이 있다.

① 미씨(MECE, Mutually Exclusive Collectively Exhaustive)

• 대상이 다수인 것들을 정리할 때 서로 중복되는 것이 없도록 하고, 동시에 누락되는 것도 없이 포괄하여 분석 대상 전체를 일관되게 파악할 수 있도록 하는 기법

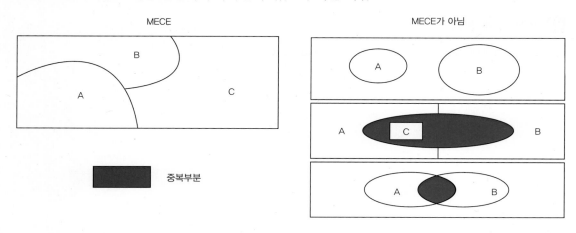

- MECE 적용원칙
  - 나열된 요소가 서로 배타적이어야 한다.
  - 나열된 요소를 합하면 전체와 같아야 한다.
  - 나열된 요소가 중복된 특징을 갖지 않아야 한다.

예 MECE 구분

올바른 구분의 예	잘못된 구분의 예
• 사람 : 남성, 여성 • 계절 : 봄, 여름, 가을, 겨울 • 시장 : 해외시장, 내수시장	• 사람 : 남성, 아줌마, 어린이, 아저씨, … • 계절 : 늦봄, 초여름, 초가을, 한겨울, … • 시장 : 키즈시장, 실버시장, 북미시장, …

② **로직트리 (Logic Tree)**
- 문제의 원인을 깊이 파고든다든지 해결책을 구체화할 때 제한된 시간 속에 문제의 넓이와 깊이를 추구하는 데 도움이 되는 방법으로 주요 과제를 나무 모양으로 분해·정리하는 기술을 의미한다.

- 로직트리 작성 시 주의사항
  - 전체 과제를 명확히 해야 한다.
  - 분해해 가는 가지의 수준을 맞춰야 한다.
  - 원인이 중복되거나 누락되지 않고 각각의 합이 전체를 포함해야 한다.

02 핵심 문제 선정

문제에 큰 영향력을 미칠 수 있는 이슈를 핵심이슈로 선정한다.

3단계 : 분석

원인 분석은 파악된 핵심문제에 대한 분석을 통해 근본 원인을 도출해 내는 단계이다. 원인 분석은 '이슈 분석 → 데이터 분석 → 원인 파악'의 절차로 진행되며 핵심이슈에 대한 가설을 설정한 후 가설 검증을 위해 필요한 데이터를 수집·분석하여 문제의 근본 원인을 도출해 나가는 것이다.

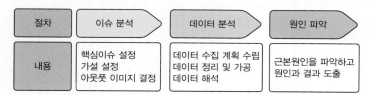

절차	이슈 분석	데이터 분석	원인 파악
내용	핵심이슈 설정 가설 설정 아웃풋 이미지 결정	데이터 수집 계획 수립 데이터 정리 및 가공 데이터 해석	근본원인을 파악하고 원인과 결과 도출

01 이슈 분석

이슈 분석은 핵심이슈 설정, 가설 설정, 분석결과 이미지 결정의 절차를 거쳐 수행된다.

1) 핵심이슈 설정

현재 수행하고 있는 업무에 가장 크게 영향을 미치는 문제로 선정하며, 사내외 고객 인터뷰 및 설문 조사, 관련 자료 등을 활용하여 본질적인 문제점을 파악하는 방법으로 수행된다.

2) 가설 설정

① 자신의 직관, 경험, 지식, 정보 등에 의존하여 이슈에 대한 일시적인 결론을 예측해 보는 가설을 설정한다.

② **가설 설정의 조건**
• 관련 자료, 인터뷰 등을 통해 검증 가능해야 한다.
• 간단명료하게 표현해야 한다.
• 논리적이며 객관적이어야 한다.

③ **효과적인 인터뷰 방법**
• 심층면접법
  − 조사자가 응답자와 일대일로 마주한 상태에서 응답자의 잠재된 동기와 신념, 태도 등을 발견하고 조사주제에 대한 정보를 수집하는 방법
  − 약 30분에서 1시간 정도 진행하며 조사자는 편안한 분위기를 조성하여 응답자의 응답에 영향을 미치지 않도록 하는 것이 중요하다.
  − 첫 번째 질문을 던지고 이에 대한 응답에 따라 면접을 진행하며 조사자는 진행과정과 조사문제에 대한 개략적인 윤곽을 가지고 있어야 한다.
  − 구체적인 질문 내용과 순서는 응답자의 응답에 따라 다르게 진행한다.

– 장점 및 단점

장점	단점
• 다른 방법을 통해 포착할 수 없는 심층적인 정보를 경험적으로 얻을 수 있음 • 독특한 정보를 얻을 수 있음 • 수집된 자료를 자기진단과 평가 그리고 매뉴얼 및 사례로 활용이 가능함 • 성과와 관련된 실제적이고 구체적인 것을 얻을 수 있음	• 인터뷰 시간을 집중적으로 투입해야 하며 비용이 많이 소모됨 • 조사자의 철저한 인터뷰 기법 스킬과 훈련이 요구됨 • 인터뷰 결과를 사실과 다르게 해석할 수 있음

• 표적집단면접법(Focus Group Interview)
 – 6~8인으로 구성된 그룹에서 특정 주제에 대해 논의하는 과정
 – 숙련된 사회자의 컨트롤 기술에 의해 집단의 이점을 십분 활용하여 구성원들의 의견을 도출하는 방법
 – 진행방법

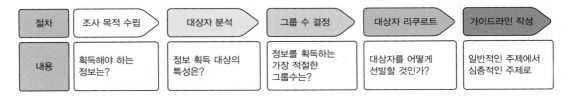

 – 주의사항

• 인터뷰 종료 후 전체 내용에 대한 합의를 해야 한다.
• 가이드라인에 따라 내용을 열거하고 열거된 내용의 상호 관련을 생각하면서 결론을 얻어 나간다.
• 가능한 그룹으로 분석 작업을 진행한다.
• 동의 혹은 반대의 경우 합의 정도와 강도를 중시한다.
• 조사의 목적에 따라 결론을 이끌 수 있도록 한다.
• 앞뒤에 흩어져 있는 정보들을 주제에 대한 연관성을 고려하여 수집한다.
• 확실한 판정이 가능한 것은 판정하지만 그렇지 못한 경우는 판정을 내려서는 안 된다.

3) 분석결과 이미지 결정
가설 설정 후에는 가설검증계획에 의거하여 분석결과를 미리 이미지화해야 한다.

02 데이터 분석

데이터 분석은 '데이터 수집계획 수립 → 데이터 수집 → 데이터 분석'의 절차를 거쳐 수행된다.

데이터 수집계획 수립	목적에 따라 데이터 수집 범위를 설정함
데이터 수집	객관적인 사실을 수집해야 하며 자료의 출처를 명확히 밝힐 수 있어야 함
데이터 분석	정보를 항목별로 분류 정리한 후 '무엇을', '어떻게', '왜'라는 것을 고려해서 데이터 분석을 실시하고 의미를 해석해야 함

03 원인 파악

원인 파악은 이슈와 데이터 분석을 통해서 얻은 결과를 바탕으로 최종 원인을 확인하는 단계를 의미한다. 원인 파악 시에는 원인과 결과 사이에 패턴이 있는지를 확인하는 것이 필요하다.

1) 주요 원인 패턴

단순한 인과관계	원인과 결과를 분명하게 구분할 수 있는 경우 예 날씨가 더울 때 아이스크림 판매량이 증가하는 상황
닭과 계란의 인과관계	원인과 결과를 구분하기가 어려운 경우 예 브랜드의 향상이 매출확대로 이어지고 매출확대가 다시 브랜드의 인지도 향상으로 이어지며 서로 엉키어 있어 쉽게 원인과 결과를 밝혀내기 어려운 상황
복잡한 인과관계	단순한 인과관계와 닭과 계란의 인과관계 두 가지 유형이 복잡하게 서로 얽혀 있는 경우로 대부분의 문제가 이에 해당함

2) 맥킨지의 문제분석 기법

맥킨지 문제분석은 구조적으로 문제점을 분석하고 해결하는 것을 의미하며 아래처럼 네 단계로 진행된다.

Framing	문제의 범위가 어디까지인지 파악하고 문제를 쉽게 다룰 수 있는 작은 단위로 나누는 단계 → 이후 문제에 대한 초기가설 도출
Designing	초기가설이 옳은지 아닌지를 증명하기 위해서는 어떤 분석이 필요한지를 규정하는 단계
Gatering	분석에 필요한 데이터, 즉 팩트를 모으는 단계
Interpreting	데이터를 바탕으로 초기가설의 유효성을 판단하고 결과를 해석하여 앞으로 어떤 액션을 취해야 할지 결정하는 단계

4단계 : 해결안 개발

해결안 개발은 문제로부터 도출된 근본 원인을 효과적으로 해결할 수 있는 최적의 해결방안을 수립하는 단계이다. 해결안 개발은 '해결안 도출 → 해결안 평가 및 최적안 선정의 절차'로 진행된다.

절차	해결안 도출	해결안 평가 및 최적안 선정
내용	문제로부터 최적의 해결안을 도출하고, 아이디어를 명확화	최적안 선정을 위한 평가 기준을 선정하고, 우선순위 선정을 통해 최적안 선정

01 해결안 도출

해결안 도출 단계에서는 먼저 열거된 근본 원인을 어떠한 시각과 방법으로 제거할 것인지에 대해 명확히 해야 한다. 이를 바탕으로 독창적이고 혁신적인 아이디어를 도출해야 하며, 이후 유사한 방법이나 목적을 갖는 내용은 군집화를 거쳐 최종 해결안으로 정리하는 과정을 거쳐 제시해야 한다.

02 해결안 평가 및 최적안 선정

1) 효과적인 해결안 평가 및 최적안 선정 방법

해결안 평가 및 최적안 선정 과정에서는 문제(What), 원인(Why), 방법(How)을 고려해서 해결안을 평가하고 가장 효과적인 해결안을 선정해야 한다. 해결안 선정을 위해서는 중요도와 실현가능성 등을 고려해서 종합적인 평가와 각 해결안의 채택 여부를 결정하는 과정을 거쳐야 한다.

해결안	중요도		실현가능성			종합평가	채택여부
	고객만족도	문제해결	개발기간	개발능력	적용가능성		
해결안 1							
해결안 2							
해결안 3							
해결안 4							

▲ 해결안 평가에 따른 채택여부 결정 시트

2) 마이클 포터의 본원적 경쟁 전략

기업이 경쟁 우위를 확보하고 지속 가능한 성장을 달성하기 위한 기본 방향 지침을 의미한다.

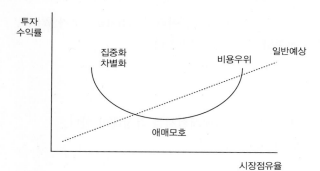

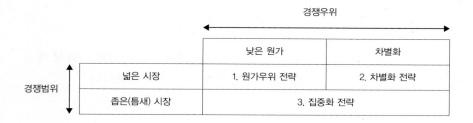

		경쟁우위	
		낮은 원가	차별화
경쟁범위	넓은 시장	1. 원가우위 전략	2. 차별화 전략
	좁은(틈새) 시장	3. 집중화 전략	

원가우위 전략	• 경쟁자보다 낮은 생산 비용을 달성함으로써 경쟁 우위를 확보하는 전략 • 장점 : 낮은 판매가격을 통한 가치 제공, 표준 이상의 이익 창출 가능 예 저가항공사의 낮은 비용
차별화 전략	• 모방하기 어려운 아이템으로 경쟁사 대비 자사의 부가가치를 높이는 전략 • 장점 : 독특한 가치 제공, 고객 충성도 확보, 높은 가격으로 판매 가능 예 전기 및 수소를 연료로 활용한 친환경 자동차
집중화 전략	• 특정 그룹이나 타깃 고객에게 초점을 맞추는 전략 • 장점 : 특정 시장에서의 리더십 확보 및 차별화 달성 가능 예 커피 프랜차이즈 기업의 프리미엄 커피 시장 공략

5단계 : 실행 및 평가

실행 및 평가는 해결안 개발을 통해 만들어진 실행계획을 실제 상황에 적용하는 활동으로 당초 장애가 되는 문제의 원인들을 해결안을 사용하여 제거해 나가는 단계이다. 실행은 '실행계획 수립 → 실행 및 사후관리(Follow-Up)'의 절차로 진행된다.

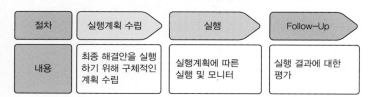

01 실행계획 수립

1) 정의

실행계획 수립은 무엇을(What), 어떤 목적으로(Why), 언제(When), 어디서(Where), 누가(Who), 어떤 방법으로(How)의 물음에 대한 답을 가지고 계획하는 단계를 의미한다.

2) 실행계획 수립 시 고려사항

① 각종 자원(인적, 물적, 예산, 시간)을 고려해야 한다.
② 세부 실행내용의 난이도를 고려하여 각 해결안별 구체적인 실행계획서를 작성해야 한다.
③ 실행의 목적과 과정별 진행내용을 일목요연하게 정리해야 한다.

02 실행 및 사후관리(Follow-Up)

1) 사후관리의 필요성

실행 및 사후관리 단계는 가능한 사항부터 실행하며 그 과정에서 나온 문제점을 해결해 가면서 해결안의 완성도를 높이고 일정한 수준에 도달하면 전면적으로 전개해 나가는 것이 필요하다.

2) 실행 단계에서의 문제 해결 방안

① 사전 조사(Pilot Test)를 통해 문제점 발견
② 해결안 보완 후 대상 범위를 넓혀서 전면적으로 실시
③ 실행상의 문제점 및 장애요인의 신속한 해결을 위한 모니터링(Monitoring) 체제 구축

기적의 TIP 모니터링 사항

- 바람직한 상태가 달성되었는가?
- 문제가 재발하지 않을 것을 확신할 수 있는가?
- 사전에 목표한 기간 및 비용은 계획대로 지켜졌는가?
- 혹시 또 다른 문제를 발생시키지 않았는가?
- 해결책이 주는 영향은 무엇인가?

기적의 TIP 문제해결능력 필기시험 주요 출제유형 정리

① 하위능력의 개념 확인
- 문제의 정의와 문제 해결 방식에 대한 문제
- 창의적 사고, 논리적 사고, 비판적 사고에 대한 이해도를 묻는 문제
- 제시문에 반영된 각종 논리적 오류를 찾아내는 문제
- 3C, SWOT, Logic Tree과 같은 다양한 분석 기법의 적용 상황에 대해 묻는 문제

② 제시된 전제조건 기반의 결론 추론
- 조건 명제를 이용한 문제
- 역, 이, 대우를 활용한 추론 문제
- '이고', '또는', '모든', '어떤'의 개념을 활용한 문제
- 벤다이어그램을 통해 해결할 수 있는 문제

③ 순서와 위치 추론
- 정보의 연결, 결합, 제거를 통해 순서를 나열하거나 위치를 찾는 문제
- 표, 그림 등 도식화를 통한 경우의 수 확인을 통해 조건에 부합하는 결론 도출하는 문제
- 조건의 진실과 거짓을 구분하여 모순되는 지점을 찾아 해결하는 문제

④ 최적의 결론 도출
- 제시된 조건과 정보를 바탕으로 상황에 부합하는 의사결정을 내리는 문제
- 주어진 숫자의 의미를 이해하고 계산을 통해 답을 도출하는 문제
- 다양한 자료 중 풀이에 필요한 내용만을 선별하여 문제가 요구하는 결론을 구하는 문제

바로 확인문제

다음과 같은 3C 분석 결과를 바탕으로 할 때, 향후 해결해야 할 전략 과제로 고려하기에 적절하지 <u>않은</u> 것은?

3C 구분	분석 내용
고객(Customer)	• 아시아를 중심으로 연 10% 성장하는 시장 • IT 관련 사업 연 20% 성장 • 고객 니즈에 맞는 맞춤형 프로젝트의 증가
경쟁사(Competitor)	• 시장지배적 위치의 1, 2위 기업의 존재 • 경쟁사의 압도적인 시스템화 능력 보유 • 전문 메이커사와의 치열한 가격 경쟁
자사(Company)	• 높은 생산 원가(인건비 등) 구조 • 강력한 국내 유통 판매망 대비 취약한 해외 판매망 • 높은 기술력 보유

① 고객 맞춤형 프로젝트 상품을 개발한다.
② 높은 제품 기술력을 바탕으로 제품 구색을 강화한다.
③ 국내 유통 판매 경쟁력을 활용해 아시아 시장 판매망 개발에 집중한다.
④ 인건비와 같은 간접비 삭감을 바탕으로 가격 경쟁력 강화한다.

해설

환경 분석에서 주로 활용되는 3C 분석 내용을 기반으로 문제를 인식하는 과정입니다. ②의 '높은 제품 기술력'은 자사 분석 내용에서 확인할 수 있지만 '제품 구색 강화'는 3C 분석 내용에서 찾아보기 어렵습니다.

정답 ②

01 업무를 수행하면서 마주하는 다양한 문제 상황을 제대로 파악해야 올바른 문제해결이 가능하다. 다음 상황에서 문제와 문제점을 나열한 것으로 가장 적절한 것은?

> 미국 중부 6개 주를 토네이도가 강타하면서 I주에 있는 ○○사 물류창고 중 부실하게 시공된 No.3동에 근무하던 근로자들 중 6명이 사망하고, 수십 명이 실종되었다. ○○사는 코로나19로 인해 물류수요가 급증함에 따라 수십만 명의 인력을 늘렸는데, 이 중 절반 이상이 ○○사의 직고용 근로자가 아니어서 사고 인원을 파악하는 데 시간이 더 걸리고 있는 상황이다.

	문제	문제점
①	토네이도 강타	인명피해
②	인명피해	토네이도 강타
③	인명피해	부실 시공
④	코로나19	물류수요 급증
⑤	코로나19	인명피해

02 지금까지 기업들은 조직 내에서 발생하는 문제를 해결하기 위해 여러 가지 접근법을 사용해왔다. 다음 중 최근 각광받고 있는 문제해결 방법인 퍼실리테이션에 대한 설명으로 가장 적절한 것은?

① 상이한 문화적 토양을 가지고 있는 구성원을 대상으로 서로의 생각을 직설적으로 주장하고 논쟁하여 해결안을 도출해가는 방법이다.
② 깊이 있는 소통을 통해 서로의 문제점을 이해하고 공감함으로써 창조적인 해결안을 도출해가는 방법이다.
③ 조직 구성원들이 같은 문화적 토양을 가지고 서로 이해하고 있음을 가정하여 문제 해결을 도출하는 방법이다.
④ 문제 상황이 발생했을 때 외부의 중재자가 적극적으로 나서 이해관계자들이 문제 해결안에 도달할 수 있도록 조정한다.
⑤ 잘못하면 단순한 이해관계의 조정에 그치고 말아서 그것만으로는 창조적인 아이디어나 높은 만족감을 이끌어 내기 어렵다는 단점이 존재한다.

03 다음 중 문제해결 방법의 성격이 같은 것으로만 고른 것은?

> ㉠ R&D 투자비율을 높여 기초 공정 생산라인을 추가 개발하기로 결정했다.
> ㉡ 경쟁사보다 가격이 높아 시장 점유율이 1.2% 하락했고 점유율 회복을 위해 내년상품 가격을 0.2% 인하하기로 결정했다.
> ㉢ 경쟁력을 10% 높이기 위해 지문인식을 통한 자동 결제 신기술을 도입했다.
> ㉣ 올 겨울에도 난방비를 2% 절약하기 위해 창문에 단열필름을 부착했다.

① ㉠, ㉡
② ㉠, ㉢
③ ㉠, ㉣
④ ㉡, ㉢
⑤ ㉢, ㉣

04 비판적 사고는 어떤 주제나 주장 등에 대해 적극적으로 분석하고 종합하며 평가하는 능동적인 사고이다. 비판적 사고를 하기 위해서는 평상시 문제의식을 지녀야 하고, 고정관념을 타파하는 습관을 들여야 한다. 다음 중 주변에서 쉽게 볼 수 있는 물건에 지니고 있는 고정관념을 타파한 사례로 적절하지 <u>않은</u> 것은?

	물건	고정관념 타파
①	전기머리인두기	봉투 밀봉
②	볼펜	필기용구
③	두꺼운 전공서적	모니터 받침대
④	쓰레기통	우산꽂이
⑤	테이프	지문 채취

05 다음 사례와 관련된 사고(思考)에 대한 설명으로 적절하지 <u>않은</u> 것은?

> ○○항공은 코로나19로 노선 운휴와 감편으로 여객기가 활용되지 못하고 공항에 발이 묶여있는 상태가 지속됨에 따라 비용절감 뿐 아니라 국내 수출입 기업 지원을 위해 운휴중인 노선을 대상으로 여객기에 화물만 실어 운항한다고 지난 16일 밝혔다.
>
> J회장은 코로나19의 전 세계적인 확산으로 인해 불어 닥친 위기를 극복하기 위해 여객기를 화물로 활용하자는 전략을 제시했다. J회장은 여객·화물, 경영전략·기획 등 핵심부서에서 17년 동안 근무한 항공·물류 전문가로서 경험을 발휘, 수출입 기업들의 원활한 경제활동을 지원하는 한편, 여객기 활용으로 공항 주기료 감면 등 비용 절감이라는 일거양득의 효과를 위해 여객기를 이용한 화물 수송 아이디어를 냈다.

① 문제의식을 가져야 한다.
② 고정관념을 버리는 것이 중요하다.
③ 후천적인 노력에 의해 개발이 가능하다.
④ 어느 정도의 전문 지식은 필요하다.
⑤ 타인으로부터의 과도한 신뢰는 부담을 갖게 하므로 다소 무관심한 환경이 조성되어야 한다.

06 원활한 논리적 사고를 하기 위해서는 논리적 사고에 필요한 구성 요소들을 갖춰야 한다. 다음 중 논리적 사고에 필요한 구성 요소로 적절하지 <u>않은</u> 것은?

① 일상생활에서 나누는 대화, 신문이나 TV로 접한 사회 소식, 업무를 통해 습득하는 사실관계 등에 대해 생각하는 습관이 필요하다.
② 타인에게 의사를 전달하거나 타인의 의견을 전해 들을 때는 내용의 구체적인 이미지를 떠올리거나 숫자를 활용해 표현할 수 있어야 한다.
③ 나의 의견을 관철시키기 위해 강요하는 것이 아니라 논증을 통해 다른 사람에게 나의 의견을 설득하려는 태도가 필요하다.
④ 다른 사람을 설득하는 과정에서 거부당할 수 있으며 이때 상대의 논리를 구조화하는 것이 필요하다.
⑤ 다른 사람의 주장을 반박하기 위해서는 주장의 근거를 부정하기보다는 주장하는 사람의 평소 행실을 부정해야 한다.

07 다음 글에 제시된 논리적 오류와 같은 유형의 논리적 오류에 해당하는 것으로 가장 적절한 것은?

> • "이번에 정호에게 좋아한다고 고백했는데 거절당했어. 왜 나를 싫어하는 거지?"
> • "동생이 오늘 날씨가 춥냐고 묻길래 춥지 않다고 답했더니, 동생은 반팔을 입고 출근했어."

① "어릴 때부터 괴짜라는 소리를 들었지만 훌륭한 발명가가 된 에디슨을 보면, 지금 괴짜인 우리 아들도 나중에 훌륭해질 거야."
② "A선수, 우리가 제안한 오늘의 연봉이 이번 FA 최종협상안입니다. 만약 수락하지 않고 이대로 미아가 된다면 그것은 전적으로 당신 책임입니다."
③ "이 의견에 반대하는 사람은 나와서 물구나무서서 팔굽혀펴기 해봐. 없지?"
④ "짬뽕을 싫어한다고? 그럼 짜장면을 좋아하겠구나."
⑤ "저 사람 학창시절에 제법 놀았다지. 무슨 말을 해도 거짓말 같아."

08 A대리는 팀에서 유튜브 회원을 획기적으로 늘리기 위한 브레인스토밍 회의를 주재하고 있다. 회의 시작 후 30분이 지났지만 아무도 적극적으로 의견을 말하지 않는 상황이다. 다음 중 회의를 이끌고 있는 A대리가 취할 행동으로 적절하지 <u>않은</u> 것은?

① 회의시간을 단축하기 위해 한 명씩 돌아가면서 아이디어를 발표하도록 한다.
② 지금부터는 등장한 아이디어에 대해 어떤 평가도 내리지 않는다.
③ 내용 형식에 구애받지 않고 최대한 많은 아이디어를 얘기하자고 한다.
④ 즐거운 분위기를 연출하기 위해 A대리가 나서서 유머를 구사한다.
⑤ 작은 아이디어라도 함께 모이면 더 큰 새로운 아이디어가 될 수 있음을 강조한다.

09 문제해결을 위해 맥킨지는 MECE를 제안했다. MECE는 특정 사안을 분석할 때 몇 개의 핵심요소로 분해하고, 이에 대한 항목별 해결책을 찾음으로써 최선의 해결책을 제시하는 방법이다. 다음 중 MECE를 수행하는 과정에 대한 설명으로 적절하지 <u>않은</u> 것은?

① 핵심 요소를 분해할 때 중복과 누락이 되지 않도록 주의해야 한다.
② 분해된 요소 중 실행 가능한 요소를 찾아 그에 대한 해결안을 마련한다.
③ 초기가설을 설정하고 증명에 필요한 분석 방법을 규정한다.
④ 분해된 내용 간 인과관계가 있도록 핵심 요소를 분해해야 한다.
⑤ 문제해결에 가장 이상적인 방안만을 찾아 적용해야 한다.

10 해결안 개발을 통해 만들어진 실행계획안을 실제 상황에 본격적으로 적용하기 전, 사전 테스트(Pilot Test)를 거쳐야 한다. 다음 중 사전 테스트를 해야 하는 이유로 적절하지 <u>않은</u> 것은?

① 선박을 항구에 안전하게 접안하기 위해 해당 선박에 탑승하여 수로로 이동시키는 일을 하는 사람인 도선사(導船士, Pilot)에서 유래된 단어이다.

② 문제의 단위나 범위에 따라 비용 및 인력이 과도하게 들어갈 수 있기 때문에 사전 테스트를 통해 일부 범위에만 적용해보는 것이 좋다.

③ 서로 다른 해결책을 개발해 여러 지역 또는 대상에게 각각 해결책을 적용하고 그중 가장 효과적인 해결책을 선정하기 위해 사전 테스트가 필요하다.

④ 도입하고자 하는 해결안은 기존의 조치 방안과 대비되거나 이를 보완하는 것이기 때문에, 조직구성원이나 고객들이 이에 적응하고 순응하는 과정이 필요한 만큼 일부 범위에만 적용해보는 것이 좋다.

⑤ 해결안 개발을 통해서 제시된 해결안이 실제 문제 해결에 도움이 될지 불분명하기 때문에 일부 범위에만 적용해보는 것이 좋다.

11 다음은 국내 ○○통신사의 사업기획부서에 근무하는 H대리가 자사의 매출정체가 지속되자 이에 대한 대책을 수립하기 위한 특정 사고의 과정을 정리한 것이다. 다음 중 이와 같은 사고의 방식을 의미하는 것은?

고객에게 매력적인 요금제가 없을 것이다.	
• 요금제별 가입자 수 분석 • 경쟁사의 요금제별 가입자 수	
서비스에 대한 고객의 이해도가 떨어질 것이다.	
개별 서비스에 대한 고객 인지도 분석	
차별화된 단말기가 없을 것이다.	
• 단말기 판매 대수 분석 • 경쟁사의 단말기 판매대수 분석	

① 논리적 사고

② 가설 지향적 사고

③ 사실 지향적 사고

④ 전략적 사고

⑤ 창의적 사고

12 다음은 ○○자동차회사의 SWOT 분석 결과이다. 이를 토대로 수립한 SWOT 전략으로 가장 적절한 것은?

〈SWOT 분석 및 전략〉

SWOT 분석에 의한 발전 전략		내부 환경요인	
		강점(Strengths)	약점(Weaknesses)
외부 환경 요인	기회 (Opportunities)	강점을 활용하여 기회를 이용함 (SO)	약점을 보완하여 기회를 이용함 (WO)
	위협 (Threats)	강점을 활용하여 위협을 극복함 (ST)	약점을 보완하여 위협을 극복함 (WT)

〈○○자동차회사의 SWOT 분석 결과〉

강점(Strengths)	약점(Weaknesses)
• 신차 연구개발을 위한 투자 확대 • 생산능력 확대	• 일부 모델의 부진한 판매량 • 내수시장 점유율 하락
기회(Opportunities)	위협(Threats)
• 해외 시장의 수입차 수요 지속 증가 • 국내 자동차 수요 확대 지속 • 유럽 회복세, 중국과 인도 시장 성장 지속	• 엔화 약세로 일본 업체 공세 강화 • 일부 신흥국의 정치 불안 • 국내 가계 부채 불안 • 자동차 시장 내 가격 경쟁 심화

	전략	내용
①	SO	주요 수출 시장의 소비자 취향을 고려한 신차 연구개발 투자 확대를 통해 해외 시장을 공략한다.
②	WO	새로운 시장 구축을 위해 일부 신흥국을 대상으로 하여 그동안의 판매 부진 모델 수출량을 증가시킨다.
③	WT	일부 신흥국의 경제적 도약으로 가격 경쟁이 심화되었으므로, 현재보다 낮은 가격으로 생산량을 증가시킨다.
④	ST	유럽 및 미국 시장에 수출되는 일본 업체의 모델보다 가격을 더 낮추고, 회사 차원의 모든 경비를 절감한다.
⑤	SO	해외 시장에서 부진한 모델의 생산을 중단하고, 고급화 전략으로 희소성 있는 자동차 이미지 구축을 위해 생산량을 감소시킨다.

13 다음 글의 명제들이 참일 때, 반드시 참인 것을 고르면?

> - 봄을 좋아하는 사람은 등산을 좋아한다.
> - 여름을 좋아하는 사람은 수상스키를 좋아한다.
> - 가을을 좋아하는 사람은 여름을 좋아하지 않는다.
> - 등산을 좋아하는 사람은 수상스키를 좋아하지 않는다.
> - 수상스키를 좋아하는 사람은 겨울을 좋아한다.
> - A는 등산을 좋아한다.

① A는 여름을 좋아한다.
② A는 봄을 좋아한다.
③ A는 여름을 좋아하지 않는다.
④ A는 겨울을 좋아하지 않는다.
⑤ A는 가을을 좋아한다.

14 ○○공사의 필기시험에 응시한 A, B, C, D, E, F, G 7명의 필기시험 성적이 다음과 같다고 할 때, 면접전형으로 진출할 상위 득점자 2명은 누구인가?

> - 점수가 같은 사람은 없다.
> - C는 D보다 점수가 낮다.
> - D는 B와 G보다 점수가 낮다.
> - C와 F의 점수는 바로 인접해 있다.
> - E의 점수가 가장 낮다.
> - C는 A와 F의 점수를 합한 것보다 높다.

① C, D
② B, G
③ D, G
④ B, D
⑤ C, F

15 다음 숫자 배열 A~D의 공통적인 특성만을 적절하게 이야기한 사람을 〈보기〉에서 모두 고르면?

- A : 2, 3, 5, 7, 10
- B : 6, 5, 8, 3, 1
- C : 1, 4, 5, 6, 9
- D : 4, 7, 8, 9, 10

〈보기〉
- 갑 : "짝수 다음에 짝수가 연이어지지 않아."
- 을 : "홀수 다음에 홀수도 연이어지지 않고 있어."
- 병 : "동일한 숫자가 연이어 반복되지 않아."
- 정 : "어떤 숫자 바로 다음에 그 숫자의 배수가 오진 않아."

① 갑
② 을
③ 갑, 병
④ 을, 정
⑤ 갑, 병, 정

16 ○○공사에서는 X사업을 진행하기 위해 Why팀, What팀, How팀이라는 3개의 팀을 운영하고 있다. CEO는 업무 진척 사항을 점검하기 위해 각 팀과 인터뷰를 실시하였다. 아래의 팀 진술 중 적어도 하나는 참이고 적어도 하나는 거짓이라고 할 때, 거짓인 진술은 몇 개이며 X사업을 담당하고 있는 팀은 어디인가? (단, 1개의 팀만이 X사업을 담당하고 있다.)

- Why팀 : What팀은 X사업을 담당하고 있지 않다.
- What팀 : 우리 팀에서는 X사업을 담당하고 있지 않다.
- How팀 : 우리 팀은 X사업을 담당하고 있다.

① 1개, What팀
② 1개, How팀
③ 2개, Why팀
④ 1개, Why팀
⑤ 2개, How팀

17 다음은 ○○기계설비업체의 기계도면 해칭 작성의 원칙이다. ○○업체 설계팀 B사원이 제시된 자료를 참고하여 해칭한 내용으로 적절한 것은?

〈기계도면 해칭 작성 원칙〉
• 중심선 또는 주요 외형선에 우상향 45°로 경사지게 긋는 것이 원칙임
• 해칭선의 간격은 도면의 크기에 따라 다르나, 보통 2~3mm 간격으로 함
• 2개 이상의 부품이 맞닿은 경우에는 해칭의 방향이나 간격을 다르게 함
• 동일 부품은 절단면이거나 단면상 분리되었어도 동일한 방향과 간격으로 해칭함

*해칭(Hatching) : 단면 부분에 가는 실선으로 빗금선을 긋는 방법

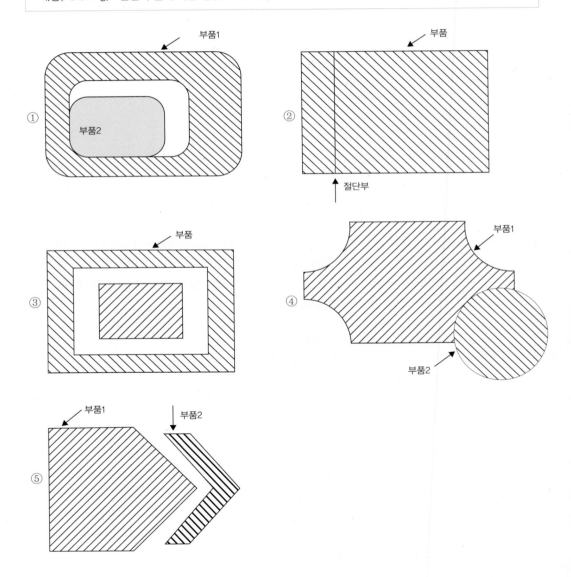

18 다음은 임금피크제를 운영하고 있는 ○○기업의 〈임금피크제 운영 규정〉의 일부분이다. A대리는 〈임금피크제 운영 규정〉을 토대로 ○○기업의 50세 이상 근로자들이 2025년 1월에 지출하게 될 예상 인건비를 계산해 보았다. 다음 중 예상 인건비 총액으로 적절한 값은?

〈임금피크제 운영 규정〉

제1장 임금피크제

제2조(용어의 정의)

이 규정에서 사용되는 용어의 정의는 다음과 같다.

1. "임금피크제"라 함은 일정 연령의 도달 또는 생산성 등을 고려하여 피크 임금의 수준을 결정하고 이를 기준으로 임금을 줄여가는 임금체계를 말한다.

2. "기준 급여"라 함은 임금피크제 적용 직전 1개월간 총 급여를 말한다.

제3조(대상)

임금피크제 적용은 만 55세 이상의 근로자를 대상으로 한다.

제4조(선정 및 적용기준일)

적용기준일은 만 55세에 도달하는 날이 속하는 해의 다음 해부터 적용한다.

제5조(준용)

이 규정에서 정하지 아니한 취업, 인사, 보수, 복리후생, 상벌, 휴가 및 휴직 등에 관한 사항은 일반 직원에 적용되는 사규를 준용한다.

제2장 인사관리

제6조(적용 방법)

임금피크제 대상 직원은 별도의 「근로조건 변경 동의서」를 징구하여 적용한다.

제7조(목적)

임금피크제 대상 직원의 직급은 임금피크제 적용 직전의 직급을 유지함을 원칙으로 한다.

제3장 보수

제8조(임금의 산정)

임금피크제 지급 급여 산정을 위한 지급률 및 적용 기간은 다음과 같다.

지급률 : 1년 차 : 기준 급여의 80%
　　　　 2년 차 : 기준 급여의 70%
　　　　 3년 차 이후 : 기준 급여의 60%

2. 적용 기간 : 만 55세 도달일이 속하는 해의 다음 해부터 만 60세 종료일이 속하는 해의 말일까지

제9조(복리후생)

임금피크제 대상자에 대한 복리후생은 적용 전 직급을 기준으로 일반 직원과 동일하게 적용한다.

(현재 : 2024년 6월)

직급	이름	현재 연령	기준 급여	2025년 1월 예상 월급
이사	E	만 57세	700만 원	
상무	F	만 56세	800만 원	
전무	G	만 58세	900만 원	
과장	H	만 55세	650만 원	
예상 인건비 총액				

① 1,880만 원　　② 1,895만 원　　③ 1,960만 원　　④ 1,975만 원　　⑤ 2,040만 원

19 결혼 후 신혼여행을 준비하는 ○○공사 인사팀 3년차 P사원은 최대한 긴 휴가를 얻으려 한다. 신혼여행이 올해의 첫 휴가이고 입사 이래로 조퇴나 결석 등의 사유로 결근한 적은 없었던 사원 P가 아래 〈휴가규정〉을 참고하여 신청할 수 있는 최대한의 휴가 기간은 총 며칠인가?

〈휴가규정〉

1. 연차휴가
   - 연차유급휴가 : 매년 근로자에게 주도록 정해진 유급휴가로 근로기준법상 1년 동안 80% 이상 출근한 근로자에게 15일을 제공함.
   - 단, 연차유급휴가의 경우 최초 1년을 초과하는 계속근로연수 2년마다 1일씩 가산됨.

2. 특별휴가

구분		휴가 일수		구분	휴가 일수
결혼	본인	5일	사망	배우자	5일
	자녀	1일		본인·배우자의 부모	5일
출산휴가	본인	90일		본인·배우자의 조부모·외조부모	2일
	배우자 출산	5일		자녀와 그 자녀의 배우자	2일

---

① 15일
② 16일
③ 20일
④ 21일
⑤ 22일

20 ○○공사 시설팀 P대리는 세미나실 대여 신청을 받던 중, 7월 21일의 세미나실 대여 신청에 문제가 있음을 발견했다. 다음의 내용을 참고했을 때 P대리가 해야 할 행동으로 적절한 것은?

〈세미나실 대여 규칙〉

- 프로젝터가 있는 세미나실은 업무 회의 이외의 상황에서 사용할 수 없음[부서 내 회의(가능), 사내 소모임 관련 사유(불가)]. 또한, 프로젝터가 있는 세미나실을 대여할 시에는 〈추가 확인란〉에 대리 이상 직급의 확인을 받아야 함.
- 프로젝터가 없는 세미나실에서 프로젝터를 이용해야 할 경우, 대리 이상 직급의 직원이 프로젝터 설치 신청서를 작성하여 시설팀 담당자에게 제출하도록 함.
- 세미나실 수용 인원과 사용 인원의 차이가 ±10명 이상일 경우엔 대여하지 않음.
- 자사 직원 외의 다른 이용자가 포함된 대여를 할 경우, 반드시 〈추가 확인란〉에 대외협력팀의 확인 도장을 받아야 함.
- ○○공사의 직급 체계는 '사원-대리-과장-차장-부장' 순서임.

세미나실	수용 가능 인원	참고 사항	기타
501	25명	프로젝터 설치	-
502	25명	프로젝터 설치	-
503	30명	프로젝터 설치	프로젝터 수리로 인해 7월 22일까지 사용 불가
504	20명	프로젝터 미설치(신청 시 설치 가능)	-
505	15명	프로젝터 미설치(신청 시 설치 가능)	-
506	15명	프로젝터 미설치(설치 불가능)	-

신청자	대여 세미나실	대여 날짜 및 시간	사용 인원	대여 사유	추가 확인란
고객관리팀 A사원	502	7월 21일 15~18시	20명	고객관리팀 대책 회의	고객관리팀 G대리 서명
인사관리팀 B과장	504	7월 21일 18~20시	7명	인사관리팀 사원 소모임 (HR스터디) 정기회의	-
대외활동팀 C사원	502	7월 21일 14~16시	16명	사내 자원봉사 소모임 정기 활동보고회	-
마케팅팀 D대리	503	7월 21일 14~17시	8명	G광고회사 기획팀과 홍보 아이디어 회의	-

① C사원에게 연락하여 대여 시간 변경이 가능한지 확인한다.

② 사용 인원과 수용 인원의 차이가 10명 이상이므로 B과장에게 연락하여 505호로 대여 장소 변경이 가능한지 확인한다.

③ D대리에게 503호의 회의실 이용 불가를 설명한 후 501호로 대여 장소를 변경해 준다.

④ C사원에게 연락하여 〈추가 확인란〉에 자원봉사 소모임 내 대리 이상 직급의 직원의 확인을 받아 와야 한다는 것을 알려 준다.

⑤ D대리에게 사용 인원 관련 규정을 안내한 다음 501호로 대여 장소를 변경해 주고 마케팅팀 직원 중 한 명이 프로젝터 설치 신청서를 작성하게 해 제출하도록 안내한다.

p.226

문제해결능력 실전문제

01 ③	02 ②	03 ②	04 ②	05 ⑤
06 ⑤	07 ④	08 ①	09 ⑤	10 ⑤
11 ②	12 ①	13 ③	14 ②	15 ③
16 ④	17 ④	18 ⑤	19 ④	20 ②

01 ③

'문제'란 원활한 업무 수행을 위해 해결해야 하는 질문이나 의논 대상을 의미한다. 제시된 상황에서 해결해야 하는 것은 토네이도 강타로 인해 발생한 인명피해가 될 수 있다. '문제점'은 그러한 문제의 근본 원인이 되는 사항으로 문제 해결에 필요한 열쇠라고 볼 수 있다. 제시된 상황에서는 토네이도가 강타했을 때 ○○사의 물류창고 중 부실하게 시공된 No.3동의 근무자들에 대량 피해가 발생했다고 하였으므로 문제의 근본 원인은 부실시공이라고 볼 수 있다.

02 ②

퍼실리테이션이란 '촉진'을 의미하며, 깊이 있는 커뮤니케이션을 통해 서로의 문제점을 이해하고 공감함으로써 창조적인 문제해결을 도모하는 방식이다. 소프트 어프로치나 하드 어프로치는 타협점의 단순 조정에 그칠 수 있으나, 퍼실리테이션을 통해서는 초기에 생각하지 못했던 창조적인 해결방법까지 도출할 수 있다. 동시에 구성원들의 동기가 강화되고 팀워크도 한층 강화시킬 수 있다는 장점이 있다.

> **오답 피하기**
> ① 하드 어프로치에 대한 설명이다.
> ③④⑤ 소프트 어프로치에 대한 설명이다.

03 ②

기업의 문제해결 방법에는 투자와 개발을 통해 기술 경쟁력을 높이는 방법과 원가 절감, 판매가 인하 등을 통해 가격 경쟁력을 높이는 방법이 있다. 이 중 ㉠과 ㉢은 적극적인 투자, 개발을 통해 기업의 기술 경쟁력을 높이고자 한 사례이다.

> **오답 피하기**
> ㉡㉣ 원가 절감 및 판매가 인하 등을 통해 가격 경쟁력을 확보하려는 방안이다.

04 ②

고정관념이란 사람들이 어떤 사회집단에 대해 가지고 있는 지식과 인상을 의미하며, 고정관념을 타파함으로써 지각의 폭을 넓히는 일은 정보에 대한 개방성은 바탕으로 편견을 갖지 않는 것을 의미한다. 볼펜이 본래 용도인 필기구로 활용되는 사례는 고정관념을 타파했다고 보기 어렵다.

05 ⑤

제시된 사례와 관련된 사고는 '창의적 사고'이다. 창의적 사고란 당면한 문제를 해결하기 위해 이미 알고 있는 경험과 지식을 해체하여 다시 새로운 정보로 결합함으로써 가치 있고 참신한 아이디어를 산출하는 사고를 의미한다. 특히, 브레인스토밍, 고든법 등의 방법과 같이 집단지성을 발휘해 더욱 창의적인 아이디어를 도출해 낼 수 있다. 따라서 창의적 사고를 위해 무관심한 사고가 조성되어야 한다는 것은 적절하지 않은 설명이다.

> **오답 피하기**
> 창의적 사고의 개발 방법으로는 자유연상법, 강제연상법, 비교발상법 등이 있으며 각각에 해당하는 구체적 사례 역시 숙지할 필요가 있다.

06 ⑤

논리적 사고는 공동체 생활에서 지속적으로 요구되는 능력으로, 사고의 전개에서 전후 관계가 일치하고 있는가를 살피고 아이디어를 평가하는 능력을 의미한다. 논리적 사고의 구성요소에는 생각하는 습관, 상대 논리의 구조화, 구체적인 생각, 타인에 대한 이해, 설득 다섯 가지가 있으며 이 중 타인에 대한 이해에서는 상대의 주장에 반론할 때에 상대 주장 전부를 부정하지 않고, 동시에 상대의 인격을 존중하는 것이 중요하다는 것을 말하고 있다.

> **오답 피하기**
> ① 생각하는 습관에 대한 설명이다.
> ② 구체적인 생각에 대한 설명이다.
> ③ 설득에 대한 설명이다.
> ④ 상대 논리의 구조화에 대한 설명이다.

07 ④

제시된 두 가지 사례 모두 A 아니면 B. 즉, 어떤 집합의 원소가 두 개밖에 없다고 여기고 추론하는 '흑백 논리의 오류'가 적용된 상황이다. ④의 경우에서도 짬뽕이 아니면 짜장면이라는 두 개의 원소만을 고려한 것으로 볼 때, 같은 오류가 적용된 것으로 볼 수 있다.

> **오답 피하기**
> ① 잘못된 유추의 오류 사례이다.
> ② 위력에 호소하는 오류 사례이다.
> ③ 논점일탈의 오류 사례이다.
> ⑤ 인신공격의 오류 사례이다.

08 ①

브레인스토밍 방법의 대표적 단점 중 하나는 경직된 분위기에서 자유로운 의견 제시가 이루어지지 않을 수 있다는 점이다. 이때에는 최대한 가볍고 즐거운 분위기를 이끌어 대화를 유도해야 하며, 경우에 따라 발언을 불편해하는 참가자가 있다고 판단될 때에는 자신의 아이디어를 종이에 적는 브레인라이팅 방법을 실행해 볼 수 있다. 아이디어가 나오지 않는다고 하여 강제적으로 돌아가면서 아이디어를 발표하라고 하는 해결 방법은 브레인스토밍에서는 적절하지 않은 방법이다.

> **오답 피하기**
> 브레인스토밍의 4대 원칙(비판금지, 자유분방, 질보다 양, 결합과 개선)에 대해 이해해야 한다.
> ② 비판금지 원칙에 해당한다.
> ③④ 자유분방 원칙에 해당한다.
> ⑤ 결합과 개선 원칙에 해당한다.

09 ⑤

MECE를 적용해 핵심요소를 분해할 때에는 각 집단의 요소가 서로 배타적이어야 하며 서로 중복되는 특성을 갖지 않도록 하는 것이 중요하다. 이후 문제를 해결할 때는 실행 가능한 요소를 찾아 가설을 설정하고, 다양한 파일럿 테스트 등을 통해 가설을 검증하는 방식으로 접근해야 한다.
⑤ 문제해결을 위해 가장 이상적인 방안만을 적용한다는 것은 이러한 해결 방식과는 맞지 않는 설명이다.

10 ⑤

사전 테스트(Pilot Test)를 통해 해결책을 일부 대상 범위에 먼저 적용해 봄으로써, 해결책이 가지고 있을 수 있는 또다른 문제점을 확인하고 해결책을 더 나은 수준으로 수정·보완될 수 있도록 올바른 개선 방향을 설정해야 한다. 이를 통해 전체 대상에 적용할 수 있는 보다 궁극적인 해결책 마련이 중요하다.
해결안 자체가 이미 해결안 개발 과정을 거쳐 만들어진 것이기 때문에 문제 해결에 도움이 될 수 있다는 것을 전제로 하고 있다. 따라서 해당 해결안이 실제 문제 도움이 될지 불분명하기 때문에 일부 범위에만 적용한다는 설명은 적절하지 않다.

11 ②

문제 해결을 위한 기본적 사고에는 전략적 사고, 분석적 사고, 발상의 전환 등이 있다. 이 중 분석적 사고에는 현상 및 원인 분석 전에 지식과 경험을 바탕으로 일의 과정이나 결과, 결론을 가정한 다음 검증 후 사실일 경우 다음 단계의 일을 수행하는 '가설 지향적 사고'가 있다.
제시된 사례는 자사의 매출 정체가 지속되는 상황에서 해당 문제가 발생한 원인을 가설을 통해 제시하고 이를 검증하고자 하는 대표적인 가설 지향적 사고이다.

> **오답 피하기**

분석적 사고는 다음과 같이 세 가지 사고로 구분된다.
- 성과 지향적 사고 : 기대하는 결과를 명시하고 효과적으로 달성하는 방법을 사전에 구상하고 실행한다.
- 가설 지향적 사고 : 현상 및 원인 분석 전에 지식과 경험을 바탕으로 일의 과정이나 결과, 결론을 가정한 다음 검증 후 사실일 경우 다음 단계의 일을 수행한다.
- 사실 지향적 사고 : 일상 업무에서 일어나는 상식, 편견을 타파하여 객관적 사실로부터 사고와 행동을 출발한다.

12 ①

> **오답 피하기**

② 위협 요소에서 일부 신흥국의 정치 불안이 존재한다고 제시되었다. 이를 새로운 시장 구축을 위해 일부 신흥국을 공략한다고 간주하는 것은 적절하지 못한 추론이다.
③ 약점을 보완하여 위협을 극복하는 WT 전략이어야 하나, 약점 보완과 관련된 내용이 제시되지 않았다.
④ 엔화가 약세인 상황에서 단순히 회사 경비 절감을 통해 일본 업체의 모델보다 가격을 낮춘다는 전략은 생산능력의 확대나 신차 연구개발 투자 확대라는 강점을 활용한 전략으로 보기 어렵다.
⑤ 생산능력 확대가 강점 요인이나 오히려 고급화 전략을 위해 생산량을 감소시킨다 하였으므로 적절하지 않다.

13 ③

삼단논법을 활용하여 문제를 해결할 수 있다.
두 번째 명제의 대우 명제는 '수상스키를 좋아하지 않으면 여름을 좋아하지 않는다.'이다. 이를 네 번째 명제와 연결하면 '등산을 좋아하는 사람은 여름을 좋아하지 않는다.'라는 명제를 도출할 수 있다. 즉, A가 등산을 좋아하므로 여름을 좋아하지 않는다는 명제는 반드시 참이 됨을 알 수 있다.

14 ②

주어진 조건을 정리하면 다음과 같다.
- 점수가 같은 사람은 없다. → 동순위자 없음
- C는 D보다 점수가 낮다. → D>C
- D는 B와 G보다 점수가 낮다. → B>D and G>D

- C와 F의 점수는 바로 인접해 있다. → (C−F) or (F−C) 순
- E의 점수가 가장 낮다. → E=7등
- C는 A와 F의 점수를 합한 것보다 높다. → C>A+F

E의 등수가 7등으로 확정된 상황에서 여섯 번째 조건과 네 번째 조건을 통해 C>F−A 순서가 성립함을 알 수 있다. 또한, 두 번째 조건과 세 번째 조건을 통해 B와 G는 D와 C보다 무조건 점수가 높다는 사실도 알 수 있다. 이를 정리하면 다음과 같은 순위가 매겨진다.

1등	2등	3등	4등	5등	6등	7등
B/G	G/B	D	C	F	A	E

즉, 최종적으로 면접 전형에 진출하는 상위 득점자 2명이 B와 G라는 사실을 알 수 있다.

> **오답 피하기**

먼저 주어진 조건을 정리한 뒤 서로 연결고리가 있는 조건들끼리 다시 한번 정리하여 답을 구할 수 있는지 확인해 본다. 만약 이 단계에서 정확한 답을 알기 어렵다면, 특정 조건을 가정하여(에 B가 1등일 때) 나머지 조건들의 성립 유무를 확인함으로써 문제가 요구하는 답을 구할 수 있다.

15 ③

갑~정의 발언 내용 중 A~D에 제시된 숫자 배열에서 예외가 존재하는 경우를 찾는 방식으로 접근할 수 있다. A~D 모든 숫자 배열에서 짝수 다음에는 홀수가 등장하고 있고, 동일한 숫자가 연이어 반복되는 경우는 없다. 따라서 갑과 병의 발언이 적절하다.

> **오답 피하기**

- 을 : A의 3, 5, 7, B의 3, 1에서 예외가 존재한다.
- 정 : C에서 1 다음에 4가 등장하는 것에서 예외가 존재한다(모든 자연수는 1의 배수가 될 수 있다).

16 ④

3개 팀의 진술 중 적어도 하나는 참이고 적어도 하나는 거짓이라고 했으므로 모두 참, 모두 거짓인 경우는 존재해서는 안 된다. 문제 해결을 위해 다음과 같이 가정해 볼 수 있다.
- Why팀의 발언이 '거짓'인 경우

구분	Why	What	How
진술	거짓	거짓	거짓
X사업 담당		○	

모든 팀의 진술이 거짓이 되므로 Why팀의 진술은 반드시 참이 되어야 한다.
따라서 Why팀의 발언을 참이라 두면 다음과 같이 표를 채울 수 있다.

구분	Why	What	How
진술	참	참	거짓
X사업 담당	○		

따라서 거짓 진술을 하는 팀은 How팀 1개이며 X사업을 담당하는 팀은 Why팀이다.

> **오답 피하기**

참말 거짓말 문제 유형에서 시작점을 잡기 어려울 때는 우선 특정 조건을 참 또는 거짓으로 가정한 뒤 이후 전개되는 내용을 검증해 가며 풀이하는 방식으로 접근할 수 있다.

17 ④

주어진 조건에 어긋남 없이 해칭 작성한 것을 찾아야 하는 문제이다. 먼저 첫 번째 조건에서 우상향 45°로 경사지게 그어야 한다고 했으므로 ①과 ②는 적절하지 않다. 세 번째 조건에서 2개 이상의 부품이 맞닿은 경우에는 해칭의 방향이나 간격을 다르게 하고, 네 번째 조건에 따라 동일 부품은 단면상 분리되었어도 동일한 방향과 간격으로 해칭하므로 ③은 적절하지 않다. 마지막으로 ⑤의 경우 서로 다른 부품을 해칭한 것이긴 하지만 서로 맞닿지 않은 경우이므로 이때는 동일하게 우상향 45°로 경사지게 그어야 한다. 따라서 ⑤ 역시 적절하지 않은 해칭이다.

18 ⑤

제1장 제4조에 근거해 임금피크제의 적용은 만 55세에 도달하는 날이 속하는 해의 다음 해부터 적용됨을 알 수 있다. 또한 제3장 제8조에 근거해 연차별 지급률이 상이함을 알 수 있다. 이를 반영해 제시된 E, F, G, H 4명의 직원들의 2025년 1월 예상 월급은 다음과 같이 구할 수 있다.

이름	E	F	G	H
현재 연령	만 57세	만 56세	만 58세	만 55세
금년도 임금피크제 연차	2년차	1년차	3년차	0년차
기준 급여 (만 원)	700	800	900	650
차년도 임금피크제 연차	3년차	2년차	4년차	1년차
지급률	60%	70%	60%	80%
2025년 1월 예상 월급 (만 원)	420	560	540	520

즉, 4명의 2025년 1월 예상 월급을 모두 더한 금액은 총 2,040만 원임을 알 수 있다.

> **오답 피하기**
>
> 제시된 조건에서 문제 풀이에 필요한 조건만을 빠르게 골라내는 연습이 필요하며, 이후 정확한 조건 대입을 통해 문제에서 요구하는 계산값을 구할 수 있어야 한다.

19 ④

연차휴가의 경우 1년 동안 80% 이상 출근 시 15일이 제공된다. 즉, 첫 입사일로부터 1년 동안 80% 이상을 출근한 직원은 1년차 연차휴가 15일을 제공받는다. 마찬가지로 해당 직원이 이후 1년 동안 80% 이상 출근하게 되면 2년차 연차휴가 15일을 제공받게 된다. 직원이 이후 1년 동안 80% 이상 출근하게 되면 〈휴가규정〉상의 '최초 1년을 초과하는 계속근로연수 2년마다'라는 규정에서, 즉 2년차부터 시작하여 계속근로연수 2년 단위로 연차휴가가 1일씩 가산되기 때문에 2년차~3년차의 2년에 해당하는 1일이 가산되어 총 16일의 연차휴가를 제공받게 된다. 조퇴나 결석 등이 없는 P직원은 이에 해당하므로 3년차 연차휴가 16일을 부여받게 된다.

또한 본인의 결혼에 해당하는 사유로써 5일의 특별휴가까지 추가되기 때문에 P사원이 사용가능한 최대한의 휴가기간은 총 21일임을 알 수 있다.

> **오답 피하기**
>
> 근로기준법상 근속연수에 따른 연차휴가는 다음과 같이 제공된다.
>
> | 근속연수 | 1년차 | 2년차 | 3년차 | 4년차 |
> |---|---|---|---|---|
> | 연차휴가 | 15일 | 15일 | 16일 | 16일 |
> | 근속연수 | 5년차 | 6년차 | 7년차 | … |
> | 연차휴가 | 17일 | 17일 | 18일 | … |

20 ②

인사관리팀 B과장이 소모임 정기회의 사유로 신청한 504호 세미나실은 20명을 수용할 수 있는 공간으로 B과장이 사용 인원으로 신청한 7명과는 10명 이상 차이가 나는 상황이다. 따라서 프로젝터가 설치되어있지 않으면서(∵ 소모임 목적이기 때문) 수용 가능 인원 15명으로 사용 인원 7명과 10명 이내로 차이가 나는 505호로 대여 장소 변경을 확인하는 것은 적절한 행동으로 볼 수 있다.

> **오답 피하기**
>
> ① 대외활동팀 C사원은 소모임을 목적으로 세미나실을 신청했기 때문에 프로젝터가 설치되지 않은 곳으로 변경을 요청해야 한다.
>
> ③⑤ 마케팅팀 D대리가 신청한 503호의 경우 7월 22일까지 사용이 불가능한 상황이므로 다른 세미나실로의 변경 여부를 확인해야 한다. 그런데 이때 D대리가 신청한 아이디어 회의의 참가 인원이 총 8명이므로 수용 가능 인원이 25명인 501호와는 10명 이상 차이가 나기 때문에 501호로 변경을 안내하는 것은 적절하지 않다.
>
> ④ 대외활동팀 C사원은 소모임을 사유로 세미나실을 대여하려는 상황이다. 따라서 프로젝터가 설치되어 있는 502호는 대여가 불가능하다.